Paroles d'Acadie
Anthologie de la littérature acadienne
(1958-2009)

Du même auteur

Tintamarre. Chroniques de littérature dans l'Acadie d'aujourd'hui, Sudbury, Éditions prise de parole, coll. «Agora», 2008, 365 p.

L'homme qui était sans couleurs (illustrations d'Anne Brouillard), conte, Moncton, Bouton d'or, coll. «Acadie», 2003, 48 p.

La création à cœur : l'histoire du théâtre l'Escaouette, monographie, Tracadie-Sheila, La Grande Marée, 2000, 48 p.

Paroles de l'Est, anthologie de la littérature de l'Est du Québec, Grenoble, Éditeq, 1993, 322 p.

La Bolduc, la vie de Mary Travers, biographie, Montréal, Triptyque, 1992, 216 p.

L'été des carcasses, théâtre, Bic, Isaac-Dion Éditeur, 1991, 153 p.

Blanche, roman biographique, Montréal, Guérin Littérature, 1989, 296 p.

L'anthologie de Blanche Lamontagne-Beauregard, essai biographique, choix de textes et bibliographie complète, Montréal, Guérin Littérature, 1989, 509 p.

Les otages, théâtre, Rimouski, Éditeq, 1987, 100 p.

Sortie de secours, théâtre, coauteur sous la direction du Théâtre Petit à Petit, Montréal, VLB éditeur, 1987, 140 p.

Paroles d'Acadie
Anthologie de la littérature acadienne
(1958-2009)

Préface, choix et notices de
David Lonergan

COLLECTION AGORA
Éditions Prise de parole
Sudbury 2010

Catalogage avant publication de Bibliothèque et Archives Canada

Paroles d'Acadie: anthologie de la littérature acadienne (1958-2009) / présentation, choix de textes et notices biobibliographiques de David Lonergan.

(Agora)
Comprend des réf. bibliogr.
ISBN 978-2-89423-256-9

1. Littérature acadienne. 2. Littérature acadienne – Bio-bibliographie. I. Lonergan, David II. Collection: Collection Agora (Sudbury, Ont.)

PS8255.A23P37 2010   C840.809715   C2010-905685-X

Distribution au Québec: Diffusion Prologue • 1650, boul. Lionel-Bertrand • Boisbriand (QC) J7H 1N7 • 450-434-0306

Ancrées dans le Nouvel-Ontario, les Éditions Prise de parole appuient les auteurs et les créateurs d'expression et de culture françaises au Canada, en privilégiant des œuvres de facture contemporaine.

La maison d'édition remercie le Conseil des Arts de l'Ontario, le Conseil des Arts du Canada, le Patrimoine canadien (programme Développement des communautés de langue officielle et Fonds du livre du Canada) et la Ville du Grand Sudbury de leur appui financier.

La collection «Agora» publie des études en sciences humaines sur la francophonie, en privilégiant une perspective canadienne.

Photographies des auteurs: Francine Dion
Conception de la page de couverture et mise en pages: Olivier Lasser

Éditions Prise de parole
C.P. 550, Sudbury (Ontario) Canada P3E 4R2
http://pdp.recf.ca

ISBN 978-2-89423-256-9

REMERCIEMENTS

Cette anthologie doit beaucoup à Marguerite Maillet, pionnière des études en littérature acadienne. En 1979, avec Gérard LeBlanc et Bernard Émond, elle publie une monumentale *Anthologie de textes littéraires acadiens 1606-1975* de plus de 600 pages qui est rééditée en 1992. En 1983, elle complète ce travail par une *Histoire de la littérature acadienne*, joliment sous titrée *De rêve en rêve*, qui couvre sensiblement la même période, y ajoutant un court chapitre sur les années 1970.

Le choix des auteurs, tout en demeurant subjectif, a été soumis aux professeurs Raoul Boudreau et Marie-Linda Lord de l'Université de Moncton et à quelques autres personnes.

Toutes les photos sont de Francine Dion. Ronald Després, Huguette Bourgeois et Laurier Melanson ont préféré ne pas voir de photos d'eux publiées.

Le travail d'édition de ce type d'ouvrage est complexe et doit tout à denise truax, la directrice de Prise de parole. La saisie des textes est exigeante et elle est l'œuvre de Micheline Blanchard.

Plusieurs auteurs m'ont fourni des renseignements biographiques tandis que d'autres informations étaient accessibles par différentes sources dont, pour certains, leurs sites Internet.

Que toutes ces personnes soient remerciées!

Note de l'éditeur

Nous tenons à remercier tous les auteurs et les éditeurs qui nous ont permis de reproduire, ici, des extraits d'œuvres. Sans leur collaboration, cette anthologie n'aurait pu voir le jour.

AVANT-PROPOS

Pour proposer des modèles aux élèves, quelqu'un eut un jour l'idée de réunir des textes de différents auteurs, grands si possible. L'anthologie était née. Il va de soi que l'on s'intéresse davantage aux grandes littératures. Ainsi, au Québec, les manuels des religieuses ou des frères laissaient la plus grande place aux auteurs français, et une petite aux auteurs canadiens-français.

Qui dit anthologie, affirme au départ une volonté qualitative, comme en témoigne les définitions du *Larousse étymologique* et du *Petit Robert*: «anthologie (1574, du grec anthologia = recueil de fleurs; anthos = fleur, legein = cueillir), recueil de pièces de vers choisies, de morceaux choisis en prose ou en vers. *Morceau d'anthologie*, page brillante digne de figurer dans une anthologie.»

La première anthologie canadienne-française n'en est pas véritablement une. Le *Répertoire national* de James Huston collige, en 4 volumes, l'ensemble de la production littéraire du Canada français d'avant 1848, prouvant ainsi à Lord Durham — qui affirmait péremptoirement que ce peuple était sans histoire et sans littérature —, l'existence d'une littérature nationale.

En Acadie, soulignons la publication en 1893 du recueil collectif du Collège Saint-Joseph, *L'Album-souvenir des Noces d'argent de la Société Saint-Jean-Baptiste. Histoire – morceaux – poésies* (Memramcook, 364 p.), suivie, longtemps après, des trois anthologies de la poésie acadienne publiées par Perce-

Neige (1988 par Gérald Leblanc et Claude Beausoleil; 1999 par Gérald Leblanc et 2009 par Serge Patrice Thibodeau), sans oublier la monumentale *Anthologie de textes littéraires acadiens, 1606-1975* de Marguerite Maillet, Gérard LeBlanc et Bernard Émont publiée par les Éditions d'Acadie en 1979.

Les anthologies se développent au fur et à mesure que le nombre d'œuvres d'une littérature augmente. Souvent pensées en fonction de la salle de classe, elles deviennent un moyen de faciliter le contact avec des auteurs sans avoir à parcourir toute leur production. La floraison d'anthologies au Québec et au Canada depuis 1980 correspond à l'essor de la production dans ces milieux. Le phénomène s'est répercuté régionalement, dans «les littératures de l'exiguïté», comme les appelle le chercheur François Paré. À l'accroissement de la mainmise de la métropole sur la culture s'oppose la montée des capitales régionales comme lieux culturels. Le dynamisme régional est en bonne partie lié aux recherches de professeurs d'universités (par exemple feu René Dionne de l'Université d'Ottawa, feu Gilles Lamontagne de l'Université du Québec à Rimouski, Guildo Rousseau de l'Université du Québec à Trois-Rivières, Johanne Melançon de l'Université Laurentienne, Raoul Boudreau de l'Université de Moncton), aux activités des associations d'auteurs (comme celles de l'Estrie, de la Gaspésie, de l'Ontario), aux Salons du livre (Rimouski, Saguenay, Sudbury, Edmundston, Shippagan) et aux éditeurs.

Paroles d'Acadie. Anthologie de la littérature acadienne (1958-2009) s'inscrit à la suite de l'anthologie de Marguerite Maillet. Alors qu'en 1979, la littérature acadienne émergeait, Maillet, LeBlanc et Émond sont remontés aux origines de la production littéraire en Acadie. Ils ont réuni un ensemble de textes qu'ils ont répartis selon cinq périodes: épopée pré-acadienne (1606-1755), Acadie de la nuit (1755-1880), Acadie de l'histoire et du discours (1880-1930), expansion de la visée littéraire (1930-1960) et récupération et contestation (1960-1975). Cette anthologie s'arrête donc peu après la création des Éditions d'Acadie (1972) et alors que s'amorce la floraison de la littérature acadienne. Les essais et les textes historiques y occupent une place importante, surtout dans les trois premières parties.

À deux exceptions près (Ronald Després et Antonine Maillet), notre anthologie, *Paroles d'Acadie*, se concentre sur la période qui s'ouvre avec la naissance des Éditions d'Acadie en 1972 et se termine à la fin de la première décennie du XXIe siècle. C'est dire que les deux anthologies sont complémentaires.

Elle s'adresse à tous ceux et celles qui s'intéressent à la littérature acadienne, en particulier aux étudiants et étudiantes de la fin du secondaire et de l'universitaire. En présentant des textes des principaux auteurs acadiens, elle permet de découvrir la richesse et la diversité de notre littérature, tout en servant d'introduction aux œuvres des auteurs.

Construire une anthologie implique faire des choix, et ce en fonction d'un certain nombre de critères. Le premier a été de limiter les genres littéraires en tenant compte de l'esprit à donner à l'ensemble. Ainsi, les essais et les textes de nature historique ont été écartés afin de mettre en relief les auteurs littéraires qui écrivent tantôt pour les adultes tantôt pour la jeunesse, de la poésie, du roman, du conte, de la nouvelle ou du théâtre.

Il a fallu ensuite déterminer qui est un auteur acadien. À cette fin, les critères que René Dionne avait définis dans *La littérature régionale aux confins de l'histoire et de la géographie* (Éditions Prise de parole, 1993) ont été retenus. Selon Dionne, pour être considéré comme un auteur provenant d'une région, il faut:

1. Être né dans la région, autre que fortuitement, même si depuis l'auteur a quitté la région;
2. Résider dans la région, sauf si l'installation y est provisoire;
3. Écrire ses œuvres (ou la plupart) pendant qu'il habite cette région.

Selon Dionne, les provinces sont des régions. Dans le cadre du présent ouvrage, l'Acadie recouvre les Provinces atlantiques, même si elle n'a pas de frontières officielles.

La reconnaissance de l'institution littéraire (acadienne et nationale) a été le principal critère qualitatif. Les prix obtenus, les articles savants publiés sur les auteurs, les critiques et d'une façon plus générale la couverture médiatique, tant au niveau provincial que national et international, ont été pris en considération,.

D'autres critères secondaires se sont ajoutés, surtout pour les auteurs dont la reconnaissance institutionnelle était plus mince : chacun d'eux devait avoir publié au moins trois ouvrages chez des éditeurs reconnus (à l'exception des auteurs de la section «nouvelles voix»); nous avons ensuite vérifié la cote que leur accordait les responsables du *Dictionnaire des œuvres littéraires de l'Acadie des Maritimes* (à paraître aux Éditions Prise de parole), avant de faire valider leur sélection par des professeurs de littérature acadienne.

Le nombre de pages accordé à chaque auteur a été déterminé en fonction de son importance et de son impact au sein de la littérature acadienne, ce que révélait la reconnaissance institutionnelle.

Tout en demeurant affaire de goût, le choix des extraits a tenu compte de l'importance de certaines œuvres considérées comme incontournables; par exemple, *La Sagouine* d'Antonine Maillet, «Cri de terre» de Raymond Guy LeBlanc, «Eugénie Malenfant» d'Herménégilde Chiasson, «Éloge du chiac» de Gérald LeBlanc.

Les limites physiques de l'ouvrage ont également eu un impact sur le nombre d'auteurs. Ainsi, parmi les auteurs peu ou pas reconnus institutionnellement, la sélection est plus personnelle que scientifique.

Les auteurs sont placés dans l'ordre de leur première publication, afin de refléter la façon dont s'est développé le mouvement littéraire et de mieux saisir l'impact d'un auteur au moment de son apparition.

Dans *Les littératures de l'exiguïté* (Le Nordir, 1992) François Paré aborde le phénomène des anthologies en affirmant qu'«avoir une littérature dont on peut retracer l'histoire et rassembler *anthologiquement* les auteurs, c'est déjà exister comme collectivité nationale» (p. 43), peu importe la taille de la collectivité.

Reprenant la réflexion de François Ricard («L'inventaire: reflet et création», *Liberté*, 134, mars-avril 1981, p. 33-34), il précise que celui-ci «distingue deux sortes de répertoire anthologique: celui qui vise à refléter les acquis d'une littérature, et celui qui a plutôt pour objectif d'engendrer à partir de rien de tels acquis littéraires. Il existe alors, pour Ricard, des inventaires *produits* et des inventaires *producteurs*. Les grandes cultures, plus établies (mais pas nécessairement plus anciennes), tendent à engendrer du reflet (inventaires produits), tandis que les plus *petites* littératures, dans leur fragilité, se donnent l'illusion d'exister en accumulant les répertoires et les anthologies (inventaires producteurs). Ricard constate qu'ainsi les *petites* littératures en viennent à bénéficier du caractère fortement institutionnel de l'anthologie» (p. 85).

L'anthologie «tend donc à briser temporairement l'étau de l'indifférence et de la solitude, d'une part, et à renforcer l'institution littéraire collective, d'autre part, dans la mesure où elle fait office de manuel scolaire» (p. 86). Finalement, Paré conclut en reprenant Ricard: «François Ricard reconnaît dans tout projet anthologique le désir de constituer une mémoire, d'inscrire l'espace spécifique dans un temps spécifique. C'est pourquoi l'anthologie est sacrale: elle consacre les écrivains qui y sont cités et sacralise le processus de formation d'une littérature autonome» (p. 87).

PRÉFACE
UN PEU D'HISTOIRE

1. 1958 – 1971 L'accession à la modernité

On peut affirmer que la littérature acadienne est née en même temps que l'édition en Acadie, en 1972. De fait, de 1972 jusqu'au début des années 2000, presque toute la production littéraire acadienne a été publiée chez des éditeurs acadiens, et aucun écrivain acadien d'importance n'a été publié en premier à l'extérieur de l'Acadie, exception faite de Ronald Després et d'Antonine Maillet, qui ont commencé à écrire et à publier bien avant que l'édition acadienne n'existe.

Ronald Després ayant presque toujours vécu à l'extérieur de l'Acadie, il est demeuré à l'écart de la mouvance littéraire acadienne bien que les jeunes poètes le considèrent aujourd'hui comme le pionnier. À l'opposé, Antonine Maillet est devenue, dès la parution de son premier ouvrage, presque immédiatement la porte-parole de l'Acadie. En s'inspirant systématiquement de son vécu, elle a créé une œuvre profondément originale, enracinée dans son milieu natal (la région de Bouctouche) et, en même temps, universelle.

À la fin des années 1960, l'Acadie voit émerger des écrivains qui veulent faire œuvre en Acadie mais qui, pour ce faire, n'ont d'autre choix que d'être publiés au Québec, comme c'est déjà le cas de Ronald Després et d'Antonine Maillet, qui vivent et travaillent respectivement en Ontario et au Québec. Certains ont d'ailleurs publié des textes, en 1969, dans *Liberté*, la plus importante revue littéraire québécoise de l'époque, dans son numéro consacré à l'Acadie. Mais ils sont réticents à soumettre leurs manuscrits aux maisons québécoises. L'Acadie vit alors une effervescence nationaliste qui culmine avec la fondation du Parti acadien en 1972, parti calqué sur le modèle du Parti québécois et qui revendique, plutôt que l'indépendance, la création d'une province acadienne.

2. 1972 à 1979 : Un pays à inventer

Plusieurs événements marquent le paysage culturel acadien en 1972-1973 : lancement de *L'étoile maganée*, un «antilivre» réalisé par les frères Jacques (poèmes) et Gilles (photos) Savoie et Herménégilde Chiasson (dessins, graphisme) ; à l'Université de Moncton, fondation du Département d'arts visuels et création du premier cours en littérature canadienne-française, donné par Marguerite Maillet ; lancement du premier 45 tours de la chanteuse Édith Butler ; début de la carrière nationale du personnage La Sagouine d'Antonine Maillet, telle qu'incarné par Viola Léger ; début également des travaux de construction du Village historique acadien dans la Péninsule acadienne ; scandale autour du film de Léonard Forest, *Un soleil pas comme ailleurs* ; prix du Gouverneur général remis à Antonine Maillet pour son roman *Don l'Original* ; création de la revue gauchiste *L'Acayen* ; et, à l'été 1973, organisation du premier Frolic acadien à Memramcook.

Les Éditions d'Acadie sont nées dans cette mouvance. Créées en 1972 par des professeurs de l'Université de Moncton regroupés autour de Melvin Gallant, la maison d'édition devient le catalyseur d'une prise de parole qui avait débuté quelques années auparavant mais qui ne bénéficiait pas d'un lieu d'édition et de diffusion autre que celui des revues littéraires et des soirées de poésie. La première génération d'écrivains s'y retrouvera au complet.

Durant l'automne, les fondateurs définissent le mandat de la maison, tel qu'énoncé dans le premier catalogue paru en 1978 : « Promouvoir la création littéraire en Acadie et répondre aux besoins du milieu dans tous les domaines où le livre doit jouer un rôle indispensable. »

La première publication de la nouvelle maison, *Cri de terre* de Raymond Guy LeBlanc paraît en décembre 1972. Dans la publicité qui entoure sa publication, on écrit : « Avec *Cri de terre*, Raymond [Guy] LeBlanc témoigne de la renaissance culturelle d'une Acadie qui fourmille en secret et refuse de se laisser mourir. » LeBlanc devient le chantre d'une poésie issue du pays, vécue dans le pays, s'adressant à tous ceux qui cherchent à créer une Acadie moderne qui s'affirme et s'affiche.

Les trois recueils qui suivent ouvriront de nouvelles pistes à l'écriture. *Acadie rock* (1973) de l'adolescent d'alors, Guy Arsenault, utilise une langue proche de l'oralité dans laquelle le poète intègre le chiac ; *Saisons antérieures* (1973) de Léonard Forest pose un regard romantique, voire nostalgique, sur l'Acadie ; et *Mourir à Scoudouc* (1974) d'Herménégilde Chiasson oppose, dans sa quête d'un pays dont il faut définir les contours et les frontières, modernité et folklorisation, affirmation de l'identité acadienne et assimilation.

Les premières publications ayant rencontré la faveur du public, les administrateurs des Éditions d'Acadie rêvent grand en ce début de 1975. Ils se surprennent à envisager la création de nouvelles collections accueillant une diversité d'ouvrages qui rejoindraient toutes les clientèles. Et de fait, l'année sera placée sous le signe de la diversification : la maison cherche (comme elle cherchera toujours) à servir toutes les clientèles dans tous les genres. Cette diversification avait été entamée avec la publication en 1973 d'un recueil de contes de Melvin Gallant, *Ti-Jean*, suivie en 1974 de *Charmante Miscou* de Louis Haché, qui mêle récit, nouvelle et conte.

Aux prises avec des difficultés financières, les Éditions d'Acadie publient peu d'œuvres littéraires de 1976 à 1978. Paraissent cependant en 1977 *Rapport sur l'état de mes illusions* d'Herménégilde Chiasson, *Tabous aux épines de sang* d'Ulysse Landry et *L'Acadien reprend son pays* de Claude Le Bouthillier.

Le théâtre vit également des changements importants au cours des années 1970. En 1974, Laval Goupil écrit *Tête d'eau* que produit la troupe communautaire Les Feux Chalins de Moncton. Il en est l'un des interprètes tout en assurant la mise en scène. La pièce sera reprise par les Productions de l'Étoile de Caraquet, que viennent de fonder Laval Goupil, Maurice Arseneault et Réjean Poirier, qui ont tous travaillé aux Feux Chalins. Dès sa fondation, la compagnie affirme sa détermination à implanter un théâtre professionnel et prend rapidement le nom de Théâtre populaire d'Acadie (TPA), reflet de sa mission.

En 1975, le TPA crée *Louis Mailloux*, texte de Jules Boudreau et chansons de Calixte Duguay. Ce drame musical connaît un tel succès qu'il sera régulièrement repris par la compagnie (en 1976, 1978, 1981 et 1992). Un disque accompagné du livret paraîtra en 1980 et les Éditions d'Acadie le publieront en 1994 à l'occasion d'une nouvelle production.

Antonine Maillet, même si elle est un peu en marge de la dynamique littéraire locale, n'en demeure pas moins la person-nalité la plus marquante. Durant cette période, elle continue à construire son œuvre monumentale. Les romans se succèdent: *Don l'Orignal* (1972) et *Mariaagélas* (1973), à partir desquels sera bâti le cycle de ce qui deviendra le *Pays de la Sagouine*; suivent *Les Cordes-de-bois* (1977) et *Pélagie-la-Charrette* (1979) — qui vaut à son auteure le prestigieux prix Goncourt et la transforme en véritable icône pour les Acadiens. En 1972, *La Sagouine* lui avait ouvert les portes du Théâtre du Rideau Vert à Montréal, qui créera toutes ses pièces par la suite.

Cette première époque se termine avec la publication de *l'Anthologie de textes littéraires acadiens, 1606-1975* (1979), de Bernard Émont, Gérard LeBlanc et Marguerite Maillet, ouvrage fondamental de 624 pages qui démontre, s'il en était besoin, que la littérature acadienne existe et qu'elle est en plein déve-loppement. En 1983, Marguerite Maillet publiera son *Histoire de la littérature acadienne.* Peu de publications des années 1970 sont recensées dans ces deux ouvrages.

Parallèlement aux Éditions d'Acadie, d'autres organismes naissent. En 1977, les premiers finissants du Département d'art dramatique de l'Université de Moncton fondent une coopérative théâtrale, le théâtre l'Escaouette, qui se consacrera au théâtre pour l'enfance et la jeunesse, domaines que ne touche pas alors le TPA. Au printemps 1978, la compagnie produit *Ti-Jean*, d'après un texte de Laval Goupil créé à partir de légendes traditionnelles. Le mouvement littéraire prenant de l'ampleur, les auteurs fondent l'Association des écrivains acadiens (1979), qui donnera naissance à la revue de création *Éloizes* (1980-2003) et aux Éditions Perce-Neige (1980).

3. *1980 à 1989 : L'Acadie à l'heure de la parole*

Durant les années 1980, la dynamique littéraire sera nourrie par l'Association des écrivains acadiens (AÉA), les deux maisons d'édition et les deux compagnies de théâtre.

À la fin des années 1970, le nombre de manuscrits reçus par les Éditions d'Acadie dépasse les cinquante par année. L'écart entre la date de dépôt du texte et sa publication s'accroît; et la maison n'a pas les moyens de publier tous les textes qui émergent. Les Éditions Perce-Neige, dont le conseil d'administration sera formé d'écrivains engagés dans l'Association, sont créées.

La nouvelle maison a pour mission de dépister les nouveaux auteurs en publiant «leur premier ouvrage»; dès le deuxième, les auteurs seraient pris en charge par les Éditions d'Acadie. Quoique l'idée soit intéressante et que l'on comprenne qu'elle soit née du désir de ne pas diviser le milieu, cette façon de faire empêchera *de facto* les Éditions Perce-Neige de développer leur propre catalogue, les obligeant à demeurer dans l'ombre des Éditions d'Acadie. Perce-Neige cessera de publier en 1989, sans pour autant fermer ses portes. Presque tous les poètes importants des années 1980 y auront publié leur premier recueil.

Perce-Neige fait une entrée remarquée en 1980 avec *Graines de fées* de Dyane Léger, première femme à publier un recueil de poésie en Acadie. Perce-Neige récidive dans sa volonté d'amener de nouvelles paroles en publiant *Comme un otage du quotidien* (1981) de Gérald Leblanc, qui était déjà connu puisqu'il était l'un des principaux paroliers du groupe de folk-rock 1755, alors au sommet de sa popularité. Au fil des ans, d'autres poètes importants s'ajoutent : Rose Després, Martin Pître, Daniel Dugas, Rino Morin Rossignol et Georges Bourgeois.

En 1984, les Éditions d'Acadie sont en pleine croissance... et connaissent de sérieuses difficultés financières. C'est que la maison a décidé d'investir le champ du livre pédagogique sans nécessairement avoir ni l'expertise ni les moyens de se confronter aux exigences du ministère de l'Éducation du Nouveau-Brunswick. La production littéraire en subit les contrecoups.

Cette situation entraîne la démission du directeur, Michel Henry, qui décide de fonder en 1986 la maison qui portera son nom. Certains des auteurs les plus importants des Éditions d'Acadie, dont Herménégilde Chiasson, Gérald Leblanc, Raymond Guy LeBlanc, Guy Arsenault, et un auteur de Perce-Neige, Daniel Dugas, le suivront dans cette nouvelle aventure.

Michel Henry Éditeur accorde une place importante au théâtre. La maison publie quatre pièces de Gracia Couturier, dont deux pour enfants créées par le théâtre l'Escaouette, ainsi que *Atarelle et les Pacmaniens* (1986), une pièce pour la jeunesse qu'Herménégilde Chiasson avait écrite pour la même compagnie.

L'aventure durera trois ans, durant lesquels la maison publiera au total une douzaine d'ouvrages, Michel Henry n'arrivant pas à développer un réseau de distribution ni à intéresser les médias. Tous ces livres passeront à peu près inaperçus, tant en Acadie que dans le reste du Canada.

En 1988, quand Perce-Neige suspend ses opérations, tous ses auteurs — et parmi eux ses principaux bénévoles —, étant maintenant publiés aux Éditions d'Acadie, la maison a très peu de revenus, elle est incapable de se payer un employé, et elle n'a pas de distribution réelle.

Durant les années 1980, la plupart des recueils publiés aux Éditions d'Acadie proviendront d'auteurs venus de Perce-Neige. Ainsi, la maison publie les deuxièmes recueils de Dyane Léger, Gérald Leblanc, Rose Després et Huguette Bourgeois. Deux auteurs font exception à la règle : il s'agit de Roméo Savoie et de Melvin Gallant.

Trois recueils marquants sont publiés à la fin des années 1980 par la maison. Gérald Leblanc présente, dans *L'extrême frontière* (1988), une première tentative de synthèse de son œuvre poétique tandis que Roméo Savoie lie sa démarche en peinture avec l'écriture dans *Trajets dispersés* (1989). Serge Patrice Thibodeau fait une entrée remarquée dans la littérature avec son premier recueil, *La septième chute* (1990), dont les thèmes se démarquent de ceux des autres poètes acadiens.

Les Éditions d'Acadie sont les seuls à publier des romans. Melvin Gallant aborde le roman psychologique (*Le chant des grenouilles*, 1982), tout comme Claude Le Bouthillier (*C'est pour quand le paradis*, 1984), tandis que Louis Haché demeure fidèle à l'approche historique (*Un cortège d'anguilles*, 1985). Si Germaine Comeau, une auteure de la Baie Sainte-Marie en Nouvelle-Écosse, fonde *L'Été aux puits secs* (1983) sur la quotidienneté et sur une écriture épurée, France Daigle cherche à lier poésie et roman dans des œuvres marquées par le courant formaliste (*Sans jamais parler du vent*, 1983 ; *Film d'amour et de dépendance*, 1984 ; *Histoire de la maison qui brûle*, 1985), tandis que Christiane Saint-Pierre apporte un brin de fantaisie dans une littérature qui tend à être très sérieuse (*Sur les pas de la mer*, 1986 ; *Absente pour la journée*, 1989).

Côté dramaturgie, le TPA et le théâtre l'Escaouette ont un impact considérable sur la diffusion d'une parole acadienne. Par leurs tournées, les deux compagnies rejoignent beaucoup plus de monde et s'attirent une couverture de presse bien plus élaborée que celle réservée aux livres et à l'édition. Les deux compagnies sont toutefois confrontées à la difficulté de trouver des textes acadiens.

Le TPA, dont le conseil d'administration est formé de représentants des régions de la province, se veut un véritable « théâtre populaire», soucieux de présenter des œuvres de répertoire et de création dans les différentes villes du Nouveau-Brunswick. Le répertoire — qu'il soit acadien (*Gapi* d'Antonine Maillet), québécois ou international — lui assure une qualité de textes que les créations acadiennes n'ont pas toujours. Nulle surprise qu'entre 1978 et 1984, soixante pour cent de ses productions soient issues du répertoire. Seuls Jules Boudreau, avec en particulier *Louis Mailloux* (1975), *Cochu et le soleil* (1977) et *La bringue* (1979), et Laval Goupil, *Le djibou* (1975), créent des œuvres fortes. Le TPA ne montera pas d'autres pièces de ces deux auteurs, à l'exception d'une pièce pour enfants de Boudreau en 1991.

Si, entre 1978 et 1989, l'Escaouette crée 23 pièces écrites par douze auteurs, seul Herménégilde Chiasson développe une véritable œuvre théâtrale. Il signe neuf des pièces, dont les deux premiers classiques pour la jeunesse du théâtre acadien, *Mine de rien* (1980) et *Atarelle et les Pacmaniens* (1883), ainsi que deux pièces historiques pour les adolescents et les adultes, *Histoire en histoire* (1980) et *Renaissances* (1984).

Nombreux sont les auteurs qui s'essaient au théâtre, mais ils ne persévèrent pas. Pour les deux compagnies, la difficulté d'obtenir des auteurs une seconde œuvre orientera éventuellement leur mandat : le TPA favorisera de plus en plus la production d'œuvres du répertoire tout en gardant un œil ouvert sur la création acadienne, tandis que l'Escaouette, après avoir tenté de développer de nouveaux auteurs, se fiera presque exclusivement à Herménégilde Chiasson pour la création de nouveaux textes.

Portée par le succès de *Pélagie-la-Charrette*, Antonine Maillet ajoute des personnages à sa galerie de portraits avec *Cent ans dans les bois* (1981), *Crache à Pic* (1984) et *Le huitième jour* (1986). Le Théâtre du Rideau Vert créera six de ses pièces, dont *La contrebandière* (1981) et *Garrochés en paradis* (1986), qui s'inscrivent dans le cycle du *Pays de la Sagouine*.

En plus d'Antonine Maillet, quelques auteurs acadiens publient au Québec : c'est le cas de Laurier Melanson, de

Jacques Savoie, de France Daigle, d'Hélène Harbec et de Claude Le Bouthillier.

Cette période se termine sur une note assez curieuse, la publication d'une anthologie consacrée à la poésie acadienne, publiée en anglais dans un premier temps, avant de voir le jour en « langue originale » aux Éditions d'Acadie. Préparée par Fred Cogswell et Jo-Anne Elder, deux traducteurs férus de littérature acadienne, *Rêves inachevés, anthologie de poésie acadienne contemporaine* (titre original *Unfinished dreams*, Goose Lane, 1990 ; même année pour l'édition française) présente trente poètes, dont certains n'ont pas encore publié de recueil, et trace un portrait vivant de la poésie acadienne depuis 1970.

4. 1990 à 2000 : La diversité des voix

L'Association des écrivains acadiens ayant perdu de son dynamisme depuis 1986, les auteurs se sont joints à l'Association acadienne des artistes professionnel.le.s du Nouveau-Brunswick, fondée en 1990, et qui regroupe, comme son nom l'indique, toute la mouvance artistique de l'Acadie « territoriale ».

Gérald Leblanc, Herménégilde Chiasson et Serge Patrice Thibodeau domineront la scène poétique en Acadie durant cette décennie, que ce soit par la qualité ou le nombre de leurs recueils. Les deux premiers seront également très actifs dans le milieu culturel et plus largement social, alors que Thibodeau s'impliquera au sein d'Amnistie internationale. La renommée d'Antonine Maillet continuera de s'accroître à la suite de la création du Pays de la Sagouine à Bouctouche.

Des quatre recueils publiés par Gérald Leblanc entre 1991 et 1999 — tous chez Perce-Neige —, *Éloge du chiac* (1995) réunit le plus clairement l'ensemble de ses préoccupations. Herménégilde Chiasson partage les six recueils qu'il publie durant les années 1990 également entre Perce-Neige et les Éditions d'Acadie. *Climats* (Éditions d'Acadie, 1996) présente le vécu du poète comme si le temps de la synthèse était arrivé. Serge Patrice Thibodeau publie également six recueils durant cette période. Dans *Le cycle de Prague* (1992), la structure formelle devient essentielle à l'écriture, la contraignant et l'orientant. Thibodeau, qui vit alors à Montréal, publiera chez des éditeurs québécois les quatre recueils postérieurs à 1992.

L'écriture d'Antonine Maillet se transforme en se fondant davantage sur sa vie. C'est le cas des *Confessions de Jeanne de Valois* (1992), qui racontent d'une façon toute personnelle la vie d'une supérieure générale de la Congrégation de Notre-Dame du Sacré-Cœur (dont Maillet a été membre sous le nom de sœur Marie-Grégoire). L'ouverture du site récréotouristique du *Pays de la Sagouine* sur un îlot en face de Bouctouche en 1992 oriente une bonne partie de son écriture, le *pays* étant peuplé des principaux personnages du cycle de *La Sagouine* pour lesquels Maillet écrit de nouveaux textes à chaque saison.

En 1992, les Éditions d'Acadie franchissent un nouveau plateau en publiant pour la première fois plus de 20 titres. Les ventes dépassent le cap des 500 000 $ en 1993. Le nombre d'employés augmente à huit en 1995 et le nombre total d'ouvrages publiés dépasse les 300. Le temps est révolu où la publication d'un ouvrage acadien était un événement rare. En 1996, 44 ouvrages sont publiés en Acadie, dont 22 par les Éditions d'Acadie. Le mandat de la maison est toujours de publier et de diffuser aussi largement que possible des ouvrages d'auteurs acadiens, quel qu'en soit le sujet, et des ouvrages sur l'Acadie, peu importe l'origine de l'auteur. Éditeur général, les Éditions d'Acadie sont à la fois reflet et animateur de la scène culturelle. De la maternelle à l'âge d'or, chaque Acadien peut maintenant lire un ouvrage qui lui ressemble. Et c'est aux Éditions d'Acadie que l'on doit la majorité de ces livres.

Les Éditions d'Acadie et Perce-Neige se partageront assez également les principaux recueils publiés durant les années 1990. Des deux maisons, les Éditions d'Acadie seront la moins aventureuse. Trois auteurs importants rejoindront les Éditions d'Acadie après avoir publié un premier ouvrage chez Perce-Neige: Martin Pître (*La morsure du désir*, 1993), Georges

Bourgeois (*Les mots sauvages*, 1994) et Rino Morin Rossignol (*La rupture des gestes*, 1994). Celui-ci publiera par la suite *L'éclat du silence* (1998) aux Écrits des Forges.

Avec *Le cahier des absences et de la décision* (1991), Hélène Harbec est le «dernier» poète acadien à avoir publié un premier ouvrage aux Éditions d'Acadie. De son côté, Roméo Savoie restera fidèle aux Éditions d'Acadie avec *L'eau brisée* (1992) et *Dans l'ombre des images* (1996).

Alors que la poésie semble devenir de plus en plus l'affaire de Perce-Neige, c'est au sein des Éditions d'Acadie que le roman se développe, même si les romanciers sont beaucoup moins nombreux que les poètes. Ainsi France Daigle y publie quatre romans, son style évoluant tranquillement du formalisme des premières œuvres vers un récit qui se déploie d'une façon plus explicite tout en étant encadré par des structures à la fois fermes et originales (*Pas pire*, 1998).

À France Daigle s'ajoutent Louis Haché, qui poursuit son exploration de l'histoire régionale (*La Tracadienne*, 1996), Gracia Couturier, dont les premiers romans se fondent en tout ou en partie sur les fractales et la théorie du chaos (*L'anti-chambre*, 1997), et Françoise Enguehard, qui livre un premier roman historique (*Les litanies de l'Île-aux-Chiens*, 1999).

Les Éditions Perce-Neige renaissent en 1991 autour d'un groupe de jeunes, issus en bonne partie de l'Université de Moncton, qui souhaitent dynamiser la vie littéraire acadienne, poétique en particulier. Jean Philippe Raîche, Fredric Gary Comeau, Paul J. Bourque et quelques autres convainquent Herménégilde Chiasson, Rose Després, Gérald Leblanc et Dyane Léger, quatre poètes qui ont maintenu en vie la struc-ture légale de l'entreprise, de relancer la maison.

Paul J. Bourque en assume la direction et en redéfinit le mandat: il s'agira, bien sûr, de publier des textes de création des jeunes auteurs (surtout les poètes) acadiens, tout en incluant les auteurs des générations précédentes; ainsi, Gérald Leblanc, Dyane Léger, Raymond Guy LeBlanc, Guy Arsenault, Rose Després rejoindront Perce-Neige. Parallèlement, Bourque met en place une politique de coédition avec les Écrits des Forges, de Trois-Rivières au Québec, maison d'édition de poésie très connue, ce en vue de donner aux ouvrages et aux auteurs acadiens un meilleur accès au marché québécois. À partir de 1991 les principaux recueils sont coédités, mais l'aventure se termine en 1994, principalement parce qu'en laissant le marché du Québec aux Écrits des Forges, Perce-Neige est conduit à l'indigence, le marché acadien étant trop restreint pour supporter un programme de publication. L'aventure aura toutefois permis de faire la preuve qu'il y a une clientèle québécoise pour les principaux auteurs acadiens.

En 1989, les éditeurs canadiens-français fondent le Regroupement des éditeurs canadiens-français, dont Perce-Neige deviendra membre. Parmi ses premiers mandats, le Regroupement négociera une entente avec le distributeur Prologue, ce qui assurera à tous ses membres, dont les Éditions Perce-Neige, un meilleur accès au marché québécois.

La publication, en 1991, de *Stratagèmes de mon impatience* de Fredric Gary Comeau, confirmera la renaissance de Perce-Neige. Tous les jeunes poètes acadiens seront désormais publiés sous cette bannière.

S'il commence par publier deux recueils de poésie, Mario Thériault se distingue par son recueil de nouvelles, *Terre sur mer* (1997). Avec *À l'antenne des oracles* (1992) de Marc Arseneau, la littérature acadienne s'ouvre résolument au chiac. Plus réfléchi que chez Guy Arsenault, le chiac y est ici affirmation d'une Acadie urbaine, celle de Moncton ; d'autres écrivains de Moncton suivront cette voie.

Nul n'a été aussi loin, cependant, dans l'interrogation du chiac que le Monctonien Jean Babineau dans ses romans (dont *Bloupe*, 1993), qui intègrent français standard, chiac et anglais dans des univers où les personnages sont tout autant bousculés que le code linguistique. D'une certaine façon, Christian Brun reprend les préoccupations de Babineau dans ses recueils (*Tremplin*, 1996), mais au lieu de les orienter autour de la langue, il cherche un sens dans les images qui s'imposent à lui, ce qui conduit parfois à une poésie abstraite, un peu à la façon d'une peinture (il est d'ailleurs peintre).

À «l'École de Moncton», alors en plein développement, on pourrait presque opposer celle de «Robertville», un village forestier situé à proximité de Bathurst. Le village natal de Fredric Gary Comeau et de Martin Pître est également celui de deux des plus fortes voix des années 2000, Éric Cormier et Christian Roy. Les poèmes d'Éric Cormier coulent, floraison d'images qui expriment la difficulté de vivre, de s'ajuster à l'autre, à tous les autres (*À vif tel un circoncis*, 1997). Dans ses recueils (*Pile ou face à la vitesse de la lumière*, 1998), Christian Roy s'interroge en interrogeant la vie et sa relation avec l'autre.

Un peu en marge des jeunes poètes de Perce-Neige, Judith Hamel publie *En chair et en eau* (1993), un recueil à la tonalité toute douce qui s'offre comme un hymne à la vie. Elle produit ensuite des albums pour enfants chez Bouton d'or Acadie, dont la série des Modo.

Contrairement aux auteurs publiés d'abord par Perce-Neige, Daniel Dugas n'a pas publié son deuxième recueil aux Éditions d'Acadie, celui-ci ayant été retenu par Michel Henry. Mais, comme beaucoup d'autres à cette époque, il rejoint Perce-Neige avec *Le bruit des choses* (1995). Ses poèmes dénoncent des faits de société en utilisant aussi bien l'ironie que l'humour et la satire.

Rose Després est la voix féminine la plus importante en poésie acadienne. Dans *Gymnastique pour un soir d'anguilles* (1996) et *La vie prodigieuse* (2000), elle se heurte à la langue, à son opacité, créant des images lourdes, une atmosphère suffocante dans sa tentative de rendre compte des angoisses qui l'habitent et de transformer sa douleur d'être en une force nourricière. La poésie de Dyane Léger s'inspire de ses expériences de vie. Chaque recueil s'organise autour d'une série d'événements, de sentiments qu'elle explore (*Les anges en transit*, 1992).

Après un long silence, Ulysse Landry publie un deuxième recueil, *L'espoir de te retrouver* (1992), un texte sombre habité par une vision pessimiste du monde. Dans ses deux romans (*Sacrée montagne de fou*, 1996 ; *La danse sauvage*, 2000), ses personnages contestent le système social et politique mais ils demeureront impuissants à le changer.

Certains auteurs choisissent de publier au Québec ou ailleurs au Canada. Hélène Harbec confie son premier roman *L'orgueilleuse* — dans lequel elle intègre des éléments réels à la fiction, traçant une mince frontière entre l'imaginaire et le documentaire —, aux Éditions du remue-ménage (Montréal, 1998). Claude Le Bouthillier publie *Les marées du grand dérangement*, la suite du *Feu du mauvais temps*, toujours chez Québec/Amérique, puis *Le borgo de l'Écumeuse* — dans lequel il renoue avec le roman psychologique — chez XYZ (Montréal, 1998). Jacques Savoie publie à La courte échelle (Montréal) une trilogie de romans qui s'adressent aussi bien à un lectorat adulte qu'adolescent (*Le cirque bleu*, 1995 ; *Les ruelles de Caresso*, 1997 ; *Un train de glace*, 1998) et une série de sept romans pour l'enfance qui s'organisent autour d'une famille. Martine L. Jacquot fait paraître chez différents éditeurs des recueils (*Fleurs de pain*, Ottawa, Le Vermillon, 1991), un roman (*Les glycines*, Ottawa, Le Vermillon, 1996), et des nouvelles (*Sables mouvants*, Wolfville, Éditions du Grand-Pré, 1994 ; *Des oiseaux dans la tête*, Montréal, Humanitas, 1998).

Le TPA et l'Escaouette connaissent une phase de réorganisation au début des années 1990. Après avoir connu quelques insuccès, le TPA engage René Cormier à la direction artistique en 1993. Il oriente la compagnie vers un répertoire plus accessible au public de la compagnie, en même temps qu'il se heurte à l'absence de dramaturges acadiens. Les pièces de Jules Boudreau (*Des amis pas pareils*, une pièce pour enfants écrite avec Jeannine Boudreau, 1991) et de Bertrand Dugas (*Le besson*, écrit avec Claire Normand, 1999) sont les dernières qu'ils écrivent pour le TPA, tandis que Luc LeBlanc (*La chaise perdue*, une pièce pour enfants écrite en collaboration avec le Québécois Louis-Dominique Lavigne, 1995) n'en écrit qu'une. Après avoir écrit une pièce pour l'Escaouette, Christiane Saint-

Pierre confie *Hubert ou comment l'homme devient rose*, aux Productions du Tréteau; la pièce sera reprise par le TPA en 1993.

Le théâtre l'Escaouette continue sa démarche en théâtre pour l'enfance avec *Mon cœur à mal aux dents* (1991) de Christiane Saint-Pierre, *Le marchand de mémoires* (1992) de Jean-Philippe Raîche, *Le manège des anges* (1993) d'Herménégilde Chiasson et *Pépère Goguen, gardien de phare* (1996) de Jean Péronnet, une pièce avec marionnettes traditionnelles adaptée de son album du même titre. Parallèlement, l'Escaouette crée deux pièces pour adolescents de Chiasson, *Pierre, Hélène et Michael* (1991) et *Cap Enragé* (1992 et 1999), les deux fondées sur des préoccupations sociales.

À compter de 1993, l'Escaouette s'oriente vers le théâtre pour adultes, le volet enfance étant définitivement abandonné après *Pépère Goguen*. En théâtre pour adultes, la compagnie s'était jusqu'à maintenant limitée à quelques expériences plus ou moins heureuses en théâtre d'été. Pour Chiasson s'ouvre alors l'occasion d'explorer la théâtralité et de créer des liens avec sa démarche poétique. *L'exil d'Alexa* (1993) aborde résolument le problème identitaire vécu par les Acadiens, et est suivi de *La vie est un rêve* (1994) et d'*Aliénor* (1997), qui complètent la trilogie. Le même thème sera repris sur le mode de la comédie dans *Pour une fois* (1999). *Laurie ou la vie de galerie* (1998) s'offre comme un intermède, hautement comique, par sa satire d'une certaine société acadienne.

Une troisième compagnie voit le jour en 1997. Organisée en collectif, la troupe s'oriente vers le théâtral expérimental. Sa première pièce, *Moncton sable* de France Daigle, donne son nom au groupe. Avec cette pièce et la suivante, *Craie* (1999), Daigle renoue avec l'écriture formaliste.

De nouvelles maisons d'édition naissent durant cette décennie. Si, au départ, la plupart des ouvrages publiés par La Grande Marée, fondée en 1993 à Tracadie-Sheila, sont d'intérêt régional, la maison réussira à attirer quelques auteurs importants (Laval Goupil, Édith Bourget), ce qui accroîtra son importance et son influence. Bouton d'or Acadie, fondée par l'infatigable Marguerite Maillet, publie des œuvres qui s'adressent à la jeunesse. En l'espace de quelques années, cette maison a contribué à l'essor de plusieurs écrivains acadiens spécialisés dans le domaine (Denise Paquette, Édith Bourget), tout en incitant des auteurs chevronnés à tenter l'expérience d'écrire pour les jeunes (Léonard Forest, Françoise Enguehard, Judith Hamel).

Deux autres maisons auront une influence régionale durant les années 1990 sans jamais parvenir à dépasser le stade de l'amateurisme de bon aloi. Un petit groupe d'écrivains et d'amateurs de littérature engagés dans le développement culturel du Madawaska fondent en 1990 les Éditions Marévie, dont la mission est essentiellement régionale ; la maison suspend ses activités après une dizaine de publications. Les Éditions du Grand-Pré, fondées en 1989 par Henri Dominique Paratte, professeur à l'Université Acadia à Wolfville en Nouvelle-Écosse, publient de manière très sporadique des auteurs de la région, ainsi que des œuvres du fondateur et de sa conjointe, Martine L. Jacquot.

L'événement qui marque la décennie, et qui la clôt, est la faillite des Éditions d'Acadie en 2000. Aux prises avec un déficit de liquidités que non seulement elle n'arrive pas à résorber mais qui augmente d'année en année, la plus importante maison d'Acadie est contrainte de fermer ses portes.

En 38 ans, les Éditions d'Acadie auront publié plus de 400 titres dans tous les genres littéraires, qui touchent tous les aspects de la vie acadienne et qui s'adressent à toutes les clientèles. La littérature y voisine l'histoire, l'essai (savant et littéraire), l'art et le pédagogique. Énumérer les principaux titres publiés par cette maison, c'est dresser le portrait des trois quarts de la production littéraire acadienne : à l'exception d'Antonine Maillet, tous les auteurs marquants des années 1970 y ont au moins publié un ouvrage. À partir des années 1980, au fur et à mesure que Perce-Neige se développe, la maison voit sa contribution à la poésie diminuer, et son rôle dans l'édition pour la jeunesse quasiment disparaître à la suite de la création de la maison spécialisée Bouton d'or Acadie en 1996.

5. 2000 à 2009 : Réorganisation, diffusion et nouvelles voix

La faillite des Éditions d'Acadie crée un vide important dans la dynamique littéraire acadienne. Bon nombre d'auteurs — des romanciers, des essayistes, des chercheurs — se retrouvent du jour au lendemain sans éditeur. Une vingtaine de titres par année se trouvent désormais à chercher un éditeur, et les autres maisons acadiennes n'ont pas les ressources financières et organisationnelles pour répondre à la demande.

La faillite des Éditions d'Acadie entraîne la disparition de plusieurs titres importants, titres qui, dans le cours normal des choses, auraient été réimprimés. Perce-Neige en rééditera quelques-uns (dont *Acadie Rock* de Guy Arsenault, *Cri de terre* de Raymond Guy LeBlanc, les deux recueils de Léonard Forest), alors que d'autres verront le jour dans la Bibliothèque canadienne française (BCF), collection de poche animée par un regroupement de trois éditeurs franco-ontariens (dont les deux premiers recueils d'Herménégilde Chiasson et les trois premiers de Gérald Leblanc). Malheureusement, des titres de Georges Bourgeois, Rose Després, Dyane Léger, Rino Morin Rossignol, Martin Pître, Roméo Savoie, Serge Patrice Thibodeau, sont toujours épuisés.

Des auteurs publiés par les Éditions d'Acadie, Perce-Neige accueille Hélène Harbec, Roméo Savoie (*Une lointaine Irlande*, 2001) et Léonard Forest (l'intégrale de son œuvre) et confirme son leadership en poésie. D'autres écrivains, dont les thèmes ou la démarche ne coïncident pas avec le programme de Perce-Neige, sont pris en charge par Les Éditions La Grande Marée, dont la qualité littéraire et la facture des livres s'améliorent lentement. Les Éditions de la Francophonie, fondées en 2001 par l'imprimeur Denis Sonier, publient à compte d'auteur un large éventail d'ouvrages de qualité variable, tout en produisant de temps à autre des titres pour lesquels la maison assume les coûts. Quant à Bouton d'or Acadie, qui devient la maison de référence en littérature jeunesse, elle connaît une croissance rapide, attirant même à son catalogue des auteurs et illustrateurs québécois et européens.

Beaucoup d'auteurs n'ont d'autre choix que de soumettre leurs manuscrits à des éditeurs québécois ou ontariens. En 2005, les Éditions Prise de parole de Sudbury décident d'élargir leur mandat pour englober l'ensemble du Canada français (donc sauf le Québec), intégrant dans ses comités d'édition des représentants de l'Acadie.

Durant la décennie, les Éditions Perce-Neige demeurera le principal éditeur en poésie acadienne. La maison sera dirigée par Gérald Leblanc jusqu'à son décès en 2005 et depuis par Serge Patrice Thibodeau.

Les trois recueils de Leblanc (*Le plus clair du temps*, 2001 ; *Technose*, 2004 ; *Poèmes new-yorkais*, 2006) s'inscrivent dans la continuité de son œuvre : poèmes inspirés par son quotidien, dans lesquels des lieux et des gens sont évoqués, recherche d'une simplicité poétique et appel au rythme de la musique.

Avec *Le roseau* (2000), Serge Patrice Thibodeau délaisse les éditeurs québécois et «revient» à Perce-Neige. Sa poésie y est plus intimiste tout en demeurant très structurée, démarche qui se poursuivra dans deux autres recueils (*Seul on est*, 2007 ; *Les sept dernières paroles de Judas*, 2008). *Seuils* (2002) réunit deux suites déjà publiées, une tirée du *Passage des glaces* («Lamento») et l'autre du *Cycle de Prague* («Le corps s'oublie») — deux recueils épuisés, originalement publiés en 1992 —, auxquelles Thibodeau ajoute des textes inédits dans une tentative réussie de lier passé et présent. *Lieux cachés* (2005) se compose de récits de voyage dans lesquels le poète fait appel au militant d'Amnistie internationale qu'il a été.

Fredric Gary Comeau publie de nouveau à Perce-Neige en 2005 (*Naufrages*), publication qui coïncide avec le lancement de sa carrière d'auteur-compositeur-interprète. Les recueils et disques qui suivent se construisent en résonance : *Aubes* avec *Ève rêve* (2006) et *Vérités* avec *Effeuiller les vertiges* (2009).

Hélène Harbec développe une œuvre singulière, qu'elle soit poétique (*Va*, 2002 ; *Le tracteur céleste*, 2005) ou romanesque (*Les voiliers blancs*, 2002). C'est surtout avec *Chambre 503* (2009) que le récit devient véritable œuvre romanesque. L'ouvrage est publié par les Éditions David d'Ottawa. Ce passage, de Perce-Neige à David, est symptomatique d'un phénomène qui semble suggérer que les éditeurs ontariens se posent comme une véritable alternative à l'édition en Acadie.

La plupart des poètes publiés par Perce-Neige lui restent fidèles. Les Judith Hamel (*Onze notes changeantes*, 2003), Rino Morin Rossignol (*Intifada du cœur*, 2006), Éric Cormier (*L'hymne à l'apocalypse*, 2001), Christian Roy (*Personnes singulières*, 2005), Christian Brun (*L'évolution des contrastes*, 2009) poursuivent l'œuvre entreprise auprès de cet éditeur.

C'est également Perce-Neige qui accueille, depuis 2000, ce qui semble en voie de devenir une quatrième génération de poètes : les Daniel Omer LeBlanc, Jean-Philippe Raîche, Paul Bossé, Brigitte Harrison et Georgette LeBlanc.

Si Daniel Omer LeBlanc est surtout reconnu comme l'auteur-dessinateur du personnage chiac d'*Acadieman*, sa poésie est écrite dans un français normatif, dans laquelle se profile cependant une tension linguistique (*Les ailes de soi*, 2000). À l'opposé, Jean-Philippe Raîche utilise une langue fluide, sobre et évocatrice dans une recherche impressionniste de ce qui pourrait constituer l'essence même de l'amour (*Ne réveillez pas l'amour avant qu'elle ne le veuille*, 2007).

Paul Bossé, dans une langue pimentée du chiac, commente avec humour la société qui l'entoure ; ses textes ressemblent souvent à de petits scénarios, ce qui reflète le cinéaste qu'il est avant tout (*Un cendrier plein d'ancêtres*, 2001 ; *Saint-George/Robinson*, 2007). Sur un tout autre mode, Brigitte Harrison chemine d'une critique de la société (*L'écran du monde*, 2005) à une vision plus intérieure de celle-ci (*Le cirque solitaire*, 2007). Mais la parole la plus originale est celle de Georgette LeBlanc, qui utilise la saveur de la langue de la Baie Sainte-Marie pour créer un touchant récit poétique avec *Alma* (2007 ; prix Antonine-Maillet/Acadie Vie).

Le roman occupe une place assez marginale chez Perce-Neige, qui en publie peu, sans toutefois que l'on puisse identifier une raison précise qui expliquerait cette situation. Si Jean Babineau, par son choix du chiac et sa volonté d'affronter ce que François Paré appelle «l'incertitude linguistique» (*Vortex*, 2004), «appartient» clairement à l'univers littéraire de Perce-Neige, la publication de Germaine Comeau tendrait à prouver que la maison accueille également des romans plus tradition-nels (*Laville*, 2008).

L'ouverture des Éditions Prise de parole à la littérature aca-dienne s'est d'abord manifestée par la publication d'œuvres d'Herménégilde Chiasson. Ce dernier s'était tourné vers le Québec à la suite de la faillite des Éditions d'Acadie, son prin-cipal éditeur. Il publiera quatre ouvrages chez autant d'éditeurs en trois ans, dont un recueil de récits autobiographiques (*Brunante*, 2000) et deux œuvres liées à des démarches avec des artistes (*Légendes*, 2000; *Actions*, 2000). En 2005, Perce-Neige publie un recueil de poésie, *Parcours* (2005), recueil qui avait été déposé depuis quelques années. Chiasson passe ensuite à Prise de parole, à l'exception de ses livres pour la jeunesse. Son écriture poétique devient incantatoire dans *Béatitudes* (2007, prix Champlain) et se rapproche du récit dans *Solstices* (2009).

Rose Després passe elle aussi de Perce-Neige (*La vie pro-digieuse*, 2000) à Prise de parole (*Si longtemps déjà*, 2009, prix Éloizes). Ces deux recueils sont d'une grande intensité dramatique et l'imposent comme la principale poète aca-dienne. Après un long silence, Daniel Dugas choisit lui aussi la maison ontarienne avec *Même un détour serait correct* (2006) dans lequel il précise sa pensée sociale.

À la suite de la faillite des Éditions d'Acadie, Prise de parole avait racheté les stocks de plusieurs ouvrages, et ce, afin de garder en circulation des ouvrages importants. C'est le cas des premiers romans de France Daigle, de quelques recueils de Chiasson et du premier roman de Françoise Enguehard, *Les litanies de l'Île-aux-Chiens*, dont la maison préparera une nouvelle édition, sous sa propre bannière, en 2006. Enguehard y fera également paraître l'excellent roman *L'archipel du docteur Thomas* (2009, prix des lecteurs de Radio-Canada), dont l'action se déroule à Saint-Pierre, tout comme le précédent.

Antonine Maillet demeure fidèle à Leméac. Si *Madame Perfecta* (2001) s'inscrit comme une parenthèse dans son œuvre — c'est le seul roman qui mette en scène un personnage non acadien et qui nous introduise dans la maison de l'auteure —, *Le temps me dure* (2003) ramène Radi (l'enfant qu'a été Maillet), *Pierre Bleu* (2006) agrandit sa galerie de personnages traditionnels et *Le mystérieux voyage de Rien* (2008) s'inscrit dans la lignée des contes philosophiques. Sa production théâtrale se limite aux sketches et pièces écrites pour le *Pays de la Sagouine*; l'écriture y est davantage orientée par les besoins du Pays que par une volonté littéraire, ce qui n'enlève rien à l'efficacité de ces textes.

Durant cette décennie, Jacques Savoie consacre l'essentiel de son temps et de son talent à la scénarisation de séries télévisuelles; il publie néanmoins l'amusant *Les soupes célestes* (2005) et profite du succès de la télésérie *La vraie histoire des Lavigueur* pour en publier le scénario (2008).

De son côté, France Daigle rejoint les Éditions du Boréal, qui rééditent *Pas pire* dans sa collection de poche (2002); ce roman avait introduit Terry et Carmen, qui sont les personnages principaux des deux romans suivants. *Un fin passage* (2001) et *Petites difficultés d'existence* (2002) marquent l'aboutissement d'une démarche qui avait commencé par des romans formalistes (que l'on pourrait considérer comme poétiques), démarche qui s'est d'abord manifestée par une importance accrue des personnages, puis par le développement de l'intrigue et enfin par l'apparition du dialogue, dialogue dans lequel le vernaculaire chiac a une belle part, Terry, Carmen et leurs amis étant des Acadiens de la région de Moncton.

Après avoir publié ses premières œuvres aux Éditions d'Acadie, Claude Le Bouthillier avait choisi d'être publié au Québec dès 1989. Durant les années 2000, il publie ses recueils de poésie aux

Éditions La Grande Marée (dont *Tisons péninsulaires*, 2001), un roman aux Éditions de la Francophonie (*Babel ressuscitée*, 2001), puis revient chez XYZ Éditeur pour les deux suivants. D'un livre à l'autre, Le Bouthillier cherche à affirmer l'originalité de l'Acadie, quitte à en faire un peuple messianique.

Français d'origine, Alain Raimbault émigre en Nouvelle-Écosse en 1998. Il est sans doute l'écrivain le plus prolifique de l'Acadie, publiant poésie, romans et livres pour la jeunesse. Les Éditions David accueillent sa poésie et les Éditions Hurtubise HMH ses romans. En poésie, il explore le haïku (*Mon île muette*, 2001) et les formes brèves (*Partir comme jamais*, 2005) dans des textes d'une douce simplicité, alors que dans le roman il interroge la structure du récit et la réalité de la fable romanesque (*Confidence à l'aveugle*, 2008).

S'il y avait un auteur représentatif de la volonté des Éditions d'Acadie de donner à l'Acadie un romancier du pays, ce serait Louis Haché. D'un ouvrage à l'autre, il explore différentes facettes de l'histoire régionale de son coin de pays, aventure qu'il poursuit aux Éditions de la Francophonie, publiant la suite de *La Tracadienne* avec *Le desservant de Charnissey* (2001) et *La maîtresse d'école* (2003).

Melvin Gallant rejoint lui aussi les Éditions de la Francophonie avec *Le complexe d'Évangéline* (2001), une tentative de remettre en question le célèbre mythe, et un roman historique, *Le métis de Beaubassin* (2009), deux romans de facture assez traditionnelle.

Les années 2000 sont marquées par une véritable ébullition en littérature pour la jeunesse, en bonne partie due au dynamisme de Bouton d'or Acadie. Sa fondatrice et animatrice, Marguerite Maillet, est déterminée à développer le goût de la lecture chez les enfants et les adolescents en leur donnant à lire des ouvrages qui s'inspirent de l'Acadie ou qui à tout le moins sont écrits et illustrés par des Acadiens.

Melvin Gallant, qui a déjà touché au genre pour les Éditions d'Acadie, reprend en trois volumes ses Ti-Jean, en les modifiant légèrement et en ajoutant des Tite-Jeanne (*Tite-Jeanne et la pomme d'or*, 2000).

Une collaboratrice de Maillet, Judith Hamel, crée la série des albums Modo (*Modo et la planète Mars*, 2000) et écrit un roman jeunesse (*Respire par le nez*, 2004). Denise Paquette, qui elle aussi avait déjà publié des albums aux Éditions d'Acadie, sera illustratrice pour plusieurs auteurs tout en créant ses propres albums (*Quatre saisons dans les bois*, 2007) et en écrivant un très touchant roman pour la jeunesse (*Annie a deux mamans*, 2003).

À l'invitation de Marguerite Maillet, le poète Léonard Forest publie deux contes fantaisistes (dont *Les trois pianos*, 2003) et Françoise Enguehard présente l'histoire de son archipel (*Le pilote du Roy*, 2007).

D'autres auteurs pour la jeunesse publieront tantôt au Québec, tantôt chez Bouton d'or. Édith Bourget, artiste visuelle qui a publié un recueil où poésie et tableaux se complètent (*Une terre bascule*, 1999), oriente son écriture poétique vers les enfants dans une série de recueils fort amusants qui mettent en scène les enfants d'une famille à qui sont attribués les textes (dont *Autour de Gabrielle*, Soulières Éditeur, 2004), et confie son roman *Lola et le fleuve* à Bouton d'or (2009).

De 2000 à 2009, Alain Raimbault publie 13 romans pour la jeunesse chez cinq éditeurs. Il se lance dans le roman jeunesse avec *Herménégilde l'Acadien* (2000), prénom qui n'a pas été choisi au hasard, pour ensuite se tourner vers la fantaisie. Il réserve ses romans les plus sérieux et les meilleurs pour Bouton d'or (*Le ciel en face*, 2005; *La jeune lectrice*, 2008).

Maison d'édition constamment à l'affût d'idées nouvelles, La courte échelle (Montréal) lance une collection de poésie pour les adolescents et invite certains poètes reconnus à y participer. Serge Patrice Thibodeau (*Du haut de mon arbre*, 2002) et Herménégilde Chiasson (*L'oiseau tatoué*, 2003) répondront à l'appel, produisant des recueils dans lesquels ils demeurent fidèles à leur démarche, tout en tenant compte de la «clientèle» visée. Chiasson acceptera également une commande d'une nouvelle maison acadienne, Les Éditions Karo, de produire un recueil de nouvelles pour adolescents,

Dans la chaleur de l'amitié (2008), dont le résultat semble pourtant coller de trop près à l'exigence pédagogique.

Durant cette période, Chiasson demeure l'auteur principal du théâtre l'Escaouette, pour lequel il signe une pièce pour adolescents — écrite en collaboration avec Louis-Dominique Lavigne (*Le cœur de la tempête*, 2001) dans le cadre d'une coproduction avec le Théâtre de Quartier de Montréal dont Lavigne est l'auteur maison et un cofondateur —, et trois pièces pour adultes qui lui permettent d'élargir la gamme de ses thèmes : un drame (*Le Christ est apparu au Gun Club*, 2003), une comédie satirique (*La grande séance*, 2004) et une comédie dramatique sociale (*Des nouvelles de Copenhague*, 2009).

En 2001, l'Escaouette fonde le Festival à haute voix (FHV), une activité biennale de mise en lecture de textes inédits, qu'il enrichit d'ateliers d'écriture animés depuis par Louis-Dominique Lavigne. Plusieurs des textes présentés dans le cadre de cet événement (la cinquième édition a eu lieu en 2009) sont portés à la scène soit par l'Escaouette, soit par le Théâtre populaire d'Acadie (TPA) ou par d'autres compagnies apparues ces dernières années (le Théâtre Alacenne, le Théâtre des Deux Mariées) ou par des troupes communautaires. Ainsi en est-il de *Tangentes* de Jean Babineau, qu'a créé l'Escaouette en 2007.

L'intimité d'Emma Haché a été mis en lecture au FHV avant d'être créé par la compagnie montréalaise Omnibus (2004). Au cours de cette période, Haché est le plus prolifique des auteurs de théâtre acadiens, acceptant volontiers des commandes dont *Fort La Tour : l'horizon à s'en crever les yeux* pour la troupe communautaire le Théâtre du Trémolo (Saint-Jean, N.-B., 2003), *Les défricheurs d'eau* pour le TPA (2004), puis *Murmures* (2005) pour la même compagnie. Ses textes abordent aussi bien l'histoire que des problématiques contemporaines.

Marcel Romain Thériault présente d'abord des textes au FHV avant de voir son drame social *Le filet* (2007), puis sa comédie romantique *Disponibles en librairie* (2008), créés par le TPA.

Le collectif de création Moncton Sable demeure fidèle à sa volonté d'explorer les formes théâtrales; il poursuit sa collaboration avec France Daigle (*Bric-à-brac*, 2001, *Sans jamais parler du vent*, 2003) et en développe une avec le cinéaste et poète Paul Bossé, dont il monte trois pièces — dont *Pellicule* (2009), dans laquelle Bossé lie théâtre et cinéma, tant thématiquement que dans l'utilisation de projections vidéo.

Les trois principales compagnies sont néanmoins en manque de textes. Même si elle peut toujours compter sur le prolifique Chiasson, l'Escaouette souhaite s'assurer la collaboration de nouveaux auteurs. Le FHV lui a permis de travailler avec Jean Babineau, et surtout avec Mélanie F. Léger (*Roger, Roger*, 2005; *Vie d'cheval*, 2008), qui est également codirectrice du Théâtre Alacenne. De son côté, même si le TPA dépend moins des auteurs parce qu'il est aussi une compagnie de répertoire, sa dimension création demeure fragile. Moncton Sable a jusqu'à maintenant favorisé la recherche formelle en se servant du texte comme d'un matériau de départ qui peut demeurer embryonnaire.

6. Conclusion

Ce petit tour de la littérature acadienne, malgré qu'il soit incomplet, ouvre sur quelques pistes de réflexion et de recherche.

Au centre de tout, la question identitaire, reprise et examinée de mille façons par les auteurs, et qui se transforme au fil des années.

Le choix de la langue vernaculaire, en particulier le chiac, pose toute la problématique du lectorat: car, qui peut lire le chiac? Les romans de Jean Babineau fusionnent français normatif et familier, anglais, chiac, passant allègrement de l'un à l'autre selon les besoins du récit; d'autres, comme le poète et dramaturge Paul Bossé et la romancière France Daigle, explorent les possibilités littéraires du chiac, mais sans aller aussi loin que Babineau. Toutefois, dans l'ensemble, les auteurs restent fidèles à un français plus normatif, y intégrant le français acadien. Ainsi, quoique l'utilisation de «l'ancienne» langue peut facilement se justifier dans les romans historiques, en particulier dans les dialogues (comme l'a fait Louis Haché), la tendance semble être à la «normalisation» de la langue. Une exception remarquable, le recueil *Emma*, de Georgette LeBlanc, qui fait la belle place au parler de sa région, et qu'elle réussit à transposer de façon magistrale. Le désir d'être lu ailleurs dans la francophonie influence le choix de la langue, comme le reconnaît volontiers Herménégilde Chiasson (qui réserve la langue populaire, chiac ou autre, à certaines de ses pièces). Même Gérald Leblanc, auquel on doit *L'éloge du chiac*, s'en tenait presque rigoureusement au français normatif (ou pas très loin).

Si l'affirmation de l'identité acadienne est au cœur de la production littérature des années 1970, identité qu'il fallait circonscrire en précisant en même temps le territoire sur lequel s'étendait cette Acadie, les années 1980 sont marquées par la prise de parole et l'intervention culturelle, alors que le milieu se dote d'organismes qui favorisent l'émergence d'actions communes ; ce sont également les années de la professionnalisation, tant sur le plan de l'édition que sur celui du théâtre.

Les années 1990 sont celles du foisonnement des voix. L'identité acadienne est donnée comme un acquis et la poésie n'a plus à être nominative. Le questionnement se fait linguistique, alors que des écrivains natifs du Sud-Est posent le chiac comme langue littéraire, et que ceux des autres régions tentent de se distancier de ce courant, qui demeure marginal dans la littérature acadienne.

La faillite des Éditions d'Acadie en 2000 contraint le milieu littéraire à se réorganiser. Bon nombre d'auteurs doivent soumettre leurs textes à des éditeurs de l'extérieur, québécois ou ontariens, s'ils veulent être publiés. Les quelques maisons acadiennes ne sont pas en position d'appuyer tous les manuscrits de qualité — elles n'en ont pas les moyens —, et aucune — à l'exception de Perce-Neige dont la politique artistique et les ressources financières limitent les choix — n'est reconnue institutionnellement.

L'affaiblissement de l'édition en Acadie (exception faite de la littérature jeunesse) coïncide avec une forte augmentation des œuvres publiées, signe s'il en est un de la vitalité de la littérature et de la qualité des œuvres.

Le fait qu'il s'agisse d'une «petite littérature», pour reprendre l'expression de François Paré dans son essai *Les littératures de l'exiguïté* (1992) — petite en raison de ses quelques maisons d'édition aux minuscules moyens, de sa province peu peuplée et sans réel impact sur la politique canadienne — pose le problème de la réception ailleurs au Canada, au Québec, en France et dans les autres pays de la francophonie. S'ajoute à ce contexte, la volonté du Québec de s'affirmer comme État doté de toutes les institutions, dont celles au niveau culturel. Les écrivains de l'extérieur du Québec sont alors souvent les laissés-pour-compte de l'institution littéraire québécoise dans sa volonté de s'affirmer, à moins qu'ils choisissent de vivre ou, minimalement, d'être publiés au Québec.

Le principal problème auquel se heurtent les maisons d'édition acadiennes est celui de l'extrême maigreur de l'aide à l'édition offerte par la Direction du développement des arts du Nouveau-Brunswick. La province a adopté, en 2008, une politique du livre dont les objectifs sont louables mais qui demeure timide dans sa réalisation du fait que le budget qui l'accompagne est mince.

La contribution du Conseil des Arts du Canada, bien que beaucoup plus importante, n'arrive pas à compenser la faiblesse de l'appui provincial. Dans le dossier culturel, la province fait piètre figure, que ce soit en matière de subvention, de fiscalité, ou de lois. Dans ce contexte, de créer et de développer une maison d'édition tient du miracle. D'après l'UNESCO, un pays qui ne dispose pas d'une population d'au moins dix millions d'habitants ne peut rentabiliser son industrie du livre: l'aide gouvernementale devient alors essentielle. Les quatre provinces l'Atlantique comptent environ 300 000 Acadiens. Le bassin des lecteurs est évalué à 1% de la population, et un livre devient un best-seller quand 10% des lecteurs l'achètent. En Acadie, un best-seller représenterait donc 300 exemplaires vendus. Le marché québécois est donc essentiel pour les maisons acadiennes et canadiennes-françaises (il y a un million de francophones «hors Québec»). D'où l'effort porté vers ce marché par le Regroupement des éditeurs canadiens-français.

Les maisons acadiennes et ontariennes qui publient la grande majorité des auteurs acadiens cherchent à mieux se positionner dans le marché québécois, mais aussi dans le marché canadien. Si la couverture de presse est relativement bonne pour les œuvres acadiennes dans les revues littéraires, elle est beaucoup plus faible dans les quotidiens québécois. Quant aux quotidiens «canadiens», *L'Acadie Nouvelle* couvre bien la production acadienne tandis que *Le Droit* n'accorde guère de place à la littérature. À cela s'ajoute un nombre insuffisant de librairies et l'absence de soutien de l'État provincial à cette composante essentielle de l'infrastructure du livre, pourtant peu rentable en milieu minoritaire: il faudrait, comme c'est le cas au Québec, une loi qui oblige les institutions à faire affaire avec les libraires dans leur région, ce qui favoriserait le développement d'un véritable réseau de librairies et de là une meilleure diffusion de la littérature acadienne et de la littérature en général.

Néanmoins, et envers et contre tout, pourrait-on presque dire, la littérature acadienne n'a jamais été aussi dynamique, diversifiée et riche. En cela, elle témoigne de la vitalité de l'Acadie et de la détermination des Acadiens à s'affirmer comme des égaux de leurs compatriotes anglophones dans ce qui est l'unique province bilingue du Canada.

ANTONINE MAILLET

Née le 10 mai 1929 à Bouctouche, Antonine Maillet obtient un baccalauréat au Collège Notre-Dame d'Acadie en 1950, une maîtrise ès arts de l'Université de Moncton en 1959 et un doctorat ès lettres de l'Université Laval en 1970. Sa thèse, publiée en 1971, porte sur *Rabelais et les traditions populaires en Acadie*. Après son baccalauréat, elle entre chez les religieuses de la Congrégation Notre-Dame du Sacré-Cœur et prend le nom de sœur Marie-Grégoire; elle quittera la congrégation dans les années 1960. Elle enseigne les lettres au collège où elle a étudié (1954-1960), à l'Université de Moncton (1965-1967), au Collège des Jésuites de Québec (1968-1969), à l'Université Laval (1971-1974) et à l'Université de Montréal (1974-1975). Elle choisit de se consacrer entièrement à l'écriture dès les années 1970.

Elle écrit ses premières pièces (*Entracte*, 1957; *Poire-Acre*, 1958) pour les élèves de son collège et publie un premier roman, *Pointe-aux-Coques* (1958, prix Champlain) dans une collection jeunesse. Plusieurs des principaux personnages qui peupleront son univers romanesque seront introduits dans les œuvres suivantes: Radi, cette enfant double de l'auteure, dans

On a mangé la dune (1962), La Sagouine, Don l'Orignal, Michel-Archange, Noume, Citrouille, La Sainte, La Cruche dans *Les Crasseux* (1968), et Mariaagélas dans le recueil de contes et de souvenirs qu'est *Par derrière chez mon père* (1972).

C'est avec *La Sagouine* (1971), une pièce pour une femme seule, qu'elle connaît le succès, en bonne partie grâce à la magnifique interprétation qu'en fait Viola Léger (depuis, la pièce aura été représentée plus de mille fois et fait l'objet de deux séries télévisées). Ce personnage appartient au cycle de l'Île-aux-Puces, qui regroupe plusieurs romans et pièces de théâtre dont *Don l'Orignal* (1972, prix du Gouverneur général) et *Mariaagélas* (1973, plusieurs prix, dont le prix France-Canada) pour le roman, *La veuve enragée* (1977) et *La contrebandière* (1981) pour le théâtre. Des textes et personnages de ce cyle naîtra en 1992, le Pays de la Sagouine, une recréation touristicoculturelle sise sur un îlot dans la baie de Bouctouche.

Pélagie-la-Charrette (1979) l'impose comme romancière et lui vaut le prestigieux prix Goncourt. Ce roman ouvre l'univers de Maillet sur une écriture complexe, fondée moins sur l'intrigue que sur un narratif qui se construit autour de la relation entre les personnages et l'auteure.

Le cycle de Radi — cette enfant qu'a été Radegonde, le prénom que se donne Maillet dans plusieurs des romans qui s'inspirent de son milieu et de sa vie — comprend notamment *On a mangé la dune, Le chemin Saint-Jacques* (1996) et *Chronique d'une sorcière de vent* (1999).

Au centre de son œuvre, la langue et le pays. La langue d'abord : du français normatif à la « vieille » langue acadienne et à la recréation de celle-ci dans une recherche constante de l'oralité. Le pays ensuite, ce triangle dont les pointes sont Rogersville, Saint-Norbert et Bouctouche et qui recevra différents noms selon les romans et les pièces. Pays que l'on évoque quand on est contraint de vivre ailleurs (*Évangéline Deusse*, 1975).

En arrière-plan, Rabelais et sa truculence, qu'elle explore dans sa thèse de doctorat puis qu'elle intègre à son pays dans la pièce *Les drolatiques, horrifiques et épouvantables aventures de Panurge, ami de Pantagruel* (1983). Elle en gardera la verve, le plaisir de jouer avec les mots, le sens de la formule qui claque.

Antonine Maillet a reçu de nombreux doctorats honorifiques, distinctions et prix, dont le prix d'excellence Pascal-Poirier attribué par le Conseil des arts du Nouveau-Brunswick pour l'ensemble de son œuvre.

La Sagouine, extrait: *Le recensement*

Eh ben oui, ils avont passé par chus nous pour le recensement. Et pis ils nous avont toute recensés, pas de soin: ils avont recensé Gapi, pis ils avont encensé la Sainte, pis ils m'avont ensemencée, moi itou. Ah! c'était une grousse affaire, pornez-en ma parole qu'a jamais menti. Parce que lors d'un recensement, coume ça, il leur faut encenser tout le monde, avec les poules pis les cochons. Ben chus nous, j'avons ni tet à poules, ni soue à cochons, ça fait qu'ils avont ensemencé les matous. Ils fortont dans tes hardes, itou, pis ils mesuront ta maison, et ils comptons jusqu'aux bardeaux de ta couvarture. Ben quand c'est qu'ils avont demandé à Gapi de leu montrer son livre de banque, il leur a dit de manger de la m... Ah! il a pas grand' manières, Gapi.

Pis ils te questiounont. Des fois c'est malaisé à répondre: ton nom, tous tes noms de baptême, ton pére, ta mére, ta darniére maladie, quand c'est que t'as eu t'es âges, tes enfants morts, tes enfants encore en vie, et coument c'est que tu gâgnes dans un an. Gapi trouvait qu'il fortiont une petite affaire trop dans sa vie; ça fait que quand c'est qu'ils y avont demandé quoi c'est que son pére faisait avant de mourir, il les a avisés pis il leur a dit:

—Avant de mouri'? Mon père il s'a élongé les deux jambes pis il a fait: «heug».

Ah! ils te demandont des affaires malaisées.

Asteur il faudrait qu'une parsoune se souvenit de tout ce qu'elle a fait dans sa sainte vie. C'est pire qu'à la confesse, ma grand' foi Djeu! Ils vouliont saouère coument c'est que je dépensions de farine dans un an. Un an, pensez ouère! Mais pouvez-vous me dire si y a une parsoune au monde qui sait ce qu'a dépense dans un an? J'achetons notre farine à la livre, un petit sac à la fois, quand c'est que j'en avons pus, et que j'avons de quoi la payer; ouben quand c'est qu'ils vouliont nous la laisser à crédit. Ben nous autres, avec de la farine, je faisons du pain pis des crêpes, pas des livres de comptes, que Gapi leur a dit, aux recenseux. Et j'avons pas de livre non plus pour carculer chaque coque pis chaque palourde que j'avons vendus. Tout ce que je pouvions y dire, au recensement, c'est que je pêchons pour vendre, je vendons pour acheter, et j'achetons pour nous mettre de quoi dans le ventre. Et au boute de l'ânnée, j'avons pas plusse de poissons dans l'estoumac que j'en avons pêché dans la baie. C'est coume ça l'écounoumie chus nous.

Ben y en a qu'avont des questions pus malaisées à répondre que d'autres. Quand c'est qu'ils demandont à la Cruche d'espliquer ça qu'a' fait pour vivre... ou ben quand c'est qu'i' demandont à Boy de noumer tous ses enfants... c'est malaisé.

Pis ils te demandont itou ton arligion. Ça fait que tu te prépares à répondre ben tu te ravises. Par rapport que là encore il faut que tu leu bailles des esplicâtions. C'est pas toute d'aouère été porté sus les fonds pis conformé par l'archevêque en parsoune en pleine tornée de conformâtion. Il faut que tu noumes le saint patron de ta parouesse actuelle. Asteur ta parouesse actuelle, c'est-i' la même que celle-là où c'est que tu fais tes pâques à chaque dimanche de la Trinité? La parouesse qui baptise tes enfants, c'est-i' ben une parouesse actuelle? Ben je voulions pas passer pour des communisses, ça fait que j'avons pris une chance de leu répondre que j'étions des chrétchens.

C'est pas toute. Parce qu'y a sus leux listes une question encore ben pus malaisée. Ah! là, Gapi non plus savait pus quoi répondre. Ta natiounalité, qu'ils te demandont. Citoyenneté pis natiounalité. C'est malaisé à dire.

...Je vivons en Amarique, ben je sons pas des Amaricains. Non, les Amaricains, ils travaillont dans des shops aux États, pis ils s'en venont se promener par icitte sus nos côtes, l'été, en culottes blanches pis en parlant anglais. Pis ils sont riches, les Amaricains, j'en sons point. Nous autres je vivons au Canada; ça fait que je devons putôt être des Canadjens, ça me r'semble.

...Ben ça se peut pas non plus, parce que les Jones, pis les Caroll, pis les MacFadden, c'est pas des genses de notre race, ça, pis ça vit au Canada itou. Si i' sont des Canadjens, je pouvons pas en être, nous autres. Par rapport qu'ils sont des Anglais, pis nous autres, je sons des Français.

...Non, je sons pas tout à fait des Français, je pouvons pas dire ça: les Français, c'est les Français de France. Ah! pour ça, je sons encore moins des Français de France que des Amaricains. Je sons putôt des Canadjens français, qu'ils nous avont dit.

...Ça se peut pas non plus, ça. Les Canadjens français, c'est du monde qui vit à Québec. Ils les appelons des Canayens, ou ben des Québecois. Ben coument c'est que je pouvons être des Québecois si je vivons point à Québec? ... Pour l'amour de Djeu, où c'est que je vivons, nous autres?

...En Acadie, qu'ils nous avont dit, et je sons des Acadjens. Ça fait que j'avons entrepris de répondre à leu question de natiounalité comme ça: des Acadjens, que je leur avons dit. Ça, je sons sûrs d'une chouse, c'est que je sons les seuls à porter ce nom-là. Ben ils avont point voulu écrire ce mot-là dans leu liste, les encenseux. Parce qu'ils avont eu pour leu dire que l'Acadie, c'est point un pays, ça, pis un Acadjen c'est point une natiounalité, par rapport que c'est pas écrit dans les livres de Jos Graphie.

Eh! ben, après ça, je savions pus quoi trouver, et je leur avont dit de nous bailler la natiounalité qu'i' voudriont. Ça fait que je crois qu'ils nous avont placés parmi les Sauvages.

La Sagouine, 1971, édition de 1973, p. 133-135.

❖

Évangéline Deusse, extrait : Troisième tableau. Fin juin

Voix d'Évangéline et du Stop au loin.

LE STOP

Aaah !... c'est comme ça. Moi j'aurais cru que ça se pêchait dans l'eau, voyez-vous.

LE BRETON ET LE RABBIN

Trop proche.

ÉVANGÉLINE

Non, non, c'est point du poisson, c'est point du poisson !

Évangéline et le Stop arrivent en portant un grand panier de coques.

LE BRETON

C'est des... des tortues ?

LE RABBIN

Voyons, je crois que vous êtes un peu dérangé, cher ami. Ce sont des... des bigorneaux.

ÉVANGÉLINE

Quoi c'est que j'entends ? Des tortues pis des gorlots ? Et ça prétend aouère pris la mer à quinze ans ? Ça c'est des coques, jeune homme.

LE BRETON

Des coques ! Mes aïeux !

ÉVANGÉLINE

Frais sortis de la vase du Fond de la Baie.

LE RABBIN

Ça ressemble à des moules.

LE BRETON

Des coques fraîches ! Évangéline, mon Acadie préférée !

Il l'embrasse, mais elle se défend. Puis elle renifle et aperçoit en même temps la bouteille.

ÉVANGÉLINE

Quasiment vide. Ah-ha ! je crois qu'y en a qu'avont coumencé le pique-nique avant l'heure. Ouais, i' pouvont ben prendre une coque pour une tortue.

LE BRETON

Excusez-vous, Évangéline, on vous espérait, puis tout à coup le monde est devenu trop vide...

LE RABBIN

... trop petit...

LE BRETON

... trop mou...

LE RABBIN

... trop maigre...

LE BRETON

... trop gras...

ÉVANGÉLINE

... Et pis une petite affaire trop plein, à mon dire. Venez manger, ça vous aplombera l'estoumac.

Le Stop examine, déçu, la bouteille.

ÉVANGÉLINE

Approchez-vous, y en a pour tout le monde.

On s'installe autour du panier. Évangéline sert ses invités.

ÉVANGÉLINE

Vous leur ouvrez le bec, coume ça, et pis oupse!... hum... ça vous fait ennuyer le gorgoton.

LE BRETON

Sacrebleu de morbleu de jarnidieu! de vraies coques des côtes de Bretagne.

ÉVANGÉLINE

D'abord, ça c'est des coques d'Atlantique. Et pis arrêtez-vous de jurer, vous.

LE BRETON

Mais nos coques aussi sont de l'Atlantique.

ÉVANGÉLINE

Quoi c'est que vous dites là?

LE BRETON

Moi aussi je suis né sur l'Atlantique.

ÉVANGÉLINE

Ben voyons...

LE RABBIN

L'Atlantique est la seule chose qui sépare votre pays du sien,
Madame Évangéline. Il vivait aussi sur les bords de l'océan.

LE BRETON

De l'autre bord.

ÉVANGÉLINE

Ah bon?... Ben là vous mangez des coques de c'te bôrd-citte.
C'est les meilleures.

*Pendant ce temps, le Stop fait des efforts inouïs, mais ne se décide
pas à manger de coques.*

LE BRETON

Pas meilleures que nos langoustines, par exemple.

ÉVANGÉLINE

Quoi c'est qu'ils avont de plusse, vos augustines?

LE BRETON

Langoustines, petites langoustes, qui sont des espèces de
homards sans les grosses pinces.

ÉVANGÉLINE

Ben quoi c'est qu'on peut faire d'un houmard qu'a pardu ses
grousses pinces? Tout ce qu'il y reste c'est une queue, dans ce
cas-là, et ça c'est pas grand-chouse.

LE RABBIN

Une queue de poisson, pas grand-chose.

Le Stop a réussi enfin à avaler une coque.

LE STOP

Je l'ai eue!...

LE RABBIN

Ça se trouve sur les roches, comme les moules?

LE BRETON

Non, dans le sable.

ÉVANGÉLINE

La vase.

LE BRETON

Ça se pêche avec un pic et une pelle.

ÉVANGÉLINE

Et tes mains. Tu prends une pelletée de vase, pis tu vas forter dedans avec tes mains. Dans une seule pelletée, tu peux en ragorner...

LE BRETON

Trois ou quatre.

ÉVANGÉLINE

Douze ou quinze.

LE BRETON

Vous exagérez.

ÉVANGÉLINE

Moi j'exagère ? Moi, je peux point vous déniger une douzaine de coques dans une seule bouillée ? Ben regardez-moi faire !

Elle se lève, jette un coup d'œil autour d'elle, puis se rassied, déçue.

ÉVANGÉLINE

Icitte je trouverais même pas des laiches pour accrocher au boute de ma ligne... Des vers de terre à la place des coques, des pigeons à la place des goèlands... quel pays !

LE STOP

Tiens ! Ils sont pas revenus, les petits christ !

ÉVANGÉLINE

Encore un qui jure !... Ben c'est vrai qu'i' sont point revenus, les verrats. Je finirons par les déserrer. J'avons ben déserré les feux-chalins et les marionnettes.

LES TROIS AUTRES

Quelles marionnettes ?

ÉVANGÉLINE

Des marionnettes, voyons, des marionnettes dans le ciel.

LE RABBIN

au Breton

Vous avez déjà vu des marionnettes dans le ciel, vous ?

Le Breton

Peut-être tout à l'heure, mais là je me sens mieux.

Évangéline

Des marionnettes vartes et roses qui dansont dans le firmament des nuits d'autoune?

Elle chante la chanson des marionnettes :

Évangéline

« D'où venez-vous si tard,

Compagnons de la marionnette,

D'où venez-vous si tard sur le quai. »

Le Rabbin

Je crois comprendre : ce sont les aurores boréales. Je les ai vues en Suède.

Le Breton

Ah ! les clairons !

Elle continue à chanter. Les hommes reprennent le refrain. Le Stop accompagne les chanteurs sur son harmonica.

Évangéline

Dansez, dansez la danse des marionnettes si vous voulez point qu'i' venions vous étriver.

Elle entraîne les hommes dans la danse. Puis chacun se met à danser les danses de son pays. Tout cela aboutit à un quadrille autour du sapin.

Évangéline

Salut, Mesdames, salut, Messieurs... Échangez votre compagnie... Swing la bottine dans le fond de la boîte à bois... Swing-les pas trop fort, tu y feras mal dans le corps.

Soudain, le Breton s'arrête, étourdi et pris de faiblesse. Les autres l'entourent aussitôt.

Évangéline

Erposez-vous une petite escousse. Pis faut point vous affoler ; vous êtes pus aussi jeune que dans le temps. (*Au Juif :*) I' reste-t-i' rien au fond de la bouteille pour le ravigoter ?

Le Juif s'empresse de lui faire boire la dernière goutte.

LE BRETON

Merci, ça va. Ça n'est rien. La chaleur, et l'essoufflement.

LE RABBIN

Bien sûr, et peut-être bien le muscadet.

ÉVANGÉLINE

Dès que la brise s'élèvera, vous vous sentirez mieux, vous allez ouère.

LE BRETON

Ça va déjà mieux, merci.

ÉVANGÉLINE

Je savais ben. Rien que de sentir le bouchon, ça vous ramène sitôt un houme sus ses pieds. Je counais ça. J'ai point été élevée au pays des *bootleggers* pour rien.

Évangéline Deusse, 1975, p. 56-62.

Pélagie-la-Charrette, extrait

Robin des Mers !

Depuis l'arrivée à Port-Royal des premiers colons, les parentés ne s'étaient pas embrouillées, entremêlées mais pas embrouillées, oh non !, les Cormier s'alliant aux Landry, s'alliant aux Bourg, s'alliant aux Arsenault dans des liens si bien noués que la moindre apprentie défricheteuse pouvait les défricheter et dénouer sur ses doigts, à l'envers comme à l'endroit, en grimpant ou dévalant les branches généalogiques.

Or voilà qu'avec l'Événement, l'Acadie pour la première fois faisait face à un danger qui pouvait l'atteindre dans ses racines. On bousculait et chavirait les lignages, embrouillant les noms, dispersant les branches des familles aux quatre vents. Les guerres précédentes n'avaient fait qu'émonder l'arbre ; la déportation risquait de le déraciner.

Toutes ces réflexions, le capitaine les remâchait nuit après nuit en remontant sa cargaison d'exilés en Gaspésie. Et c'est pour retransplanter l'arbre qu'il s'était fait Robin des Mers, attaquant les navires anglais, délivrant les prisonniers et les rendant à leur patrie.

Une patrie que la Dispersion était en train d'agrandir de toutes les îles et toutes les anses capables de cacher un peuple disloqué. Car la *Grand'Goule* s'était mise à débarquer des Arsenault et des Haché dit Gallant à l'Île Saint-Jean; et des Vigneault aux Îles de la Madeleine; et des Chiasson à l'Île Royale dit Cap Breton; et des Blanchard, et des Haché, et des Lanteigne à l'Île Miscou; et tout le long de la péninsule gaspésienne, des branches entières de Bernard, et de Richard, et d'Arsenault, et haut dans les terres, entre la Miramichi et la rivière Saint-Jean, des Godin, des Poirier, des Gaudet, des Belliveau.

Plus des LeBlanc partout.

Partout?...

C'est la Célina, fille sans nom et sans ancêtres, qui vint renchérir sur le Beausoleil. Car la boiteuse s'était faite défricheteuse comme elle était devenue sage-femme: par défaut. La vieille fille débroussaillait les branches des troncs des autres avec la même ardeur qu'elle fouillait les ventres de ses voisines et payses. Et c'est ainsi que très vite elle devint spécialiste des deuxièmes lits, Célina. Défricheter en droite ligne, c'est bon pour les illettrés; la science commence dans les deuxièmes lits. Sans ces distinctions, personne ne saurait prétendre à du véritable défrichetage, Célina pouvait le dire. Par exemple, le rejeton d'un deuxième lit a un demi-lignage qui bifurque par la hanche ou la cuisse, et c'est habituellement de ce côté-là que ça se gâte. Prenez l'Ernestine...

Et la Célina s'enhardissait à mesure qu'elle grimpait dans l'arbre des LeBlanc, débroussaillant à coups de hache et de faucille jusqu'au tronc. Pélagie plongea dans ses souvenirs, excitée par la voix écorchée de Célina qui défrichetait sa belle-famille sans s'égratigner un seul doigt.

...L'Ernestine, la demi-belle-sœur du deuxième lit, avait, très jeune, manifesté de curieuses dispositions pour l'aventure et l'anarchie, apparence, ne fréquentant ni son âge ni son rang, mais levant le nez, comme si elle avait eu des visées. Pélagie ne comprenait pas trop bien ce que Célina pouvait entendre par là, les visées de la demi-belle-sœur ne pouvant pas viser plus haut que le plus haut rang qui à l'époque était à peu près au même niveau que le plus bas. Dans un pays où la demi-belle-sœur cadette épouse en secondes noces le père du mari de sa sœur du premier lit, vous n'allez pas me dire qu'on y met des formes ou qu'on y respecte les rangs.

Eh bien si!

Les rangs, même les fourmis en ont, et les abeilles. Ça fait que les LeBlanc ou les Therrio...! Le rang, c'est une attitude avant tout, une manière de porter la tête et de cambrer les reins. N'allez pas croire que le seul fait de descendre du même notaire René LeBlanc qui s'en fut à Halifax un jour plaider auprès du gouverneur la cause de son peuple, ou de ce Pierre Therrio, riche propriétaire de la moitié de la vallée de Chignectou et qui laissa une progéniture répandue sur tout le pays... n'allez pas vous imaginer que toute cette descendance Therrio ou LeBlanc a droit au même héritage et aux mêmes prétentions!

Et Célina savoura l'effet de sa cruauté dans le cœur des Bourgeois, parvenus selon elle de la hanche gauche, sortis par les femmes d'un bâtard de Port-Royal.

—Un bâtard qui en était pas moins le propre fils du Sieur Charles de la Tour, premier seigneur débarqué au pays.

—La Tour qui a laissé sa descendance dans un wigwam, se hâta d'ajouter Célina qui se vengeait ainsi de son propre sang sauvage.

Et elle renchérit sur la bâtardise des Bourgeois à coups de branches fluettes et tordues.

—Des de la Tour sortis d'une dent de lait de la grand-mère maternelle, sans aucune parenté avec les fondateurs de la vieille souche.

Beausoleil sourit à ces distorsions historiques de Célina. Vieille ou neuve souche ne voulait pas dire grand-chose dans un pays où tout le monde est sorti ensemble de Touraine et de

Poitou ; où tout le monde avait pris le même bateau pour s'en venir échouer sur la même terre de Port-Royal et du bassin des Mines ; et où tout le monde, hormis les déserteurs dans les bois, avait été expédié dans le sud ou dans les îles. Les plus vieilles souches n'étaient vieilles que de cinq ou six générations, en Acadie, mais c'était pourtant la plus vieille souche européenne en Amérique du Nord.

—C'est dans l'avenir dumeshui, qu'il faudra compter les souches. Et m'est avis que pour en faire le compte, faudra faire des voyagements loin au nord et loin au sû.

La phrase de Beausoleil atteignit tout le monde en même temps. Sans mesurer l'exacte distance entre le nord et le sud, les charrettes n'en eurent pas moins le sentiment qu'on venait de reculer le voile de l'horizon.

—Y a-t-i' du mystère là-dessous ? s'informa Jeanne Aucoin qui cherchait toujours à rapatrier des branches Girouardes emportés par la dépouille de vent. Jusqu'où c'est qu'y en a des nôtres, Beausoleil ?

C'est alors que le Robin des Mers raconta la Louisiane.

La Louisiane, t'as qu'à ouère !

Tous les déportés en avaient entendu parler. Une terre française, sise à l'ouest de la Caroline et de la Virginie, quasiment à la porte. Un pays de liberté, de soleil et de melons d'eau.

—Et d'écrevisses plein les bayous.

Ah ! ce qu'il en connaissait de choses, ce Beausoleil ! Il pouvait vous nommer par leurs petits noms les navires accostés à la Nouvelle-Orléans ; et vous dénombrer des familles ; et vous fournir leur provenance, les détails de leurs pérégrinations et les péripéties de leurs aventures.

Ainsi il mit l'eau à la bouche à tous les Cormier et tous les Girouard et surtout aux Thibodeau avec son histoire d'échanges de prisonniers entre l'Angleterre et la France, pacte qui rendait au Poitou et à Belle-Isle-en-Mer une grosse poignée de colons acadiens.

Le fils de Charles à Charles en calouetta.

—Comme ça ils sont rentrés au pays!

Les Girouard avaient la nostalgie dans le sang, comme d'autres la peur ou l'angoisse. La seule idée d'un retour à la terre d'avant la terre chatouillait l'âme d'Alban Girouard, comme si cent ans n'avaient pas suffi pour le guérir du passé. Et il enviait les quelques survivants du *Duke William*, naufragé dans la Manche, et qui réussirent à toucher le vieux continent dans une méchante chaloupe.

—Ils sont rentrés chez eux, qu'il répétait.

Les Bourgeois regardaient de travers Alban à Charles à Charles. Pourquoi se donner tant de mal pour se fonder une terre neuve si au bout de cent ans on devait l'abandonner aux bêtes sauvages et aux Anglais? Ils avaient pioché, et sarclé, et assaini des marais tout le long de la baie Française, les Bourgeois, durant leur longue lignée de Pacifique à Jacques à Jude à Jacques à Jacob, chirurgien de la Seigneurie d'Aulnay. Vous pensez qu'on avait fait tout ça pour les autres? ou pour retourner en vieille France raconter ses malheurs aux descendants des aïeux? Pacifique Bourgeois et Jeanne Bourgeoise, sa femme, s'assirent encore un coup sur le coffre de famille et jurèrent qu'on ne l'ouvrirait qu'en Acadie.

—À croire que tout l'or du Pérou se cache au fond de c'te coffre, que protesta Jeanne Aucoin.

Jeanne Trahan dite Bourgeoise planta encore plus avant la pointe de ses fesses dans le couvercle du coffre pour toute réponse à Jeanne Aucoin la Girouère; et tout le monde se frotta les mains devant la perspective d'une jolie bataille des Jeanne. Et sans l'étourderie du jeune Olivier Thibodeau qui ramena les charrettes en Louisiane, on était sur le point de voir pour vrai ces deux plus forts becs d'Acadie confronter leur génie.

...Mais Grand-Pré est encore loin, faut pas désespérer de retrouver des occasions.

Le jeune frais des Thibodeau, donc, avait remis Beausoleil sur la route de Louisiane. Ils en avaient tant rêvé, les Thibodeau, de la Louisiane, terre de France à l'heure où toute l'Amérique tombait pièce par pièce dans le giron d'Angleterre.

—À la bouchure de la Louisiane, vous auriez point vu, par adon, un clayon ouvert pour y laisser passer un petit homme sans grous bagages?

Il était tenace, le jeune Olivier, et avait le rêve solide. Beausoleil-Broussard aimait d'instinct les têtes dures et il fournit des détails. La Géorgie, les Caroline, la Marilande, les déportés les avaient reçus en pleine face le jour où on les débarquait de force au hasard des havres. Mais la Louisiane, ils l'avaient choisie. Ceux des prisons de Londres, ceux de Belle-Isle, ceux des Antilles, et même de Saint-Pierre et Miquelon, s'affrétaient des goélettes et partaient pour la Louisiane. En quinze ans, la Louisiane avait accueilli plus d'Acadiens que de soldats ou colons français; et le gouverneur, débordé, les refoulait en haut des bayous.

—Y en a même qu'avont descendu durant dix ans le Mississippi, sus des radeaux ou dans des canots d'écorce. Mais au bout de dix ans, ils avont pu se recommencer un lignage.

Dix ans, songea Pélagie, c'est un gros morceau d'héritage de vie.

Olivier s'entêta:

—Il me semble que je devons point être loin de la frontière. Si je prenions à travers champs et bois...

—Par les montains...

—Mieux vaut y entrer par la grand-porte, par la mer. La Louisiane est à portée de voile par la mer de Virginie, puis par le golfe du Mexique.

Plus il parlait, le capitaine, et plus la tribu des charrettes frétillait et glissait dans les rêves et les chimères.

...Une Acadie du Sud, plus proche et plus chaude que l'Acadie du Nord, peut-être plus riche, sûrement plus accueillante par les temps qui vont. Une Louisiane débordante de Martin, de Dugas, de Babineau, de Bastarache, tiens!... de Bernard et de Landry à ne plus savoir où les crécher.

—Des Landry, vous me dites pas!

Des Landry de la paroisse Saint-Landry, figurez-vous, et qui marquaient déjà leurs bestiaux de leur signe pour les faire respecter; des Martin qui donnaient leur nom à Saint-Martinville; des Mouton qui parlaient d'homme à homme au gouverneur...

— Mon doux séminte !

...Avec des prêtres pour leur chanter l'office, et des lois pour les défendre, et des terres pour les nourrir...

...Mais point de tombes à fleurir, songea Pélagie, ni de racines à déterrer.

— Les hivers sont durs au bassin des Mines, Pélagie, que s'en vint lui souffler Anatole à Jude Thibodeau, maître des forges. Et si je me souviens bien...

— Faudrait vous souvenir itou de la saison des métives avec ses pommiers tant chargés que les nouques des branches en craquiont ; et de la saison des sucres avec sa sève d'érable qui dégouttait dans les timbales ; et la saison des petites fraises des bois... Ils avont-i' des fraises des bois et du sirop d'érable dans votre Louisiane ? qu'elle demanda en plein dans les yeux du capitaine, la Pélagie.

Et le capitaine en rit de toute sa gorge rauque de sel et de vent du large... Quelle femme, cette Pélagie ! capable à elle seule de ramener un peuple au pays. De le ramener à contre-courant. Car le courant descendait vers le sud, en ces années-là, et Beausoleil avait vu la moitié de son peuple s'y glisser et se laisser emporter vers les Antilles et la Louisiane. Mais voilà qu'il croisait sur sa route cette nuque raide et ce front haut qui osait se dresser devant tous les siens et leur hucher, attelée à sa propre charrette :

— Ça serait-i' les marécages brûlants et fiévreux qui engorgeont les bayous de la Louisiane que vous cherchez ? Et c'est leur pain ranci que vous irez mendier sus le marchepied des plantations créoles de la Nouvelle-Orléans ? Vous avez donc oublié le pays que j'ons quitté là-bas ? hein ?

Nenni, personne ne l'avait oublié, Pélagie pouvait dormir tranquille. Un peuple qui n'a pas oublié la France après un siècle de silence et d'isolement n'oubliera pas au bout de quinze ans d'exil ses rêves d'Acadie. Il se souvenait de sa frayère comme les saumons ; et comme les saumons, il entreprit de remonter le courant.

Pélagie-la-Charrette, 1979, p. 105-113.

✤

Le chemin Saint-Jacques, extrait

Radi ne voulait pas sortir. Sa mère avait beau la pousser, pousser, pousser, Radi ne voulait pas sortir. D'ailleurs, comment sortir, par où, pourquoi ? Elle était bien là, nourrie et lovée, au chaud, en ce matin de printemps. L'aube du jour, du temps, l'aube. Attendons plutôt la brunante, la lumière sera moins crue, elle aura moins peur. Mais sa mère insiste, la pousse vers la sortie, semble trouver tout naturel de mettre Radi à la porte. La porte, mais quelle porte ? Elle cherche à s'accrocher au lierre qui la lie à son port d'attache, s'y enroule, manque de s'étrangler, se déroule, revient au point de départ, se débat, grimpe de nouveau le long du lierre, vers une sortie de secours ; mauvaise direction, sa mère la rattrape, la pousse, pousse, pousse Radi qui s'affole, s'agrippe des deux mains, le cordon est son seul lien avec le monde, si elle sort, elle ne saura plus se tenir, elle tombera, basculera dans le vide, dans le vide infini.

Rien ne garantit à Radi qu'elle retrouvera dehors la rondeur de son enveloppe, son nid spongieux, moelleux, humide et douillet qui la garde à l'abri depuis... depuis... Sa mémoire flanche, elle n'arrive plus à remonter le temps, elle doit le descendre, le suivre par en avant, se laisser glisser vers cette sortie qui s'ouvre béante droit devant elle. Attendez, attendez ! ne la bousculez pas, elle a peur, elle perd pied, cessez de la pousser dehors la tête la première... Ah ! et puis tant pis ! faites du chemin, ouvrez toute grande la porte à Radi qui prend le grand risque de vivre !

Ouaaah !

Même la sage-femme de vieille Lamant n'a pas su dire si le premier cri de Radi en fut un de surprise, d'épouvante ou de défi au monde qui l'accueillait sans avoir l'air de comprendre l'importance du geste qu'elle venait d'accomplir. Vous ne vous rendez donc pas compte, personne, que cette enfant vient de naître, de tenter la première grande aventure de sa vie ! Elle aurait pu refuser de s'introduire dans l'œuf dès le début, se contenter du nébuleux confort des limbes informes et néants. Mais elle a pris le risque de se détacher du conglomérat des possibles. Elle a choisi l'existence. Son premier cri fut sa première inspiration.

Ouaaah!... au rythme du gong de l'angélus. Ce qui a fait dire à son père qui était instituteur: *Angelus Domini nuntiavit...* L'ange du Seigneur annonçait Radi du haut du clocher. Elle écoutait les cloches hurler au monde son arrivée et tournait la tête de tous côtés pour ne rien perdre de ses premiers instants dehors... le dehors de son cocon originel. *Et Verbum caro factum est*, hurlait l'angélus. Le Verbe s'était fait chair. Le verbe, le sujet, le complément, toute la phrase. Car Radi n'allait pas en rester là. Elle n'avait pas abandonné la sécurité de son premier nid pour trouver moins que tout. Il lui fallait tout, tout de suite.

Ecce ancilla Domini... Voici la servante du Seigneur. La servante, elle? Jamais de la vie!

Nâââhh!

Calmez-là. Tout doux, tout doux. Les frères et sœurs s'énervent. Est-ce qu'elle va crier comme ça longtemps? Mais Radi n'a pas l'intention de se faire servante ni de céder un pouce de son nouveau territoire. Qu'est-ce qu'ils font là, tous? Des frères et des sœurs? un père? une mère? Sa mère, elle la reconnaît, on ne la trompera pas. Elles sont de connivence toutes les deux depuis le pays où coulent le lait et le miel, depuis... depuis... non, Radi tu ne vas pas recommencer à regrimper le temps jusqu'aux limbes. Tu vois, la vie dehors aussi est ronde, courbe et ronde. Tourne la tête à droite, à gauche, et tu n'apercevras que de ronds horizons, une voûte énorme autour de ton ventre.

Mais ces rayons lumineux qui dardent sur elle leurs pointes affilées agressent Radi habituée depuis le début des temps à ses ténèbres vaporeuses et douces. Elle lève la tête pour défier ce soleil insolent et la baisse aussitôt: il est omniprésent, tyrannique, invincible. Comment sortir de ce bain de lumière, s'arracher à cette nouvelle coquille trop vaste, aux écailles si éloignées et floues qu'elle n'arrive pas à les toucher? Elle aura beau se mouvoir, agiter bras et jambes, elle n'atteindra jamais les parois de son nouvel habitacle et finira par tomber en bas de son nid. Autant retourner tout de suite à son lieu d'origine, repasser le glaive de feu qui garde l'entrée pour retrouver la quiétude primitive, béate et éternelle.

—En v'là une qu'à point l'air contente d'être au monde.

Parole de son frère qui prévoit déjà la place qu'elle occupera dans la famille et qui pourrait gruger la sienne.

Le chemin Saint-Jacques, 1996, p. 13-15.

RONALD DESPRÉS

Ronald Després est né le 7 novembre 1935 à Lewisville, un village qui a depuis été intégré à Moncton. Après des études classiques aux collèges de Saint-Joseph de Memramcook et l'Assomption de Moncton, études qu'il termine en 1953 au collège Sainte-Anne de Pointe-de-l'Église (Nouvelle-Écosse), il étudie la musique et la philosophie à Paris où il obtient une licence en philosophie (1956). Il travaille ensuite pendant un an comme journaliste au quotidien *L'Évangéline*. Il déménage à Ottawa où il travaille comme traducteur des débats à la Chambre des communes, avant de devenir interprète. Il occupe par la suite diverses responsabilités reliées à la traduction au sein de la fonction publique fédérale. Il réside toujours à Ottawa.

Premier poète « moderne » acadien, Després remporte le prix David pour son premier recueil, *Silences à nourrir de sang* (1958).

Poète lyrique, il se heurte à un monde qui l'angoisse et qui lui semble inaccessible. Ses images naissent de la mer mais la mer n'est pas le centre du poème : elle en est atmosphère, en nourrit le vocabulaire, elle en est la métaphore. La recherche de la musicalité des vers est au cœur même de sa démarche.

En 1974, les Éditions d'Acadie reprennent une sélection de textes de ses trois recueils dans *Paysages en contrebande... à la frontière du songe*. En 2009, les Éditions Perce-Neige reprennent l'intégralité de l'œuvre dans *À force de mystère. Œuvre poétique 1958-1974*.

Aux trois recueils s'ajoutent quelques nouvelles publiées dans *L'Évangéline* ainsi qu'un roman, *Le scalpel ininterrompu* (1962), que Després qualifie de «sotie». Il s'agit du journal du docteur Jan von Fries, qui se propose de «purifier le monde par la vivisection» et qui réussira à faire disparaître, avec son accord enthousiaste, l'humanité entière. Plusieurs interprétations de cette œuvre sont proposées par Maurice Raymond dans la réédition du roman chez Perce-Neige.

En 1984, Després a reçu le prix d'excellence Pascal-Poirier attribué par le Conseil des arts du Nouveau-Brunswick pour l'ensemble de son œuvre.

Rêves de pluie

Toute la journée, il a plu.

Toute la journée, nous sommes restés à la fenêtre
Moi, mes rêves, et cette chanson
Qui frôlait mes lèvres
Comme un duvet blanc.

Toute la journée, nous sommes restés dans le silence
Comme des amis réunis
Pour la dernière fois
Osant à peine nous regarder
Osant à peine sourire.

Nous savions que demain
L'aube se dresserait entre nous
Tel un grand mur sans lézarde
Nous savions que demain
Le jour effacerait cette ballade
Que nous avions tracée sur la vitre
Et qui dansait tout bas
Au rythme de la pluie

Au rythme éteint de nos murmures
Au rythme des baisers éclos de notre souffle.

Nous savions que demain
Avait prédit notre défaite
Que ces châteaux, ces clochers
Que tous ces campaniles sauvages
Construits par la patience de nos songes
Seraient assiégés
Et livrés sans défense
Aux rayons du soleil
Nous savions que le ciel
Verserait ces épaves
Que nous ne pourrions plus nous revoir
Sans pleurer.

Et le soir qui tombait
Le soir qui tombait comme la pluie fine
Comme le duvet de ma chanson
Couchait ses ailes noires
Sur l'étreinte de nos mains.

Silences à nourrir de sang, 1958, dans *À force de mystère*, p. 13-15.

Au cœur du feu

Dormir sans savoir quand on se réveillera
Sans savoir pourquoi l'on dort
Et presque sans espoir.

Dormir des rêves en sourdine
(L'appât d'un rêve
Cent fois désamorcé)
Dormir un faux sommeil
Qui façonne les escales de l'oubli
Et ne plus rien attendre

Du jour qui viendra
Ne rien lui disputer surtout
Même pas l'oiseau à la fenêtre
Même pas ce cœur brisé
Qui est le sien
Ni les notes qui s'en échappent.

Dormir un long masque de silences
Sans savoir si le jour va tendre
Son excès de fumée blanche
Et ses oiseaux en aumône.

Dormir pendant que les arbres
Renflouent l'espoir de la nuit
Dormir ce dernier amour
Pétri d'images rances
Et de plaies disparues.

Les cloisons en vertige, 1962, dans *À force de mystère*, p. 84-85.

Les enfants des pauvres

Ce soir
Nous avons mangé du brouillard
Ça nous fait des barbiches de petites chèvres
Qui auraient mis le menton
Dans du savon à raser.

Après
Nous avons ramassé nos mains au fond de nos tiroirs
Pour les accrocher au bout de longs bras maigres
Comme des toiles de paravent déchiré.

Nous aimerions connaître d'autres jeux
Entendre des histoires
Posséder un miroir

Pour nous faire peur
Pour rire les uns des autres
Pour entrer dedans
Quand on est fatigué
De la vie de tous les jours.

Nous aimerions voyager
Voir des paysages qui ne ressemblent pas
À ceux de nos murs sales.

Mais comment voyager
Quand on n'a pas de gros sous à faire tinter
Pas de jouets à qui confier
Ses impressions de voyage
Et annoncer les prochaines escales?

Et puis, bah!
À quoi bon?
Où irions-nous?

Notre empire est incertain comme l'eau.

Les cloisons en vertige, 1962, dans *À force de mystère*, p. 128-129.

Tout à coup, il faisait bon vivre

Tout à coup, il faisait bon vivre
Des prunelles de soleil crevaient ma cécité
S'introduisaient des carillons et des odeurs de fête
Plein l'espace de mon refuge.

Tout à coup, il faisait bon vivre
L'horloge abolie
Les grands suaires transformés en nappes de festin
Les arbres se hâtaient de défier l'hiver
Pour s'illuminer de fleurs, de fruits

Et d'oiseaux en instance de nids.
Tout à coup
J'avais le ciel dans ma mansarde
Qui reflétait ses merveilles d'eau pure
Et tous les sourires offerts depuis le commencement du
monde
Venaient lustrer ton image.

Tout à coup, il faisait bon vivre
Car je t'avais sortie du cadre
Qui te retient
Entre le mur et mon cœur.

Le balcon des dieux inachevés, poésie, 1968, dans *À force de mystère*, p. 164-165.

Les mains

Celles qui s'ouvrent comme des palmes
Celles qui se dérobent au fond des poches
Celles dont on ne voit que l'index qui dénonce
Ou les jointures du poing refermé sur le cri.

Celles qui s'étalent comme des mares
Pour refléter le soleil dans le miroir des cils.

Celles qui cheminent sur des doigts de métal
De la rouille des cassettes à la rouille du tombeau.

Celles qui dressent des monuments de gestes solennels
Sur un socle plus large que le monde
Et plus chaud que le cœur.

Celles qui ont substitué à l'horizon
Leurs lignes tourmentées
Et dont les os constituent les barreaux
De leurs propres geôles.
Celles de l'adieu

Confondues aux cordages et aux ports blafards
Celles aux petits mouchoirs de soie
S'enfonçant dans le sable mouvant de la mémoire.

Les mains rugueuses de l'ouvrier
Celles du vieillard, pourtant ravinées d'espoir
Celles de la femme qui invente des fronts d'enfant
Pour s'y poser gentiment.

Celles qui quêtent la joie sèche des trottoirs
Celles qui pétrissent un creux dans l'oreiller
Et qui s'agitent et qui se tordent et qui se déchirent
Faïences abandonnées sur l'étal du bonheur.

Les mains osseuses de la faim
Les mains terreuses de la guerre
Les mains étincelantes du bal
Les mains gluantes de la ville.

Et celles du poète
Qui, tous les soirs, libèrent de nouvelles étoiles
Et ouvrent tout grands les volets du songe.

Pour qu'un jour
Toutes les mains
Affranchies de leurs mirages de chair
S'envolent comme l'oiseau
Dans une parfaite ferveur de paumes enfin unies.

Le balcon des dieux inachevés, poésie, 1968, dans *À force de mystère*, p. 173-174.

Le scalpel ininterrompu (extrait) : 17 novembre 347

J'avais revêtu ma robe de chambre, enfilé mes babouches et je fumais tranquillement ma pipe dans le grand fauteuil à bascule du premier salon. L'abat-jour discret m'invitait à la somnolence. J'acquiesçais peu à peu à cette invitation lorsque, laissant ma tête rejoindre ma poitrine, j'aperçus Miss Mesméra qui me fixait avec une intensité particulière.

Non qu'il y eût quelque chose de bien extraordinaire à cela. Miss Mesméra a conservé des habitudes de saltimbanque : elle porte sandales, s'accroupit dans les coins ou sur les tapis, méprise tout ce qui évoque le luxe et dévisage les gens comme si elle songeait sérieusement à les croquer vifs.

Pourtant, à sa façon de ramper vers mon fauteuil, je devinais que mon associée avait quelque chose en tête. Mes pressentiments étaient justes.

Miss Mesméra m'a confié son grand rêve, le rêve qui agite ses nuits sans sommeil.

Elle a toujours eu la vie en grippe et en désire la destruction. Néanmoins, elle ne saurait accepter l'idée d'un déclic nucléaire susceptible de pulvériser la planète et ses habitants. Ce serait, trouve-t-elle, un moyen trop sommaire de biffer les problèmes qui nous rongent depuis des siècles. La mort des autres, la mort de tous les vivants, elle veut se l'offrir en spectacle, la déguster, s'il est permis de s'exprimer ainsi. Et, plutôt que de l'assouvir, une réaction en chaîne irait à l'encontre de cet appétit.

Un profane eût pris Miss Mesméra pour une vulgaire criminelle, tout juste bonne à être reléguée dans quelque oubliette sombre et dûment grillagée.

J'ai écouté Miss Mesméra jusqu'au bout, religieusement, et jamais, au grand jamais, cette pensée indigne ne m'a effleuré. Simple question de mots : lorsque Miss Mesméra dit « haine », je suis sûr qu'elle veut dire « amour ». La douceur de sa voix la trahit.

Elle a échafaudé un merveilleux système philosophique qui apportera peut-être des solutions que les grands penseurs n'ont jamais ramenées à la surface de leurs tâtonnements.

Miss Mesméra a fait de moi l'instrument de la Vérité qu'elle possède. Désormais, nous allons nous employer ensemble à la purification du monde par la vivisection.

Le scalpel ininterrompu, 1962, p. 27-28 de la nouvelle édition.

RAYMOND GUY LEBLANC

Né le 24 janvier 1945 à Saint-Anselme (maintenant Dieppe), Raymond Guy LeBlanc obtient un baccalauréat en Beaux-arts (1966) et une maîtrise en philosophie (1974) de l'Université de Moncton avant d'entreprendre des études doctorales qu'il ne terminera pas (1984-1986). Musicien accompli, il participe à la création de divers groupes et accompagne au piano des chanteurs, dont Donat Lacroix. Il travaille tantôt dans le domaine social, tantôt dans le culturel, tout en assumant de temps à autres, à partir de 1973, des charges de cours à l'Université de Moncton. Durant plusieurs années, il est agent de développement pour la Société acadienne du Nouveau-Brunswick.

«Avec *Cri de terre*, Raymond Guy LeBlanc témoigne de la renaissance culturelle d'une Acadie qui fourmille en secret et refuse de se laisser mourir.» C'est ce qu'affirme le texte de présentation du recueil, le premier à être publié aux Éditions d'Acadie (1972), et donc le premier a être publié en Acadie. Mais, comme de plus, son auteur demeure au Nouveau-Brunswick, contrairement à Deprés (qui vit à Ottawa) et Maillet (à Montréal), il devient du jour au lendemain le chantre d'une poésie issue du pays et vécue dans le pays, s'adressant à ceux et celles qui cherchent à créer une Acadie moderne qui s'affirme et s'affiche.

Dans *Cri de terre*, LeBlanc nomme la réalité acadienne. D'un poème à l'autre, il identifie le manque, l'absence, la difficulté d'être, série qui culmine sur l'émouvant poème qui donne son titre au recueil, dans lequel la révolte se transforme en espoir par la simple force de l'affirmation. Dans la suite de poèmes qui clôt le recueil, LeBlanc lance son « cri » : d'abord inventer l'avenir, créer un pays dont le destin serait lié à celui du Québec — du moins c'est ce qu'évoque le titre du poème « Projet de pays (Acadie–Québec) », le texte lui-même étant plus nuancé —, puis en exprimer la quête dans « Petitcodiac », le poème le plus novateur du recueil. Les mots s'y heurtent à leur inadéquation à décrire la réalité, ce qui amène le poète à en créer de nouveaux de manière à franchir la barrière de l'impuissance et, enfin, à affirmer « Je suis Acadien », affirmation à la fois tragique et porteuse d'une rupture, d'une volonté de dépasser tout ce qui empêche cette Acadie qu'il espère. Jamais on n'avait défini avec autant de force, de violence le choix fondamental qui s'offrait au peuple acadien.

Par la suite, LeBlanc publie *Chants d'amour et d'espoir* (Michel Henry Éditeur, 1988) et *La mer en feu* (Éditions Perce-Neige. 1993) ; bien qu'ils contiennent des poèmes mémorables et permettent au poète d'explorer d'autres thèmes, ils n'ont pas la force et l'unité du premier.

En 1998, LeBlanc a reçu le prix d'excellence Pascal-Poirier attribué par le Conseil des arts du Nouveau-Brunswick pour l'ensemble de son œuvre.

⁜

Acadie

S'il m'est difficile de vous vivre en mon tangage d'horizon
Gens de mon pays chimère sans frontières et sans avenirs
C'est que je suis trop petit pour vous faire renaître en moi

Hommes sans visage femmes sans seins
Enfants sans langage
S'il m'est douloureux de vous tendre mes deux mains
Pour vous rejoindre vous toucher où que vous soyez
C'est que vous êtes trop loin et dispersés partout
Gens de mon pays dans l'absence de vous-mêmes

S'il m'est impossible à cette heure de danser avec vous
Au rythme d'une gigue à vos chansons de folklore
Gens de mon pays ne m'en voulez pas
Je songe à vos illusions et à vos rêves qu'on étouffe

S'il m'est angoissant de vous regarder droit dans les yeux
Au cadran d'un soleil déplacé divisant le jour
C'est que l'Acadie nous berce en ses souvenirs
En ses ombres en sa nuit irréelle symphonie

Gens de mon pays
Sans identité
Et sans vie

Cri de terre, 1972, repris dans *Archives de la présence*, p. 47.

Cri de terre

J'habite un cri de terre aux racines de feu
Enfouies sous les rochers des solitudes

J'ai creusé lentement les varechs terribles
D'une amère saison de pluie
Comme au cœur du crabe la soif d'étreindre

Navire-fantôme je suis remonté à la surface des fleuves
Vers la plénitude des marées humaines
Et j'ai lancé la foule aux paroles d'avenir

Demain
Nous vivrons les secrètes planètes
D'une lente colère à la verticale sagesse des rêves

J'habite un cri de terre en amont des espérances
Larguées sur toutes les lèvres
Déjà mouillées aux soleils des chalutiers incandescents

Et toute parole abolit le dur mensonge
Des cavernes honteuses de notre silence

Cri de terre, 1972, repris dans *Archives de la présence*, p. 49.

Petitcodiac

I

Brune vague pulsion à deux mouvements
Tu te retournes des mers et leur bleuâtre horizon
Tu charries la boue comme autant de villages
    brisés
        au croisement des villes anglaises

Hésitante volée à l'aile des goélands
Tu roules en toi-même un cri déraciné
Et Beauséjour forteresse ouvre ses murailles à ton sang
S'éclipsant
Sous le drapeau du Saint-Jean britannique

      Ton langage se dédouble
      Aux poteaux unilingues
      Et Mascaret s'achemine
      Du silence maquillage

Tu te cherches aux rivages étrangers
Et les rochers te renvoient au mutisme des collines

Devant toi se dresse
 L'ACIER MIROITANT
 SENTINELLE D'IRVING
 Et Moncton divisé métalliquement

Les clochers de Memramcook découpent leur chimère
Dans la fumée du C.N.R.
Qui étouffe de ses eaux tes chemins de fer
MONOTONIES parallèles et unilatérales

II

Inconsciente vague tu me cherches un nom
Qui se perd dans un cerveau à deux lobes
Une rue sillonne un réseau vers le sud
Une direction s'interroge au carrefour de l'est

Je suis à ton image une blessure
Par où des images s'illusionnent à naître

Tout un peuple se désacadise au béton Albion
S'élite en boue chavirée
Et nous cordageons nos myopes écritures
Aux chalutiers fantomatiques

Nos forêts s'anglicisent d'agriculturomancies
Exploitées par les planifications de la mer loyaliste
Nous nous usinisons en son rouage à sens unique
Signe d'ossements dans la nuit

Nous éjaculons le séminal détachement
 du sexe neutralisé
 entre nos jambes émasculées

  Ici
 J'exprime mon refus

III

Vagueroche
Je cristallise le créatif mot pur
Pour rupturifier le langage prisonbarin
Pour codifier la peauneuve
Déballée à l'œil persifflant
Le mondimaginatif du nous temps futurimesse

Je refuse
D'ombilicaliser le bâtard enfantement
du pénisinstrument

JE REFUSE
Le lit rougifié
D'une sexualtomiorgie
Au viol dévirifrigidant machinique

Je ne veux plus m'enfarger dans le viscéral englutinement
Qui s'ossifie d'Ave Maris Stella
Sur l'échiquier truqué de l'anglophonie

Et s'il n'y a pas de vivement racinique
Qu'au Saint-Laurent nordinisant
Je me québéquiserai

MAIS

Jusqu'à l'épuisement intermédiaire
Du balancement tomborisendre
Je choisis de tranchifier l'écorce tricolore
Et l'Accouplement britannicisant
Du sidurgique propagandiste

C'est à NOUS la collectivigresse
De vulcaniser au feu systématique
Le doucereux cérémonial du liturgique cardinalomanieux

C'est à NOUS l'étudiantalprofessoros
De crachifier la mairie Johnastique
Par la démastication décisive
Du ruminage bonententiste

C'est à NOUS la pêcheuragriviente
De hachissifier les arbivorastres feuillages
Pour que les panaches orgastiques dégringolossent

LEVATE SPRIRIMER POPULA

L'heure du révolutionnement
Se cristalictise
Ô champ purifigamiste
é l'xcommunisiration indexique
deuh l'exploytérinoscéros

De ta maniloque empoigne la banniérine ventorlopante
Et câblifie la foulante marchepéripatte
SORS de ta cavernomanie imbruiteuse
Et ORAGICROME ton langarithme
Pour tous les cervaulites anglophilisés

Le jour soléisiphiant se pontifie au magique envoutomatos
Et déjà le Petitcodiac s'enhorizonise
Du revirementaliste adamiton francidivinisant risquement
La crichaude naissance de l'énergiflixe propopulonisme

L'heure d'icidui
À nousensemblé
Le chaviremonument
Décrassifiant

Ai neaux pa raisonnyfi
Sur le palvérinthe

LA
VICTORICITENTE
DÉFERLEMENTATION
de
la
MOUVAGUE

Cri de terre, 1972, repris dans *Archives de la présence*, p. 52-55.

Épilogue : Je suis Acadien

Je jure en anglais tous mes *goddamn* de bâtard
Et souvent les *fuck it* me remontent à la gorge
Avec des *Jesus Christ* projetés contre le *windshield*
Saignant *medium rare*

Si au moins j'avais quelques tabernacles à douze étages
Et des hosties toastées
Je saurais que je suis Québécois
Et que je sais me moquer des cathédrales de la peur
Je suis Acadien je me contente d'imiter le parvenu
Avec son *Chrysler shiné* et sa photo dans les journaux

Combien de jours me faudra-t-il encore
Avant que c'te *guy* icitte me *run over*
Quand je *cross* la *street* pour me crosser dans la chambre
Et qu'on m'enterre enfin dans un cimetière
Comme tous les autres
Au chant de «Tu retourneras en poussière»
Et puis Marde
Qui dit que l'on ne l'est pas déjà

Je suis Acadien
Ce qui signifie
Multiplié fourré dispersé acheté aliéné vendu révolté
Homme déchiré vers l'avenir

Cri de terre, 1972, repris dans *Archives de la présence*, p. 56.

Archives de l'absence

Nous avons trop longtemps pleurniché dans les greniers du passé
Trop longtemps béni les dieux de la souffrance
Au nom d'un je ne sais quel droit au martyre

Trop longtemps les monstres de notre enfance
Nous ont marqués au fer chaud des lamentations
Trop longtemps les élus ont monté sur les autels
Notre regard sous le regard bienveillant d'une vierge malicieuse

Trop souvent nous nous sommes agenouillés devant la croix
Pour oublier la vérité du pain la vérité du corps la vérité de l'homme
Trop souvent ces pèlerinages en dehors du monde
Nous ont arraché le sang des veines et le cœur de vivre

Trop souvent avons-nous allumé les lampions de notre mémoire
En guise d'adieu à la terre pour un bonheur illusoire et inutile
Trop souvent la tentation de la douleur nous a été imposée
Par des évangélistes mystiques de l'âme masochiste

Aujourd'hui avec le regard ailleurs et les mains liées
La parenté s'amène sur la pierre usée des départs manqués
Aujourd'hui l'enfant s'interroge sur la neige éblouissante
Qui ne tombe plus aux pieds de son père et de sa mère

Aujourd'hui les ravisseurs vendent au marché noir
Nos soleils d'avenir pour signer le pacte de l'esclavage
Au nom d'un culte nouveau celui de l'intérêt celui du profit
Ce Dieu nouveau aussi illusoire que l'ancien

Aujourd'hui nous sommes nus sur la place publique
À crier notre volonté d'être
Aujourd'hui nous restons cloués sur le béton froid
Des crucifixions modernes
Et j'ai dans le gosier un cri de révolté
Un cri de liberté un cri de justice un cri d'amour
Et j'ai sur les lèvres un mot une phrase un livre
Une histoire à dire à prononcer à proclamer à chanter
Et j'ai dans mes yeux un paysage qu'on me refuse
Une forêt une ville un pays
Et j'ai dans mes mains une fleur et j'ai dans mes mains une
plume
Moi-même tous les autres un homme et une femme debout
dans l'avenir
Et j'ai dans l'avenir la dure réalité des gens d'ici et
d'aujourd'hui
Et j'ai la saison d'un peuple qui sait l'hiver
Sa naissance au printemps qui viendra comme une grande
fête

Mais pourquoi ce bandeau sur les yeux
Pourquoi cette corde autour des poignets
Cette muselière sur la bouche cette camisole de force autour
du corps
Les chaînes solidement attachées aux pieds

Pourquoi le silence du chacun-pour-soi
Pourquoi ce policier du silence entre nous
Pourquoi cette complicité du silence
Comme une barrière contre la solidarité
Le chacun pour tous l'exigence des vivants
Pourquoi l'absence du pourquoi

Trop longtemps oui trop longtemps nous gémirons encore
Parce que le temps nous échappe
Parce que le temps appartient à d'autres

Parce que l'horloge électronique bat le temps
De la mort lente d'un peuple essoufflé
Fatigué de courir fatigué d'essayer d'attraper le temps
Usé jusqu'à l'os jusqu'au courage de vivre
Un peuple qui réclame le repos la paix tranquille
Près du foyer de nos ancêtres
Nous nous lamentons encore de n'avoir pas su nous réveiller à
temps
Nous continuerons à chanter les complaintes des dispersés
Parce que nous n'aurons pas eu la force de nous lever
De notre vieille chaise berceuse
Pour réunir les mal-aimés autour du foyer de l'avenir

Oui longtemps nous invoquerons la fatalité
Comme une excuse pour notre peur d'exister
D'être des hommes debout responsables du vivre en humanité
Du vivre quotidien du vivre ici
Nous nous jetterons dans les bras du premier venu
Croyant trouver ailleurs une liberté qu'on se sera refusée

Et demain on écrira sur nous d'autres poèmes remarquables
On viendra scruter nos moindres défauts
On s'empressera d'analyser l'état de décomposition
De nos cadavres historiques
Et chacun se félicitera d'avoir découvert un peuple trop petit
Un peuple oublié impuissant trop faible
Et les musées du monde entier exposeront aux yeux des
curieux
Les archives de notre absence

Certains diront ce peuple n'a jamais existé
Et l'échec ne nous sera pas pardonné
Certains diront c'était un peuple fier
Mais l'esclavage a fait de lui un esclave heureux
D'autres ajouteront ils n'ont pas vu venir la mort
Préférant l'ignorance à la science l'argent à l'humanité

Le passé à l'avenir et les erreurs de l'élite tomberont sur nous
Les faibles les mal payés les travailleurs
Et l'histoire ne nous pardonnera pas d'avoir étouffé en nous
L'étincelle de la révolte

La mer en feu, 1993, repris dans *Archives de la présence*, p. 14-16.

GUY ARSENAULT

 **G**uy Arsenault est né le 21 février 1954 à Moncton. Il a entre 16 et 18 ans lorsqu'il écrit les poèmes qui seront publiés dans *Acadie rock* en 1973. Il sera mis à la porte de l'école secondaire Vanier pour différentes raisons, dont son poème « Nouvelle politique d'école », dans lequel il critique l'école et la société. Ce texte a d'abord été publié en janvier 1972 dans le numéro de la *Revue de l'Université de Moncton* consacré à la poésie acadienne avant d'être repris dans *Acadie rock*. Arsenault ne terminera jamais son secondaire.

Les principaux poèmes d'*Acadie Rock* se déploient sur plusieurs pages, un peu à la manière d'une improvisation. On y sent l'influence d'un Jacques Prévert et celle des poètes américains. Arsenault est le premier à écrire dans la langue vernaculaire de son milieu, le « chiac », alors condamnée par l'élite acadienne.

Le recueil aura un immense impact, et Arsenault ne réussira jamais à dépasser les meilleurs poèmes qui le composent, soit les trois longues fresques, « Nouvelle politique d'école », « Acadie expérience », « Tableau de back yard », et le court « Acadie Rock ».

Avant d'être diagnostiqué schizophrène, il connaît une période durant laquelle drogues et dépression le conduiront à être hospitalisé à plusieurs reprises.

Après un long silence, il publie *Y'a toutes sortes de personnes* (1989) et *Jackpot de la pleine lune* (1997), composés essentiellement de poèmes inédits qui datent de l'époque d'*Acadie rock*. À ces trois recueils «officiels» s'ajoutent une série de plaquettes ronéotypées, grossièrement brochées, qu'Arsenault produit et vend lui-même.

Peintre naïf, Arsenault expose régulièrement ses tableaux qui, comme ses poèmes, reprennent les thèmes et les formes liés à son adolescence.

Sa mère, Laura Bourque Arsenault, a écrit ses mémoires, *Brins de vie. Brins de poésie* (Éditions de la Francophonie, 2001).

Nouvelle politique d'école, **extrait**

Matières d'examens
matières premières
déchets industriels
bourrage de crâne
on s'habitue
Valeurs – Notions – Conceptions
constipation
indigestion
on s'habitue
valeurs sauciales
bien ou mal

Vrai ou faux
noir ou blanc
notions de conformisme
conformément aux écritures
respect pour le statu quo
law and order

american style
on s'habitue
questions d'habitudes
entraînement – conditionnement
Vive l'apathie!

Establishment
l'individu s'adapte à la Sauciété
à la chose générale

Establishment
il s'agit de fonctionner
dans la grande machine sauciale
de s'établir dans les cadres rigides de la sauciété
d'embarquer dans les compartiments désignés
ma vie est prédéterminée
l'école me prépare à cette éventualité
l'école forme les bons citoyens de demain
camp d'entraînement
camp de conditionnement
mass brain-washing
l'école est la servante du système;
– système capitaliste
police state
régime autoritaire
régime totalitaire
"Democracy"
"Free World"
évaluation
promotion – compétition – graduation –
– réglementation – classification –
– félicitation – point d'exclamation!

L'Administration administre
administre
la nouvelle politique d'école

la nouvelle politique de manufacture.
Coup de théâtre!
le contrôleur de la manufacture Vanier
est monté sur le théâtre.
Dicta – dictée – dictation – on prend des notes
moi j'écris un poème.
Sérieux comme un principal d'école
le principal d'école annonce;
les nouvelles mesures bien mesurées
administrées par l'Administration.
Lamentation générale
SILENCE!

Acadie rock, 1973, p. 17-20.

Acadie expérience, extrait

Pot en pot
pet de sœur
poutine râpée
pelletée de neige
pied dans le derrière
vieille musique
sortant d'un vieux radio
nous parlant d'Acadiens
nous chantant l'Acadie.

jardin de cosses de fayot
de patate
de rhubarbe
et de CNR baloney

et on se souviendra
qu'on a rien dit

ej veux yinque ouère

ej veux yinque ouère
ej veux yinque ouère
gâchette de helle
d'la marde!
et on boira à votre santé
gâchette de helle.

yoùsqu'é tou'l monde
Gallant's Confectionery
Vanier High School
Marven's
Ed's Corner
Heinz Ketchup
Leblanc's Service Station
Boudreau's Variety
yoùsqu'é tou'l monde
ma caisse de bière sous le bras
ej veux yinque ouère

ça se peut bien
ça se peut pas
ça se peut
un truckload de péchés
et on ne pourra se toucher

L'argent puante
Té parti depuis une bonne escousse
et surtout
il faut pas laisser savoir qu'on est fou
et on ne pourra se toucher
yoùsqu'é tou'l monde
tchisse qu'é au bathroom

asteur
right now
je mange mon fricot au poulet

à petite cuillerée
en attente du soulèvement général
yinque mon fricot au poulet
y'a le temps de venir frette beaucoup de fois
y'a le temps de passer beaucoup d'hivers
dans le fond de mon frigidaire
parce qui fait frette aussi
dans ce pays d'Acadie.

Dans ce pays d'Acadie
de Caraquet et de Tracadie
de Shippagan et de Shédiac
dans ce pays de folklore
où vivent de pêche et de terre
les gens d'Acadie
les Acadiens

Acadie rock, 1973, p. 30-31.

Acadie rock

Buctouche by the sea
Cocagne in the bay
Shédiac on the rocks
Northumberland
Straight
pi un jardin de patates
au côté d'la mer.

Un jardin de
Kent Homes
au côté d'la Highway
cultivay par:
Irving Plus.

Farewell

Kent Homes.
Ta maison
cé ton ché vous.
Shédiac by the sea
Cocagne in the bay
Bouctouche sur mer
pis le bas d'la trac
comme tiriac.

pi la senteur
pi la chaleur
du bon bois d'érable brûlé
cé pas pareil comme
la senteur
pi la chaleur
d'un poêle à l'huile

Ta maison
cé ton ché vous

Shédiac by the sea
Bouctouche sur mer
J'ai faim de l'Acadie
et j'ai soif de Parole.

Acadie rock, 1973, p. 29.

LÉONARD FOREST

Léonard Forest est né le 17 janvier 1928 à Chelsea (Massachusetts) de parents acadiens. La famille s'installe à Moncton alors qu'il a dix-huit mois. Il découvre le cinéma à l'occasion de ses études en Belles lettres (l'équivalent de la 11ᵉ année) à l'Université Saint-Joseph de Memramcook. Il lance un cinéclub qui fera scandale au sein de l'institution, puis rédige une chronique de cinéma dans *L'Évangéline*, où il travaille comme journaliste tout en étudiant. En septembre 1950, il décide de ne pas faire sa Philosophie II (année terminale du baccalauréat classique), choisissant plutôt de continuer à travailler. Au début de 1951, il est engagé par CFCF, un poste de radio anglophone de Montréal, comme journaliste.

Mais c'est le cinéma qui l'intéresse. En 1953, il réussit à se faire embaucher par l'Office national du film ; il y fera carrière jusqu'à sa retraite en 1983, tantôt comme réalisateur, scénariste, monteur et producteur, travaillant sur plus de 130 productions. On lui doit une quinzaine de réalisations, parmi lesquelles *Les aboiteaux* (1955), *Pêcheurs de Pomcoup* (1956), *Les Acadiens de la dispersion* (1968), *La noce est pas finie* (1969),

Un soleil pas comme ailleurs (1972). À sa retraite, il s'installe à Moncton, où il consacre son temps à des projets personnels et à l'écriture. L'Université de Moncton lui décerne un doctorat honorifique en 1992, pour son œuvre de cinéaste et de poète. En 2006, l'ONF fait paraître *L'œuvre de Léonard Forest*, un coffret de quatre DVD consacré à ses films.

Empreints de douceur et de la nostalgie de l'Acadie des origines, les poèmes de *Saisons antérieures* (1973) chantent le pays d'Acadie et une mer qu'on n'a pas encore appris à nommer. Forest invente le village de Lachigan-sur-mer et, dans une langue soutenue, parfois même précieuse, en chante les vertus. Sa poésie est d'une modernité toute classique et elle s'inscrit dans une recherche d'harmonie, tant sur le plan du style que du contenu : à ce titre, sa poésie se rapproche davantage d'un Gatien Lapointe que des auteurs acadiens publiés à la même époque dont les textes sont souvent revendicateurs.

Comme en Florence (1979) confirme sa façon de parler du pays. Sa poésie s'offre en contrepoint à ses films qui, fidèles à l'esprit de l'ONF, sont militants. *Le pommier d'or* (2001) réédite les deux recueils en y joignant de nombreux inédits qui sont en continuité avec les poèmes antérieurs.

Lachigan

Lachigan s'annonce timidement de courbes en
    tournants,
de Belledune à Madran, de Poquemouche à
    Chipagan.
Lachigan mirage comme feux d'automne entre
    dix-sept et dix-neuf heures,
Lachigan n'attend ni demain ni gloires
    antérieures...
Lachigan pleure peu, et ne rit qu'à l'envers
    du temps.

Lachigan. Ma sœur écrit de Canadair: elle
    s'ennuie tant;
mon cousin des États viendra cet été parler,
    parler,
dire sa prospérité, faire mirer son
    salaire,
faire mine en partant de ne point vouloir
    rester,
manger, boire, parler, parler et s'ennuyer à
    l'envers.

Lachigan n'a pas de pont, Lachigan flambe à
    contregrève,
Lachigan se mire dans l'eau renouvelée du jour
    à jour.
Lachigan s'annonce des châteaux en espoir, ses
    rêves
redisent le pour et le contre des
    fruits sauvages et provisoires.

J'ai dessiné pour toi une maison dans le sable,
j'ai bâti là pour toi une ville inconsolable.
C'est Lachigan
Lachigan-sur-mer,
Lachigan doux-amer.

Saisons antérieures, 1973, repris dans *Le pommier d'août*, p. 25-26.

Haute mer

je connais une fille à Lachigan-sur-mer,
son nom se perd aussi dans l'arrière-pensée
de mon ancien pays, elle est fille, elle est mère
des troupeaux réunis de mes joies dispersées.
je connais une fille qui parle peu, son rire
étonne les tourbières. les bancs de sable d'or

s'allongent comme chat quand elle vient médire,
l'œil amusé, taquine, de ses amants retors.

je connais une fille que j'ai longtemps connue
dans l'arrière-pays d'une fête antérieure,
dans l'intime complot, feu lumineux et nu,
d'une nuit fraternelle, d'une enfance meilleure.
je connais une fille qui passe au bord de moi
comme nuage blanc passe sur terre aride,
comme bateau de pêche repasse sans émoi
le cap inconsolable des marées homicides.

je connais une fille qui chante haute mer.
elle parle si peu mais ses jeux de mémoire
étoilent chaque nuit l'espace doux-amer
où s'arrêtent un instant nos demains dérisoires.
je connais une fille qui vit de l'air du temps.
elle est d'or, elle est bleue, elle est belle. pourtant
j'oublie parfois son nom. n'est-elle que mirage?
l'espoir quotidien de mon cœur si peu sage?

Saisons antérieures, 1973, repris dans *Le pommier d'août*, p. 27.

Saisons antérieures

I

mes oiseaux de mer m'inscrivent en cercles immenses
    par-dessus les quais de mes étés réunis.
mon temps s'étire. j'arpente les plages de mes
    rêves antérieurs. je dors.
mes solitudes sillonnent les eaux lointaines, me
    reviendront pleines.
mes étés s'enflent au soleil, se font et se défont
    comme marée féconde,
mes jours absents fleurissent noms de femmes,

je les appelle aux noces permanentes et calmes
   du temps réconcilié.
mes barques aussi sont nommées. j'égrène, rassuré,
   leurs doubles prénoms. je n'en ai point oublié.
mes oiseaux de mer inscrivent très lentes les courbes
   de mes immenses et lumineuses langueurs.

Saisons antérieures, 1973, repris dans *Le pommier d'août*, p. 29.

Pour une sœur allégorique

I

t'avais-je connue, ma sœur, quand l'automne fatal
   nous dispersa,
t'avais-je nommée déjà, fiancée fragile,
t'avais-je amarrée comme bateau porté au doigt
   du temps,
t'avais-je cueillie comme moisson
   prématurée,
t'avais-je aimée?

Saisons antérieures, 1973, repris dans *Le pommier d'août*, p. 54.

Pour une sœur allégorique

II

toi
tu es la plus antérieure de mes sœurs inavouées
la plus sœur de mes sœurs inabsoutes
la plus habituelle de mes joies perdues
la mieux nommée de mes solitudes
tu es rivage enfin revu
terre reconquise, île sœur
tu es main dans ma main
joie dans ma joie

tu es la servante de mon passé.
tu es là
et j'habite enfin tous mes pays
mon immense patrie maritime et séculaire
mon immense dispersion signée destin
mon rêve immense
mon exil incalculable.
tu es là
et j'habite enfin tout cela
j'annonce mes contrées
circonscrites
je comble enfin
les brèches de mes levées
j'ouvre, fières et impénitentes, les digues
de mon doux orgueil
séculaire.
tu es là
et j'habite enfin ma joie.

Saisons antérieures, 1973, repris dans *Le pommier d'août*, p. 55.

Le pommier d'août

faut-il sonner tout fort les flux et
    reflux de nos colères,
et qui sont-ils qui écoutent si mal
    notre silence?
faut-il nous tirer de force de l'amicale
    absence
où nous vivons en nous-mêmes, parmi
    tous nos pères?
faut-il s'arrêter de ne point porter ailleurs
l'agonie séculaire d'une mer qui est là?

ne m'appelle pas dispersion;
ma souvenance est immense et haute,

j'aime de partout m'inonder du rêve lent
    d'une autre Acadie à redire,
me perdre au ras du chant de l'alouette
    dormir
dessus les marais salins de ma verte mémoire.

laisse mon exil à ses auteurs
et prie dieu de ne point châtier leur
    insouvenir.
j'aime compter mes voyagements comme
    long chapelet de retour,
j'aime chaque fois remonter d'ailleurs vers
    le jardin figé
où j'appris mon nom et celui d'un pays déjà
    nommé, à l'aube des Amériques en dérive.

ne répète pas mes adresses;
j'y suis souvent très inconnu.
ma route est bordée de saules et mène
    sans presse au village voisin,
pareil à celui de mon père, et peuplé de
    cousins qui chaque fois m'attendent
à l'heure où le temps s'écoute en ses appartenances.

ne me dis point passant;
j'habite partout mon patrimoine.
par derrière chez mon père y avait des
    pommiers d'août,
des étangs, du mil, douze vaches de
    Normandie,
une baie parfois sauvage, une perdriole et son
    nid, et tous les canards du roi.

répète la chanson que voici;
elle est tout près d'une Acadie
qui m'a longtemps bercé parmi les prés

d'une fête à répondre.
elle est douce et lente, et ne heurte qu'à
    peine la peine que j'ai
d'un pays perdu dedans mes recommencements.

Comme en Florence, 1979, repris dans *Le pommier d'août*, p. 114-117.

Prélude

ce temps que j'arpente est-il par-devant?
    par-derrière?
j'aime le réciter en longues jetées concentriques,
    jalonnées de mots si souvent égrenés qu'ils
    ont l'air de fermer l'œil,
de n'ouvrir que portes battantes,
de n'inviter ma fatigue qu'en nuits d'incroyance.

ai-je épuisé mon chapelet d'incantations et de
    chavirements?
ai-je sonné si souvent l'angélus du grand
    navire qui brûle, que mon cri ne convoque plus
    que lambeaux de brouillard et de nuit?
mes temps m'ont-ils quitté, las d'un chant qui
    ne cessait à la fois d'invoquer et de bannir?

mon rêve pourtant les voulait réunir par-delà
    la dispersion où s'égarent mon désir et
    mon nom.

Le pommier d'août, 2001, p. 147.

MELVIN GALLANT

Melvin Gallant est né le 24 mai 1932 à Urbainville (Île-du-Prince-Édouard). Il obtient un baccalauréat en sciences commerciales de l'Université Saint-Joseph de Memramcook, un diplôme en sciences politiques de l'Université de Paris (1960), une maîtrise en arts de l'Institut catholique de Paris (1964), et un doctorat en lettres de l'Université de Neuchâtel en Suisse (1970). Il est professeur de littérature à l'Université de Moncton de 1964 à 1993. Depuis, il se consacre à l'écriture, tout en continuant à s'engager au sein d'organismes culturels.

Animateur hors pair, Gallant est président fondateur des Éditions d'Acadie (1972), de l'Association des écrivains acadiens (1978) — qui donnera naissance aux Éditions Perce-Neige en 1980 —, de la revue acadienne d'analyse politique *Égalité* (1980). Il a également été très actif à l'Université, tant au niveau syndical (membre fondateur et 1er secrétaire de l'Association des professeurs) qu'en recherche.

Ses œuvres naissent souvent d'une volonté d'introduire de nouveaux genres, de nouvelles formes dans la littérature acadienne. Son *Ti-Jean* (1973) est le premier recueil de contes réalisé dans une approche autre que purement ethnologique ; *L'été insulaire* (1982) ouvre la poésie acadienne à des dimensions autres que l'identitaire ; *Le chant des grenouilles* (1982, prix France-Acadie) est un des premiers romans psychologiques. Avec *Caprice à la campagne* (1982), il explore l'album pour enfants dans lequel les illustrations sont des photos (qu'il prend lui-même), et avec *Tite-Jeanne et le prince triste* (1999), il crée le personnage de Tite-Jeanne pour faire contrepoids au traditionnel Ti-Jean.

Afin de mieux faire connaître l'Acadie, il publie *Le pays d'Acadie* (1980), ouvrage qui se rapproche davantage du guide touristique ; et avec Marielle Cormier Boudreau, il entreprend *La cuisine traditionnelle en Acadie* (1975 ; 2002), un livre de recettes. Il publie *Portraits d'écrivains, dictionnaire des écrivains acadiens* (1982), et s'assure que les deux maisons d'édition acadienne le coproduisent.

Le complexe d'Évangéline (2001) actualise le mythe en tentant d'y trouver une fin. La quête de Nathalie, le personnage principal, à la recherche de son amoureux, est surtout une métaphore de l'affirmation de la modernité.

Fondé sur une recherche digne de l'universitaire qu'il est, *Le Métis de Beaubassin* (2009) récrée la vie quotidienne et les aléas politiques fort nombreux qui animent et bouleversent la colonie naissante. Ce roman raconte le développement de la seigneurie de Beaubassin, dans la baie de Chignecto (à la frontière entre le Nouveau-Brunswick et la Nouvelle-Écosse), de sa création en 1677 à 1720, tel que vue par Michel Larché, dont le nom se transformera en L'Haché, puis en L'Haché dit Galant et, enfin, en Haché dit Gallant, ancêtre de l'auteur.

À la suite de nombreuses demandes, il entreprend à partir de 2005 la réédition des contes de Ti-Jean, en les modifiant quelque peu. *Ti-Jean-le-Rusé* (2006) lui vaut le prix Hackmatack.

Le violon du géant, extrait

Les deux frères aînés de Ti-Jean avaient commencé jeunes à travailler en dehors de la ferme de leurs parents. Lorsqu'ils revenaient à la maison, ils se moquaient de leur jeune frère, disant qu'il n'avait jamais rien vu et qu'il ne savait rien faire. En fait, ils le considéraient un peu comme un idiot.

Un jour, Ti-Jean se mit en tête de suivre ses frères. Ceux-ci ne voulurent d'abord pas en entendre parler, mais ils finirent par accepter, à condition qu'il les suivre loin derrière et qu'il ne dise pas qu'il était leur frère. Ils préparèrent un sac de nourriture et se mirent en route. Au bout de quelques jours, ils arrivèrent chez un roi qui possédait un vaste domaine.

—Que venez-vous faire ici? leur demanda le roi.

—Nous, on cherche du travail! dirent-ils. On a l'habitude de travailler dans des grandes fermes comme la vôtre.

—Et le petit qui arrive derrière vous, demanda le roi, que cherche-t-il celui-là?

—On ne le connaît pas, dirent les deux frères. C'est quelqu'un qu'on a rencontré en route et qui voulait nous suivre.

—Que viens-tu faire ici? demanda-t-il à Ti-Jean.

—Moi, je cherche aussi du travail, Monsieur le Roi, dit-il.

—Et que sais-tu faire? demanda encore le roi.

—Moi, j'ai l'habitude de travailler autour de la maison et aussi de donner à manger aux animaux, surtout aux cochons et aux poules.

—C'est bien! dit le roi. J'ai justement besoin d'aide en ce moment. Je vous prends tous les trois. Les deux plus âgés travailleront aux champs, et le jeune fera des petits travaux autour du château.

Les trois frères se mirent donc à travailler pour le roi.

Au bout de quelque temps, les deux plus âgés s'aperçurent que leur jeune frère n'était pas aussi idiot qu'ils le pensaient. Ils se rendirent compte aussi que le roi l'aimait beaucoup, et même que certains soirs, la princesse venait bavarder avec lui. Leur jalousie devint de plus en plus grande. Un jour ils se dirent: «Ça ne peut pas continuer comme ça. Ti-Jean va finir par épouser la princesse, le roi lui signera ses terres, et nous devrons travailler sous ses ordres. Il faut trouver un moyen de le faire disparaître.» Et ils se mirent à réfléchir à ce qu'ils pourraient bien faire pour se débarrasser de lui sans qu'il les soupçonne. C'est alors qu'ils pensèrent au géant qui habitait un château de l'autre côté de la rivière.

— Si on pouvait l'envoyer voler quelque chose chez le géant, dit l'un des frères, il se ferait certainement attraper, et le géant le mangerait. C'est sa façon de punir ceux qui pénètrent sans permission dans son domaine.

Ti-Jean-le-Brave, 1973, nouvelle édition p. 10-14.

Le Métis de Beaubassin, extrait : Chapitre 12

À la fin du mois de mai, on vit Marie-Madeleine, la fille aînée de Thomas Cormier qui habitait Port-Royal, arriver à la maison accompagnée de son mari, Michel Boudrot. Ils avaient l'air hagard et abattu. Et pour cause : ils venaient de quitter un Port-Royal en ruines. Des rumeurs avaient circulé à Beaubassin que Port-Royal avait été attaqué par les Anglais, mais personne ne semblait savoir exactement ce qui s'était passé.

Madeleine s'empressa de leur préparer un thé chaud et des tranches de pain beurrées. Ils n'avaient pratiquement pas mangé depuis deux jours. Ils avaient pris le premier bateau qui partait pour Beaubassin après le départ des Anglais. Baptiste, le corsaire acadien qui s'employait, disait-on, à arraisonner des bateaux anglais qui pêchaient dans la baie Française, s'était arrêté à Port-Royal en revenant de la rivière Saint-Jean, mais il n'avait pas pu s'approvisionner, car les Anglais avaient tout emporté. Il avait donc décidé d'aller faire le plein à Beaubassin avant de repartir faire la chasse aux Anglais. Après avoir pris quelques gorgées de thé, Michel Boudrot commença à raconter la triste histoire qu'ils venaient de vivre.

— À la mi-mai, nous avons vu une flotte imposante de bateaux anglais entrer dans le bassin de Port-Royal. Elle comptait sept navires en tout, armés d'une centaine de canons et ayant à leur bord une quantité impressionnante d'hommes, plusieurs centaines certainement. Le gouverneur Ménéval a fait tirer du canon pour avertir les habitants et les inciter à venir défendre le fort, comme il avait été convenu. Malheureusement, j'ai été seul, avec trois autres jeunes, à me rendre à l'endroit désigné. Les autres étaient allés se cacher dans les bois. Ménéval ne disposait que d'une soixantaine de soldats, une quinzaine de canons et un fort dont une partie seulement avait été reconstruite. Il nous a donc avisés que dans ces conditions, il était inutile de nous battre. Il a envoyé le père Petit discuter avec le général William Phips, qui commandait l'expédition, des conditions d'une reddition. Pendant un certain temps, nous avons cru que tout allait bien se passer. Phips ne voulait que désarmer Port-Royal en emportant les canons, la marchandise et les soldats, et en détruisant le fort, mais lorsqu'il a vu la faiblesse de la garnison et la médiocrité des moyens de défense, il a changé d'avis. On aurait dit qu'il s'était senti humilié d'une victoire aussi facile, de gagner sans avoir même tiré un seul coup de canon.

La famille Cormier était bouche bée. Comment se pouvait-il que l'on attaque ainsi un village qui n'avait rien fait? Décidément, les chicanes entre la France et l'Angleterre n'allaient jamais s'arrêter. Entre-temps, c'est l'Acadie qui en faisait les frais. Michel se demandait ce que la communauté pouvait bien faire pour arrêter cette calamité. Vivre tranquillement et paisiblement en se mêlant de ses affaires ne semblait pas une option valable, parce que c'est justement ce que faisaient les habitants de Port-Royal et ils avaient été attaqués quand même.

—Trois jours plus tard, continua Marie-Madeleine, nous avons vu les troupes anglaises monter la côte vers nos maisons. Puis le pillage organisé a commencé. Pendant douze jours d'affilée, nous avons vécu dans la terreur. Les militaires fouillaient les maisons et les granges, s'emparaient de notre blé, de nos vêtements, tuaient une bonne partie de nos bestiaux, saccageaient l'église et brûlaient nos maison. C'était l'horreur. Certains sont allés trouver refuge chez les Indiens, mais beaucoup sont restés sur place, comme nous, pour essayer d'aider ceux qui ne pouvaient pas ou ne voulaient pas bouger. Le village a été détruit, et maintenant nous sommes tous ruinés, conclut-elle en pleurant.

La famille Cormier demeurait sous le choc. Comment des êtres humains pouvaient-ils martyriser ainsi leurs semblables? Était-ce parce qu'ils ne parlaient pas la même langue ou qu'ils ne pratiquaient pas la même religion? Ce questionnement hantait Michel et le laissait perplexe. Et si Phips décidait maintenant d'attaquer Beaubassin, que ferait-il? Anne et la famille Cormier étaient devenues pour lui ce qu'il y avait de plus précieux au monde. Pas question qu'il mette leur vie en danger, pas plus que la sienne d'ailleurs, mais pourrait-il s'abstenir d'intervenir? Il aurait été difficile de fermer les yeux devant tant d'injustices.

— Et maintenant, demanda Michel, que se passe-t-il? Est-ce que Phips est reparti juste comme ça, sans rien dire?

— Non, répondit Michel Boudrot. Les Anglais ont quitté Port-Royal après avoir rassemblé les hommes dans ce qui restait de l'église pour leur faire prêter un serment d'allégeance à la couronne d'Angleterre. Phips a alors nommé un conseil de six notables acadiens pour gérer la colonie sous la direction d'un sergent français, Charles LaTourasse. Puis, il a emmené le père Petit, le père Trouvé, le gouverneur Ménéval, les soixante soldats de la garnison, des bêtes à cornes et toutes les provisions qui se trouvaient au comptoir de Port-Royal. Il emmenait tout ce monde à Boston comme prisonniers.

— J'avais bien prédit que c'est ce qui allait arriver après les attaques des représentants du gouvernement français contre les bateaux anglais qui pêchaient près de nos côtes, conclut Thomas. Ce n'était pas logique de leur octroyer des permis de pêche, et ensuite de les attaquer.

— Quand je pense à tout cela, j'en fais encore des cauchemars, ajouta Marie-Madeleine. Je revois constamment ces capots rouges — ils étaient des centaines — venir vers nous, saccager nos maisons devant nos yeux et sortir tout le contenu de nos coffres pour s'emparer de ce qui leur plaisait : les robes, jupes, blouses et chemises d'homme, toutes faites à la main, les couvertures que nous avions mis des mois à tisser, etc. Le plus pénible et le plus effrayant, c'était de les voir tuer les bêtes à coup de fusil puis mettre le feu à nos maisons. Ils en ont brûlé vingt-huit en tout. J'entends encore le crépitement du feu et l'écho des coups de fusil qui se répercutait dans les marais.

La famille Cormier sanglotait. Tout le monde pensait sans doute qu'un tel massacre aurait bien pu avoir lieu à Beaubassin. Heureusement, se dit Michel, Vechcaque était un peu éloigné du centre du village. Les Anglais n'auraient peut-être pas pensé à remonter la Tintamarre ; les quelques habitants auraient ainsi peut-être eu plus de chance d'être épargnés. En tout cas, ils auraient eu la possibilité de s'évader en remontant la rivière pour aller rejoindre les Gaudet ou les Bourg, ou encore le campement des Indiens. Là, ils auraient été en sécurité, car les Anglais craignaient énormément les Indiens. Vechcaque s'avérait toutefois relativement facile d'accès, car la Tintamarre était suffisamment profonde à son embouchure pour permettre aux navires d'un bon tonnage d'y mouiller, surtout à marée haute.

La destruction quasi totale de Port-Royal avait profondément marqué Michel Boudrot et Marie-Madeleine, comme tous les habitants du village, sans doute. Il n'était donc pas question qu'ils y retournent pour l'instant. Ils avaient toujours une terre, qu'ils étaient sur le point d'ensemencer, mais plus de maison ni de grange. Et les Anglais avaient tout emporté : farine, lard, porc, morue, tout. Ils se demandaient s'ils ne feraient pas mieux de s'installer à Beaubassin, même s'ils devraient tout recommencer. Thomas leur proposa d'attendre quelques jours avant de prendre une décision. Il y avait encore bien des terres disponibles à Beaubassin, et la famille pourrait aider à les endiguer et à construire. Michel avait la certitude qu'il pourrait leur obtenir une parcelle du grand marais, en aval de la rivière, à la suite de la sienne.

La maison des Cormier était grande, mais le partage s'avérait nécessaire. Marie-Madeleine coucherait dans la même chambre que les filles, alors que son mari partagerait la chambre des quatre garçons. Chacun aurait cependant sa propre paillasse. Heureusement pour Michel et Anne, leur maison était habitable, quoiqu'aucune division n'avait encore été aménagée. Le plancher de terre battue était fait à partir de la glaise du marais, et la cheminée, installée du côté nord de la maison, était faite de pierre des champs comme celle de LaVallière. La maison s'avérait suffisamment haute pour y construire ultérieurement une soupente. La misotte avait aussi servi à l'édification du toit de chaume. Michel espérait passer une partie du prochain hiver à fabriquer des bardeaux de bois, comme Thomas le lui avait montré, pour éventuellement remplacer le chaume. Le bardeau offrait une couverture beaucoup plus étanche. Le problème, c'est qu'il fallait énormément de temps pour en fabriquer une assez grande quantité pour couvrir tout un toit.

Marie-Madeleine révéla à sa famille qu'elle était enceinte de quelques mois déjà et que son état lui fournirait une autre raison de ne pas retourner tout de suite à Port-Royal. Elle craignait d'être hantée par la peur des Anglais, la peur que le même cauchemar se reproduise et que cette anxiété lui soit fatale, à elle ou à l'enfant.

—Voir des étrangers qui ne parlent pas ta langue saccager ta maison, fouiller dans tes affaires personnelles avec violence, comme s'ils avaient la rage au corps, cela te laisse avec un sentiment de désespoir, dit-elle. Jamais je ne voudrais revivre tant d'atrocités.

Après mure réflexion, le couple décida d'accepter l'offre qu'on leur faisait et de s'installer à Vechcaque, du moins en attendant de trouver quelque chose de plus proche du centre du village, car le mari de Marie-Madeleine n'aimait pas devoir dépendre des autres. Peut-être qu'un jour Port-Royal deviendrait parfaitement sécuritaire et qu'ils pourraient aller retrouver leur terre. Plus tard, il chercherait un terrain qu'il pourrait exploiter pour lui tout seul et sans dépendre de l'intervention des autres. Mais avant de commencer à construire, maintenant que Marie-Madeleine était en sécurité, il voulait retourner à Port-Royal pendant quelque temps pour aider à sa mère à se réinstaller. Celle-ci habitait avec François, son plus jeune fils, et n'avait pas voulu quitter le village où elle avait toujours habité. Le père de Michel, magistrat à Port-Royal, était décédé il y avait déjà deux ans.

Quelques semaines plus tard, la vie avait repris son cours à Beaubassin. Michel regrettait de plus en plus l'absence du père Moireau. Au moins, lui, on pouvait lui parler, et il se dépensait sans compter pour la communauté. Du temps où il habitait Beaubassin, il avait installé une petite école dans la chapelle où les jeunes pouvaient venir le rejoindre les matins, après la messe, pour apprendre à lire, à écrire et à calculer. Maintenant, toute tentative d'instruction avait disparu. Les pères Trouvé et Petit se trouvaient à Boston, prisonniers des Anglais, mais ni l'un ni l'autre n'avait manifesté beaucoup d'intérêt pour l'éducation des jeunes. Michel jugeait cette attitude déplorable pour le développement de la communauté. Si l'on voulait devenir une communauté vivante et progressive, il fallait éviter l'ignorance, croyait-il. Le père Baudoin, quant à lui, n'avait encore rien fait d'autre que dire la messe dans l'ancienne chapelle et s'occuper de la construction de la nouvelle église. Cela ne lui laissait guère le temps pour s'occuper des problèmes personnels des colons.

Quelques semaines plus tard, c'était au tour d'Anne d'annoncer qu'elle était enceinte. Michel jubilait. Il allait bientôt être papa. Il ne s'était encore jamais imaginé devenir père de famille. Maintenant, il se voyait déjà à la tête d'une famille nombreuse.

—Il faut développer ce pays, proclamait-il, et les enfants sont notre meilleur gage de succès.

Mais les perspectives de développement n'étaient pas très brillantes. La plupart des habitants de Port-Royal qui s'étaient réfugiés chez de la parenté à Beaubassin repartaient maintenant un à un pour regagner le village. Il fallait ensemencer, reconstruire les maisons et les granges, pratiquement tout recommencer comme au début. Seules les digues n'avaient pas été trop saccagées. Au moins, une bonne partie des terres pouvait être mise en culture immédiatement.

Le Métis de Beaubassin, 2009, p. 183-189.

HERMÉNÉGILDE CHIASSON

Herménégilde Chiasson est né le 7 avril 1946 à Saint-Simon (Nouveau-Brunswick). Féru d'études, il obtient un premier baccalauréat de l'Université de Moncton (1967) et un second de Mount-Allison University en arts visuels (1972). Suivent un diplôme d'études avancées en esthétique à l'École nationale supérieure des arts décoratifs à Paris (1977), un Master of Fine Arts au Visual Studies Workshop de l'University of New-York à Rochester (1981) et un doctorat sur la photographie américaine après 1950 à l'Université de Paris I (1983).

En même temps que ses études, il entreprend de nombreuses activités professionnelles dans des domaines diversifiés : enseignant au secondaire, rédacteur et reporter puis recherchiste et enfin réalisateur à Radio-Canada Acadie et, depuis 1973, chargé de cours à l'Université de Moncton. Mais c'est sa prolifique création en arts visuels, en littérature, en cinéma, en théâtre, qui, depuis la fin des années 1970, constitue l'essentiel de son travail.

Se définissant avant tout comme un artiste visuel, Chiasson aborde par le regard les différents arts qu'il explore et son premier recueil, *Mourir à Scoudouc* (1974) est emblématique à cet égard, tout comme plusieurs des recueils subséquents dans lesquels il décrit des scènes de vie (*Existences*, 1991 ; *Miniatures*, 1995, prix de poésie des Terrasses Saint-Sulpice) ou condense ces scènes en une ou deux phrases (*Conversations*, 1998, prix du Gouverneur général ; *Actions*, 2000). Dans d'autres recueils, le verbe s'élargit et touche la satire (*Climats*, 1996) ou le lyrisme (*Vous*, 1991, prix France-Acadie ; *Béatitudes*, 2007, prix Champlain). Ses poèmes sont la plupart du temps en prose, ce qui l'entraîne vers le récit, tantôt poétique (*Légendes*, 2000), tantôt inspiré par son passé (*Brunantes*, 2000, prix Éloizes) et vers l'essai (*Pour une culture de l'injure*, 1999).

Il écrit sa première pièce à la suite d'une commande du Département d'art dramatique de l'Université de Moncton (*Becquer bobo*, 1975). Mais c'est à l'invitation du théâtre l'Escaouette (fondé en 1978) qu'il se mettra sérieusement à l'écriture dramatique. Théâtre de création déterminé à déve- lopper une dramaturgie acadienne, l'Escaouette va faire de Chiasson son auteur principal dès 1980 avec *Histoire en histoire*, qui raconte les défis qu'a rencontrés le Français Nicholas Denys (1598-1688), marchand, industriel de la pêche et fondateur de Nipisiguit (aujourd'hui Bathurst) dans une forme qui évoque celle du Théâtre du Soleil, dont Chiasson avait vu une pièce à Paris. Une trentaine de pièces suivent, tant pour enfants (*Les aventures de Mine de Rien*, 1980 ; *Atarelle et les Pacmaniens*, 1983), pour adolescents (*Pierre, Hélène et Michael*, 1990 ; *Cap Enragé*, 1992) que pour adultes (*Aliénor*, 1997 ; *Laurie ou la vie de galerie*, 1998 ; *Pour une fois*, 1999 ; *Le Christ est apparu au Gun Club*, 2003).

La question identitaire et les préoccupations sociales sont au centre de son œuvre, quel que soit le médium utilisé. Œuvre militante, elle est l'expression de la mouvance de son peuple et du regard aigu et perçant qu'il pose sur la société qu'il habite. Jamais fade, toujours vibrante, elle met de l'avant une réflexion parfois angoissée, mais jamais désespérée, sur la vie.

En 2003, Chiasson a reçu le prix d'excellence Pascal-Poirier attribué par le Conseil des arts du Nouveau-Brunswick pour l'ensemble de son œuvre.

Sa nomination au poste de lieutenant-gouverneur du Nouveau-Brunswick, poste qu'il a occupé de 2003 à 2009, exprime tout le respect qu'il suscite et toute l'importance que l'on accorde à son œuvre.

⁌

Eugénie Melanson

Ni les colliers d'eau douce
Ni les encensoirs en feu
que les curés brandissaient durant les Fêtes-Dieu
Ni les bannières du Vendredi saint
Ni les drapeaux tricolores
Ni les amours perdues
Ni les amours permises, encore
N'auront fait pâlir ta beauté, Eugénie Melanson
Toi dont la photo traversa les années
Pour me faire signe
Un après-midi de juin, quand le ciel était trop bleu et que le soleil descendait trop bas
dans un pays qui ne pouvait plus être le mien.
Tu étais la plus belle, pourtant
D'autres te l'auront dit, bien sûr, mais j'imagine tes yeux sombres grands ouverts et qui regardaient à l'intérieur de ton corps pour ne plus voir passer les années sur ta beauté oubliée.
Tu étais la plus belle, pourtant
Quand tu te déguisais en Évangéline pour pouvoir recréer avec des Gabriels de parade les dates mémorables d'un passé sans gloire, englouti dans les rêves et les poèmes d'antan que tu n'avais jamais lus.
Tu étais la plus belle, pourtant
Quand un dimanche après-midi un photographe ambulant

saisit la fraîcheur de tes dix-huit ans et fixa, par un procédé lent et douloureux, les séquelles imparfaites d'une candeur incroyable, rêve lent et presque sombre d'un désir de vouloir rester maintenant et toujours pour regarder le soleil s'estomper dans le ciel une dernière fois, oui, juste une dernière fois.

Tu étais la plus belle, pourtant
Parce qu'un dimanche après-midi cette photo commença son existence et qu'un après-midi de juin, ta présence m'a regardé et m'a arrêté.
Tu regardais, de derrière ton cadre, du haut de ta robe noire, le visage contre la vitre.
Tu regardais, mais tes yeux ne regardaient plus à l'intérieur de ton corps.
Tu regardais Eugénie Melanson, je sais, tu regardais
Les vitrines bleues, les objets de piété, les berceaux bordés de dentelle, les haches accrochées dans l'établi, les charrues qui ne laboureront plus la terre, les meubles victoriens des gens qui étaient plus riches que toi, tu t'en souviens, les *fanals* à gaz qui clignotaient près de la porte quand par les soirs venteux d'automne tes cavaliers venaient te reconduire jusque sur le perron, tu regardais les foyers avec de vraies bûches de bouleau, toi qui en avais toujours rêvé, tu t'en souviens, tu regardais les carrioles qui bondissaient sur la neige les dimanches après-midi quand il y avait des vêpres à l'église et qu'emmitouflée dans les fourrures, tu croyais te rendre à la messe de minuit en plein jour...
Tu regardais tout ça, Eugénie Melanson, et pourtant...
Pourtant, tu étais plus belle que tous les rêves qui s'étaient aplatis contre la vitre par un jour de juin où, ici, comme par tous les autres jours de juin, il ne s'est rien passé.
Tu étais plus belle que les médailles du Vatican qui allaient aux dignitaires dont ton mari te disait les noms parfois et dont tu voyais les portraits dans les journaux.
Et aujourd'hui...

Aujourd'hui, vous êtes tous ici
Vous êtes emprisonnés, toi, les médailles du Vatican, le
tableau de la déportation, le drapeau de lin que Monseigneur
Richard avait fait faire, et tous tes rêves qui vivent derrière les
vitres de cette grande cage à nostalgie.
Tu es au bout d'un corridor et tu regardes venir les enfants
qui examinent les vitrines bleues et qui ne remarquent pas ta
photo qui est petite et perdue en noir et blanc.
Mais tu es la plus belle, Eugénie Melanson, plus belle que
Philomène Leblanc, plus belle que Valentine Gallant, plus
belle qu'Euphrémie Blanchard qui sourit au bras d'Evarise
Babineau, plus belle que les médailles du Vatican, que la
signature de Champlain, que les cachets de cire du roi
d'Angleterre, du roi de France ou d'Espagne.
Tu es la plus belle parce que je t'aime
Parce que tu ignorais qui étaient les Gibson Girls, les
suffragettes, le cirque Barnum, les Beverley Follies, les frères
Wright et Thomas Edison et que tu t'endormis près des
berceaux bordés de dentelle.
Tu aurais dû te réveiller.
Tu aurais dû te réveiller puisque c'est alors que l'envie de
mourir s'agrippa à ton corps.
Tu aurais dû te réveiller, Eugénie Melanson,
Mais tu t'endormis dans ton corps
En pensant aux vitrines bleues, à la signature de Champlain,
au fort de Beaubassin, aux canons des vaisseaux français qui
donnaient le feu en rentrant dans le havre de l'île Saint-Jean...
Tu t'endormis
Tu t'endormis en rêvant
Tu t'endormis en rêvant à de nouvelles déportations.

Mourir à Scoudouc, 1974, repris dans *Émergences*, p. 39-42.

❖

Rouge

Acadie, mon trop bel amour violé, toi que je ne prendrais jamais dans des draps blancs, les draps que tu as déchirés pour t'en faire des drapeaux blancs comme des champs de neige que tu as vendus comme tes vieux poteaux de clôtures, tes vieilles granges, tes vieilles légendes, tes vieilles chimères, blancs comme une vieille robe de mariée dans un vieux coffre de cèdre. Acadie, mon trop bel amour violé qui parle à crédit pour dire des choses qu'il faut payer comptant, qui emprunte ses privilèges en croyant gagner ses droits. Acadie, mon trop bel amour violé, en *stand-by* sur tous les continents, en *stand-by* dans toutes les galaxies, divisée par les clochers trop fins remplis de saints jusqu'au ciel, trop loin. Arrache ta robe bleue, mets-toi des étoiles rouges sur les seins, enfonce-toi dans la mer, la mer rouge qui va s'ouvrir comme pour la fuite en Égypte ; la mer nous appartient, c'est vrai, toute la mer nous appartient parce que nous ne pouvons pas la vendre, parce que personne ne peut l'acheter.

Mourir à Scoudouc, 1974, repris dans *Émergences*, p. 51.

L'histoire laissera tomber une lettre en faisant du même coup une terre désolée. Quelques siècles plus tard, un père dessinera pour son fils, sur un morceau de carton, une goélette dont il a pris le modèle à l'endos d'une pièce de monnaie. La mer est plus pauvre qu'avant, résorbée dans la texture grise et terne du carton. L'enfant demande une histoire mais les seules histoires du père sont celles de naufrages. Il parle de cet homme enterré debout sur une île face à la mer et dont le cri au milieu de la nuit réveille les habitants. Les marins sont attirés vers les feux qu'il allume en face des récifs pour les perdre. C'est le plus loin que le père s'est rendu dans sa frêle embarcation aux voiles ballottées par l'océan. Mais la mer est un domaine membré de bleu et le reste est loin d'être dit. Il ne sait pas que son fils ne mettra jamais les pieds sur la mer. Le ciel aussi est bleu. C'est le lieu du fils. Un domaine plus vaste et plus bleu quand le vent est vif à faire plier les ailes des avions. Ce domaine le fils l'a échangé contre la lettre manquante dont plusieurs se plaisent à affirmer qu'elle n'est qu'un mirage. Sans le savoir, ils se sont tous les deux réfugiés dans le bleu, rêvant d'une terre verdoyante pour les accueillir et faire jaillir de la nuit le feu exaucé des nuits passées à la belle étoile.

Miniatures, 1995, p. 79.

Ulysse regarde l'Île-aux-Puces

on dirait un liquide dans lequel on plonge
une arme pour ôter la rouille qui te ronge
les moments qui devraient à jamais disparaître
une manière de refaire les marques et d'être
bleu comme l'horizon sans autres meurtrissures
que celles qui t'enferment dans tes points de suture

tout est impeccable les murs sont peinturés
il revoit dans sa tête l'été toujours l'été
il est là indécent son ombrelle dentelée
exhibant soudainement son corps bariolé
l'horizon s'éloigne le sable s'est refermé
sous tout ce que tu crains tes armes enterrées

tu ne sais plus à quoi t'en tenir partir ou
vivre la défaite présente et tout nous
fait croire qu'il faudrait construire une arche
quelque chose à nous de vrai et qui marcherait
sans toujours savoir qui suivre ou croire
ou meurs quand la mort nous fait l'effet d'une victoire

ces pensées d'hiver n'ont plus d'effet désormais
témoin d'un temps qui s'est aujourd'hui dissipé
au profit d'une manne estivale importée
satinée galvaudée d'un été embrumé

qui au matin refait son ciel subventionné
cyclorama tendu sur un temps désolé

il est tard la pluie tombe tu cherches un abri
les vieilles radoteuses hier encore te l'ont dit
le passé est encore la mémoire de l'avenir
le vieux temps te cherche pour te tuer pour te dire
il vaut mieux se coucher ou refaire les vieux gestes
vivre dans le passé ou pour ce qui en reste

son ombre sur le mur se cherche épuisée
son destin suppliant la foudre s'est calmée
son cœur s'excite dans son habit remplumé
il danse pour les touristes d'un pas désolé
il meurt mais sans savoir où iront ses journées
emmuré vivant dans l'île pastellisée

au loin l'autoroute les autos qui défilent
cherchant une question à leur réponse fébrile
se précipitant vers leur frontière anonyme
d'un pays disparu qui survit pour la frime
occupé à mourir s'enfonçant dans le sable
nous taisant nous taisant d'une silence acceptable

les religions ont fait le vœu de continuer
par leur congrégation comme au temps périmé
de faire en sorte que nous mourions exploités
vivant sur leur réserve œuvrant dans leur chantier
sur l'île où le soleil ne se couche jamais
leur empire s'étale sur les touristes blasés

sur la mer apparaît un décor affolant
des nuages se reforment en un tableau troublant
un orage imprévu est en voie d'advenir
et le vent est un cri qui ne sait plus mourir
au fond de toi tu t'en doutes il y a cette voix
cette bombe qui fait voler ton cœur en éclats

le soleil s'est vendu il vaut mieux retraiter
le siècle nous quitte le temps a projeté
sa noirceur comme un sort et chacun s'est sauvé
à la lueur de la lune dans son cœur renfrogné
l'île désormais est un monument cartonné
quelqu'un entonne *in extremis* son apogée

tu reprends la mer tu remontes dans l'auto
on est en vacances l'eau est bleue il fait chaud
je te vois exaspéré contre ce mirage
tu voudrais t'en aller pouvoir tourner la page
le monde est trop grand inutile de s'enfuir
il se fait tard perdu le sens de l'avenir

entre l'humiliation et la gloire fabriquée
au prix de concours et de rideaux importés
tombant dans l'eau troublée de ce rôle mythifié
qu'on joue jusqu'à la nausée dans ce mausolée
pour ceux dont le pouvoir nous a si bien liés
démission d'un peuple soumis et éploré

tu navigues tu circules il fait froid soudainement
tu t'enfuis le bruit du moteur est rassurant
tu ne sais pas où tu t'en vas tu fuis la peur
que la mort projette dans ton rétroviseur
tu fuis le pays des ombres un bateau coule
le cri des naufragés étouffé dans la foule

demain on reprendra la même danse déguisés
sans conviction puisque nos rêves sont exilés
l'hiver approche et il faut de quoi chômer
car l'été nous est donné pour nous protéger
du froid en attendant transis de voir glisser
sur le ciel la ligne droite de nos vies en fumée

tu voudrais dénoncer ceux qui ont si bien profité
du projet millénaire de ton peuple oral

tu écris des notes sur le toit de l'auto
ton ordinateur sait lui qui rit dans ton dos
tu sens ton bras en sueur collant sur le métal
et sur ce mot ta main s'est soudainement butée

Climats, 1996, p. 59-62.

Aliénor, extrait : Tableau 13, Que la vie nous venge

Cellule d'Étienne

ÉTIENNE

Ma fille, j'ai parlé de notre secret. J'ai parlé de ton histoire, notre malheureuse histoire.

ALIÉNOR

Le temps est arrivé, mon père, d'enterrer notre douleur.

ÉTIENNE

Oui, mais dans quelle terre ? Et une fois enterrée, s'en aller encore une fois ?

ALIÉNOR

C'est ici même que nous allons enterrer notre ancienne vie et en réinventer une nouvelle. C'est ici que nous allons redonner un autre nom au monde. Pour que le monde continue d'être à nous. Nous allons habiter ce monde-là, le remplir de beauté, le refaire pour qu'il nous ressemble, à l'image de notre courage. Bâtir un autre monde sur celui qu'ils ont mis en flammes.

ÉTIENNE

Qu'est-ce qu'on a fait qui pourrait faire croire qu'on a été si courageux que ça ? Qu'est-ce qu'on a à montrer d'autre que notre blessure qui n'arrête pas de s'ouvrir ?

ALIÉNOR

Il faut mettre le passé en terre, il faut l'écrire dans un livre et enterrer le livre. Et les morts liront ce livre-là et eux aussi, ils pourront enfin s'endormir.

ÉTIENNE

Pour écrire un pareil livre, faudrait savoir écrire.

ALIÉNOR

J'apprendrai.

ÉTIENNE

Écrire l'oubli.

ALIÉNOR

J'écrirai pour ne jamais oublier.

ÉTIENNE

Toi avec, tu vas oublier. Tu as déjà commencé.

ALIÉNOR

Je ne trahirai jamais le passé de notre souffrance, même quand on me crierait encore que le bonheur passe par l'oubli. Ne va pas croire que le monde triomphera de notre âme. Rien, rien, non, rien ne peut diminuer la grandeur de notre âme.

ÉTIENNE

Tu vas oublier le mal qu'ils t'ont fait?

ALIÉNOR

Nous serons vengés par la vie, mon père!

ÉTIENNE

Ils s'enrichiront de notre misère!

ALIÉNOR

Il faut s'arranger pour que la vie nous venge.

ÉTIENNE

Où prends-tu la force de dire une chose pareille quand ils ont tout sali?

ALIÉNOR

Durant longtemps, tu as gardé ta rage comme un refuge. À la longue tu t'en es fait un trésor. Montrant au monde les cicatrices de ta grandeur. Ils ont ouvert ta blessure, c'est vrai. Je les ai vus. La blessure que je n'ai pas. Pas encore. Cette blessure que je ne veux pas porter. Que je ne pourrai jamais porter.

ÉTIENNE

Qu'est-ce que j'ai d'autre à leur donner que la haine qu'ils
m'ont laissée ?

ALIÉNOR

Il faut leur parler. Apprendre leur langage. Répondre dans
leurs mots.

ÉTIENNE

Et tu crois que c'est comme ça que la vie va se donner la
peine de nous venger ?

ALIÉNOR

Ils ne peuvent rien contre nous. Nous trouverons les mots.
Nous saurons les dire pour qu'une telle erreur ne revienne
jamais.

ÉTIENNE

C'est ça, le mal. Le mal, c'est de voir les mêmes fautes revenir
tout le temps.

ALIÉNOR

Je serai avec toi. Tu seras avec moi. Je regarderai devant. Tu
regarderas derrière. Et à nous deux, nous pourrons mesurer
l'étendue de la terre, l'étendue de notre richesse. Personne ne
viendra plus nous voler, ni mentir sur notre compte. Personne
ne nous vendra comme esclaves. Nous irons dans la forêt de
notre plein gré et nous en sortirons couverts de lumière. Et
mes enfants marcheront dans cette lumière. Joueront dans
cette lumière. Et leur vie sera à eux. Pour longtemps. Pour
toujours. À eux. Nous ne partagerons plus que la vie, notre
seul bien, notre unique vengeance. J'oublierai la forêt, oui, la
pluie et le froid et la neige, oui, mais ne va pas croire que
j'oublierai le battement de ton cœur, les mots dans ton
souffle, ni la chaleur de tes bras.

Aliénor, 1997, p. 85-88.

❖

Laurie ou la vie de galerie, extrait : Acte II

ELLA

Je voudrais que vous me racontiez une journée typique.
(*Laurie ne comprend pas tout de suite.*) Une journée de votre
vie, quoi.

LAURIE

Ben j'me lève comme tout l'monde, j'crois ben... Pis là
j'm'habille... Si y a d'quoi dans le frigidaire, j'mange... Pis là,
vers les neuf heures, neuf heures et demie, pas plus tard que
dix heures, j'dirais, la soif me pogne, pis ça m'lâche pas avant
que j'me couche...

ELLA

Je suppose que, vivant à la campagne, vous devez avoir de la
très bonne eau.

LAURIE

D'habitude, j'me tchins loin de l'eau, moi. Moi, c'est le
contraire. C'est plutôt la bière qui m'tchint... J'ai tout essayé.
Mais si tu parles de vraiment me couper la soif, y a juste la
bière qui peut faire ça.

ELLA

Mais comment faites-vous pendant vos heures de travail ?

LAURIE

À la vérité, j'ai jamais été un ben gros travaillant, vu que
j'attends le bundle.

ELLA

Le bundle ?

LAURIE

Le patchet, la cagnotte, le gros lot, OK ?

ELLA

Ah, le moton !

LAURIE

Pas le mouton, le bundle.

ELLA

Et vous ne trouvez pas le temps long ?

LAURIE

Je r'garde le monde là, alentour d'icitte, y en a qui travaillont à la journée longue. Y sont pas mieux qu'moi.

EUCLIDE

Ça, c'est toi qui l'dis...

LAURIE

(*Répondant à Euclide par voie détournée.*) Ah, ça rit de moi, par exemple. Ça rit de moi à l'année longue.

ELLA

En buvant à la journée comme ça, vous devez boire quand même beaucoup.

LAURIE

Vois-tu, le problème avec le monde qui boit d'la bière, c'est qui savont pas boire. Mettons que tu vas voir des chums. Tu bois un six-pack ou une douze, ça dépend, mais tu bois ça n'importe comment. Vois-tu, nous autres, Euclide pis moi, on boit avec un beat, on boit steady, pis on lâche jamais c'te beat-là. Une bière à l'heure. Ma journée commence vers les dix heures du matin pis a finit vers les dix heures du soir. J'me couche de bonne heure mais quand j'me couche là, laisse-moi t'dire que j'ai ma journée dans l'corps.

ELLA

Pourtant, on croirait à vous voir que vous faites la dolce vita?

LAURIE

...

Laurie ne comprend pas ce qu'elle veut dire.

ELLA

Je veux dire que ce doit être la belle vie.

LAURIE

Le monde pense que parce que tu passes ta vie sus la galerie, que tu t'fatigues pas.

Laurie ou la vie de galerie, 1998, p. 63-66.

❖

110. Lui Comment faire en sorte que les mots manquants soient enfin excusés de leur absence?

116. Lui Sa voix mixée aux halètements du moteur, son départ intransigeant, sa fatigue, sa franchise aussi, la nuit exagérée refermant sur elle-même son cortège de lumière, effaçant un à un ses pas légers comme l'amour.

450. Lui Quels mots mettre dans la bouche du pouvoir quand il cherche à vendre l'idée que la conscience est une ressource aussi naturelle et aussi renouvelable que la forêt, l'océan, les larmes ou l'éternité?

796. Elle La trahison faisait son œuvre, contournant leur ferveur, rongeant les plus démunis et s'érigeant contre le vent entre les planches grises du village vidé de sa rage séculaire.

805. Elle Replier le sommeil dans l'attente du pire, même en assistant au passage de la catastrophe, même avec la certitude d'un présent défectueux et de l'avenir, comment dire... incertain, pour le moins, incertain.

823. Lui Les années passeront, la mer redessinera le paysage à sa manière, temporisant sur la démarche, consolidant le tout en une masse obscure et résistante, un monument à la mémoire de notre absence anticipée.

824. Elle Le cercle des femmes se reformait autour de leur séculaire besoin d'embellir la vie, les aiguilles traversant les couches de l'histoire, le son des

voix se confondant au travail, et l'océan tout proche pénétrant le sable jusqu'au bonheur.

Conversations, 1998.

Identités (extrait)

Le nom que je porte constitue une crise d'identité en soi. En fait, le jour où j'ai su l'écrire, j'ai eu l'impression d'avoir atteint une étape initiatique. Pour me souvenir des treize lettres qu'il comporte, pouvoir les aligner, savoir y disposer les accents, il m'aura fallu une période de réflexion suffisamment longue pour que je puisse, dans l'intervalle, apprendre à écrire.

Né le 7 avril et baptisé le 13, il paraît que quelques heures à peine avant mon baptême on était toujours à la recherche d'un nom qui me convienne. Dans un éclair de génie mon frère suggéra de s'en remettre au calendrier des saints. C'était la Saint-Herménégilde. Il n'en fallait pas plus, mais je n'ai jamais su si la décision avait fait l'unanimité, s'il s'était trouvé quelqu'un de ma famille pour plaider en faveur d'un nom plus simple et plus facile comme Élide, Victor, Alyre, Existe ou Telex, comportant moins de lettres et qui soit plus facile d'accès, au lieu de ce nom compliqué, unique et étrange à plus d'un titre.

Durant la dernière tempête de l'hiver, ne pouvant se rendre à l'hôpital, mon père avait dû aller chercher la sage-femme du village qui n'avait pas mis d'enfant au monde depuis plusieurs années. L'hémorragie avait été inquiétante et ma mère avait failli en mourir à l'âge de 37 ans. Mon père, Samuel, le chanceux, avait six lettres dans son nom et 47 ans. Toute sa vie il jouera le rôle d'une sorte de grand-père indulgent et bienveillant. Son père à lui, mon vrai grand-père, s'appelait Philorome et j'ai toujours cru qu'il y avait une affinité entre nos deux noms. Sans doute la raison qui explique mon intérêt pour la modernité et l'exigence qu'elle génère dans nos vies !

En raison du *e* qui termine mon nom, on croit souvent que je suis une femme, ce qui m'a valu de faire partie d'une anthologie de textes féminins et de grossir le contingent obligé d'un conservateur qui voulait pallier l'absence séculaire dont les femmes sont victimes. C'est aussi une remise en question constante puisque les erreurs d'épellation sont fréquentes, la prononciation difficile et la curiosité immanquable.

J'aurais dû produire une œuvre, un collage, en alignant les nombreuses variations qui me sont adressées par la poste car c'est à ce niveau que la crise d'identité s'avère la plus aiguë. Pour ne pas être en reste, j'ai même pensé restructurer les lettres de ce nom pour lui donner une tournure aristocratique. Ainsi je deviendrai par un jeu de majuscules et de césures Hermé né Gil de Chiasson.

Brunante, 2000, p. 99-100.

44

des mottons de poil dans la fourrure du chat
les planchers usés qu'il faudrait refaire
la chaleur bienfaisante du bois pénétrant les murs
toute la peine du monde à remettre de côté
dire qu'il a fallu s'exiler du paradis

Répertoire, 2003, p. 19.

137

une craie à tableau
les mains sèches de l'enfance
le désir de se rendre la peur d'oublier
l'éternel manège de croire au pouvoir des mots
écrire toute sa vie de peur d'en échapper une seule goutte

Répertoire, 2003, p. 43.

✣

celles qui font danser des enfants, les prenant par la main, indulgentes à leurs gaucheries, à leur lenteur, à leur besoin maladroit de prendre part à ces gestes, de mesurer ce qui se profile et dont ils ignorent la portée, lorsque la vraie danse viendra les chercher pour de vrai, les dévorant corps et âme, les remplissant de projets ou les exorcisant d'un mal de vivre conséquent depuis l'enfance, cette enfance qu'ils déplacent pour le moment avec maladresse, s'agrippant à la main rugueuse et rassurante de cette femme qui les complimente à profusion de leurs modestes efforts, s'amusant de leurs rires et scandant le rythme, le sien, sur lequel ils s'appuient dans une absolue confiance, pour ne pas tomber, pour éviter le ridicule, pour s'élancer au meilleur de leur compétence sur cette piste qui prend déjà l'allure d'une arène, d'un tremplin, d'un miroir effleurant à peine le visage au prix de cette légèreté qui vous donne envie de tourner très haut et très loin jusqu'à ce que le monde ne soit plus qu'un mirage embrouillé et sublime, flou et lointain, un élan du cœur qui vous soulève à un point tel que le ciel apparaît déjà sous l'aspect d'un mirage accessible, un bonheur consommé, un refuge, un lieu où l'on danse le visage collé au visage de l'univers, un parfum céleste émanant soudainement des méandres de la terre, un appel à se rapprocher à un point tel que l'on pourrait battre du même cœur, le corps se confondant à ces fleurs oscillant au bout de leur tige et tournant avec vous dans cette ronde maladroite où quelqu'un vous tient la main, vous murmurant que vous faites bien, que vous faites extrêmement bien, que c'est beau et que personne ne pourra jamais briser la membrane fragile où vous vous élevez jusqu'aux nuages et même au-delà des nuages, là où toute vie devient apparente, là où toute danse ressemble si intensément à la félicité de cette délivrance légère et saine qui, dans un autre temps et peut-être depuis toujours, ramène l'idée du salut, une aussi vieille notion, un aussi vieux projet pour redonner son sens à la vie défaillante, à la musique, à la danse dans les enjambées de ce corps se déplaçant au son d'une infatigable allégresse sur les mesures d'une musique confondue dans les rumeurs proches et pourtant imprévisibles d'un paradis perdu et pourtant si pleinement nécessaire,

Béatitudes, 2007, p. 102-103.

LOUIS HACHÉ

Louis Haché est né le 3 mai 1924 à Saint-Isidore. Il obtient un baccalauréat ès arts au Collège de Bathurst, un baccalauréat en éducation à l'Université Saint-Joseph, puis une maîtrise en études françaises à l'Université Laval (1959). Après avoir travaillé pendant dix ans comme instituteur dans différentes écoles publiques (dont celle de Miscou), il devient professeur à l'École normale de Fredericton puis, lorsque l'institution y est transférée en 1968, au campus de l'Université de Moncton. En 1973, il devient traducteur-réviseur au Bureau de traduction du Nouveau-Brunswick à Fredericton. Il prend sa retraite en 1984. Il vit à Moncton depuis 1991.

Qu'il écrive des récits, des nouvelles ou des romans, Louis Haché tire son inspiration de l'histoire et toutes ses intrigues se situent dans la Péninsule acadienne. *Adieu, p'tit Chipagan* (1978, prix France-Acadie), *Toubes jersiaises* (1980) et *Un cortège d'anguilles* (1985) se fondent sur l'histoire des pêcheries. Son écriture est classique et sa plume alerte est capable de faire naître en quelques mots une atmosphère, un paysage, un dialogue. Ses œuvres sont accessibles, se lisent aisément. Son sens du récit est particulièrement mis en valeur dans la trilogie qui comprend *La Tracadienne* (1996), *Le desservant de Charnissey* (2001) et *La maîtresse d'école* (2003, prix Champlain) et dont l'action suit le cours de la première moitié du XXe siècle. Haché est le premier auteur acadien de littérature populaire.

Le desservant de Charnissey, extrait

Le dimanche suivant, à la messe, l'abbé Degrasse avait été plus éloquent qu'à l'ordinaire. Il s'était dit satisfait du chantier du brise-lames et, sans un mot sur la mort tragique du député, il avait prédit qu'un autre chantier plus important allait s'ouvrir dans les hauts. Caroline, comme plusieurs paroissiens, avait compris qu'il s'agissait du contrat du C.N.R. Degrasse avait même insisté pour dire que l'interdit de construction d'église serait bientôt levé, car Charnissey allait connaître une prospérité qui attirerait de nouveaux colons. Le curé commençait donc une importante semaine avec deux idées en tête : le contrat du C.N.R. et l'interdit imposé par l'évêque.

Quant à Caroline, c'est avec une sorte d'entrain mêlé de tristesse qu'elle ouvrit son magasin le lundi matin. Le départ subit de Ted avait effacé les dollars qu'elle lui devait. Malgré cela, elle sentait qu'elle avait une dette envers le défunt, qui l'avait renflouée lorsque son magasin avait passé à un doigt de la faillite.

Comme l'abbé Degrasse, la marchande pratiquait une religion adaptée à son époque, qui consistait moins à prier à l'église qu'à agir. Ainsi, par la vente à crédit, risquant la perte, elle posait de nombreux actes de charité. C'était pour elle une façon de rembourser Ted. Contrairement au curé qui pensait toujours à construire une église, Caroline aurait pu se passer d'un temple indéfiniment. Un bon sermon du curé Degrasse avec les fidèles réunis au presbytère ou dans le salon de l'Auberge suffisait à sa pratique religieuse. Cependant, elle partait du principe «*Aide-toi, le ciel t'aidera!*», et n'hésitait pas à introduire de nouvelles marchandises pour suivre la mode ou pour épauler les entreprises comme celles de l'abbé Degrasse. Tu ferais un bon gérant de banque, lui disait parfois le curé, qui la plaçait au-dessus de la maîtresse d'école dont la quarantaine de marmots n'atteignaient pas la septième année. La marchande entrait dans les plans du curé.

La veuve Caroline avait le commerce dans le sang. Née dans une famille de marchands à Saint-Louis, elle avait grandi parallèlement au commerce de son père, dans le bois de construction et le poisson. Son diplôme du cours commercial obtenu au couvent de l'endroit comportait un supplément : plusieurs vacances d'été au magasin de son père. Après ses études, elle avait travaillé une année chez elle, puis s'était mariée au début des années trente et avait déménagé dans le Maine où son mari avait un emploi dans l'usine de pâte à papier de Millinocket.

Son départ n'avait pas reçu la bénédiction de son père parce qu'il aurait voulu la garder au magasin et qu'elle avait épousé le fils de l'organisateur du Parti libéral du comté. Caroline avait dit à sa famille qu'elle se débrouillerait seule. Peu d'années après, la santé de son mari s'était détériorée dans l'usine. Lorsque Mgr Briasson avait fait sa tournée de recrutement pour trouver des colons, les époux Pitre avaient vendu leur maison et étaient venus ouvrir un commerce à Charnissey. Le mari était décédé deux ans plus tard laissant le magasin au bord de la banqueroute. Incapable de revenir sur ses paroles, Caroline n'avait pas voulu demander de l'aide à sa famille. Elle avait attendu, puis l'agent des terres, Ted Perrier, était apparu au magasin. Il avait trouvé que cette veuve méritait des subventions et l'avait entourée de soins. Longtemps après, la veuve avait un rendez-vous.

Aujourd'hui, les entreprises du curé Degrasse donnaient à son commerce une expansion qu'elle n'avait jamais cru possible. Elle croyait que le curé, contrairement à Ted, ne lui demanderait rien en retour. Étant sur la route qui mène dans les hauts des rivières Busintac et Tracadie, Charnissey était destiné à profiter des retombées économiques dès que s'ouvriraient les chantiers en forêt. Et elle serait libre, sans attache aucune : elle pourrait renoncer au bureau de poste comme elle avait renvoyé son amant et protecteur. Le curé Degrasse, qui lui avait donné rendez-vous au presbytère pour le mardi à trois heures, ne connaissait pas toute la carrière de la jeune femme. De même, Caroline ignorait les plans de l'abbé Degrasse autant que Job ou même Ovide le conducteur de camion du curé, ou encore le chef Jacoby et surtout l'évêque de Chatham. Elle se rendrait voir le curé à l'heure dite : fermer le magasin une heure ne posait pas de problème.

Comme la marchande allait entrer au presbytère pour la première fois, Degrasse tenait à lui donner l'impression qu'il avait un bureau bien organisé avec bien en vue une machine à écrire, une calculatrice à manivelle et un véritable classeur à documents. Il commença par faire bouillir un plein coquemar d'eau et sortit sa meilleure théière avec deux tasses et un plateau sur lequel il mit des biscuits à thé. Fier de son bureau, il ne l'était pas moins de sa personne. Une demi-heure avant l'arrivée de Caroline, il se regarda dans le miroir, vérifia le pli de son pantalon, jeta un coup d'œil à son veston de clergyman accroché à la patère. Rares étaient les prêtres de son âge qui avaient sa démarche et sa minceur. Il songea à se passer un coup de rasoir électrique Schick comme il le faisait à Montréal, mais Charnissey n'était pas encore électrifié.

Le curé quitta le miroir de la salle de bain suivi de son chien qui l'accompagnait d'une pièce à l'autre comme si l'animal percevait que son maître se préparait pour la chasse. Au fait, Degrasse éprouvait cette agitation du chasseur qui se prépare, avec en plus la bonne humeur du jeune homme au moment d'un rendez-vous. Cette sensation unique ne lui déplaisait pas sauf que ce n'était pas lui qui allait au rendez-vous : c'est Caroline qui venait à lui. En bon prêtre, il ne prêtait aucun sens équivoque à cette rencontre ; il n'y attendait que du bien. Il allait jusqu'à penser que c'était cela le pivot de l'entreprise qu'il échafaudait. C'était la première fois qu'il donnait un rendez-vous d'affaires à une femme, mais il était trop réaliste pour entretenir dans son esprit de vaines rêveries. Malgré cela, ce jour avait un attrait spécial. Il serait peut-être le premier ecclésiastique du diocèse à embaucher une femme comptable, travaillant dans le presbytère en après-midi, trois jours par semaine. Et Caroline était loin d'avoir l'âge canonique requis pour œuvrer auprès des clercs, se dit le curé en souriant à cette pensée. Que la future secrétaire fût du sexe opposé, jeune et jolie, cadrait absolument avec les idées qu'il avait en tête. Il ne s'arrêta pas à cela, ce serait pour plus tard. Il ne put s'empêcher de penser un moment que quelque chose de nouveau allait se produire autour de lui pour rendre ses activités plus fructueuses et son existence moins monotone. Songeait-il à une escapade du midi, à retrouver ses sentiments perdus dont lui seul aurait été conscient ? Il s'en foutait. Son évêque rouspéterait, mais comme il mettait rarement les pieds à Charnissey, il n'apprendrait peut-être jamais qu'une jeune femme comptait l'argent des quêtes dans ce presbytère sans église.

L'abbé Degrasse se rendit dans la cuisine mettre le thé à tremper. Son plateau de biscuits, les tasses de porcelaine : tout y était. Le sucre, au cas où elle sucrerait son thé ; du lait aussi.

Le prêtre mit son veston. D'ordinaire, il travaillait en bras de chemise : pour l'occasion, il ne fallait rien négliger pour créer une bonne impression. Il jeta un coup d'œil à sa montre et se rendit à la salle de bain brosser les épaules de son veston noir. Pour s'amuser, il donna quelques coups de brosse au pelage de son chien, qui ne pensait qu'à partir pour la chasse. Il commença à se demander si, comme la plupart des femmes, Caroline faisait fi de la ponctualité lorsqu'on sonna à la porte. Degrasse sortit de la salle de bain d'un pas allègre en sifflotant, son chien Caire sur les talons.

Mgr Briasson le regardait avec un point d'interrogation dans les yeux, pareil à un évêque qui arrive comme un cheveu sur la soupe.

—Bonjour, père Degrasse.

La cheminée du presbytère déboula sur la tête du curé. Comme un boxeur acculé dans les câbles, il feignit une sortie à droite et s'esquiva par la gauche prêt à y aller des deux mains.

—Bonjour, monseigneur.

Non seulement l'abbé Degrasse effleura-t-il des lèvres, sans manifester trop d'étonnement, l'anneau de son évêque, mais encore il soupçonna aussitôt l'évêque d'être aux prises avec une forte émotion. Le prélat avait employé «père» au lieu d'abbé, incapable de refouler le dressage reçu chez les Eudistes. Degrasse pensa rapidement.

—Vous me qualifiez de «père», voulez-vous dire père abbé ou bien père Noël, fit-il pour donner un ton plaisant à la visite surprise de l'évêque.

Le desservant de Charnissey, 2001, p. 209-213.

LAVAL GOUPIL

Né à Shippagan le 15 juillet 1945, Laval Goupil a obtenu un baccalauréat en pédagogie de l'Université de Sherbrooke (1966), puis un baccalauréat ès arts (1970) suivi d'une maîtrise en français (1975) de l'Université de Moncton.

Il quitte l'enseignement au secondaire au bout d'un an pour se consacrer au théâtre au sein du Théâtre amateur de Moncton, puis des Feux Chalins, également de Moncton. Il sera cofondateur des Productions de l'Étoile de Caraquet (1974), qui deviendront le Théâtre populaire d'Acadie (TPA) l'année suivante. Il œuvrera au théâtre comme auteur, comédien et metteur en scène, et travaillera pour différents organismes culturels jusqu'à son décès des suites d'un cancer, le 29 mars 2000.

Sa première pièce, *Tête d'eau*, est une longue envolée émotive qui remet en question aussi bien les valeurs traditionnelles de l'Acadie que la structure dramatique. Coproduite en 1974 par Les Feux Chalins et les Productions de l'Étoile, et publiée par les Éditions d'Acadie, la pièce suscite de vives réactions dans le milieu. S'opposant à *La Sagouine* d'Antonine Maillet, la pièce s'appuie sur la culture contemporaine ; la langue utilisée n'est plus le vieil acadien chantant mais une langue éclatée sous l'effet des mots inventés. Le personnage principal — et pratiquement le seul de la pièce —, Onil, n'arrivera pas à rassembler en un tout cohérent les forces qui l'habitent : la folie l'attend. L'année suivante, *Le Djibou* (1975), produite par le TPA, suscite aussi la controverse par la façon dont sont construits les rapports entre les personnages et par l'emploi de la langue populaire, fort éloignée de celle inventée par Maillet.

Laval Goupil aura de la difficulté à imposer son œuvre. Il aurait écrit une trentaine de pièces, dont l'immense majorité n'a été ni créée ni publiée. Les œuvres connues indiquent pourtant qu'il a cherché à ouvrir de nouvelles voies, qu'il a continué à interroger aussi bien l'écriture et la langue que les valeurs sociales.

Le djibou, extrait : Acte 2, scène 1

Victorine est assise dans la chaise berceuse et elle termine de boire une tasse de thé. Portrait typique de l'évèreuse de morue. Elle porte un smock, c'est-à-dire une robe verte ou jaune pâle ou blanche très simple ajustée aux hanches, des petites bottes de rubber et ses cheveux sont soigneusement gardés sous un filet très fin, communément appelé « net à jeveux ».

Victorine

Encôre une nuit d'travail devant nous aut'es... Toute une nuit d'travail à évèrer des filets d'morue. On n'est pas sitôt sorti du grabat qu'i' faut s'greyer pour aller aux shoppes à poisson évèrer des tcheues d'morue fraîche. Maudite tcheues d'morue! Le temps m'dure que l'été seye passé, mouâ!...

P'is c'est comme ça chaque après-midi que l'Bon Djeu amène. On s'lève alentours des six heûres moins quinze, six heûres, là, le reintché presqu'à terre, les yeux comme des lucarnes à force qu'on est magané, on se r'met su' nos pattes comme qu'on peut, on s'greye p'is là, qu'â c'est qu'on vouât

dans not' tête? Des tcheues d'morue fraîche! J'descends dans
la tchuisine, j'me tranche une taille de pain, j'me varse une
tâsse de thé nouère, in p'tit peu d'lait d'vache là p'is la
promière aparcevance, quâ c'est qui m'fesse à l'idée? Des
tcheues d'morue fraîche! Avec des vers qui grouillont d'ssus!
Là, c'est ben simp'e, le tchœûr me lève! J'dédjeule pas parce
que j'ai rien à dédjeuler; j'quitte ma taille de pain faire p'is
j'viens bouère ma tasse de King Cole dans l'salon. Là, j'me
borce. Ch'us quasiment ben. Les tcheues d'morue me couront
p'us après toujou's ben!

Elle boit son thé.

En seulement, j'sais ben que c'est jusse pour in élan. Quand
Antouène-la-Parche va menir me qu'ri' bétôt avec les aut'es
évèreuses de morue, Camilla Degrâce, Olivette Haché,
Gaëtane p'is la grosse Fredda à Marius, trouâs assis en avant
p'is trouâs assis en arrière, crains pas, j'sais ben qu'trop quâ
c'est qui m'attend: tout une nuit blanche à r'soud'e des p'tits
vers d'la même couleûr, avec une amanchure de gros tweezers,
de ces étchœûrantes tcheues d'morue fraîche-là!

Elle finit de boire son thé.

Fredda à Marius, yelle, a' dit que ça la dérange p'us, qu'a' s'a
habituée. A' dit que c'est pas si tant pire que ça après toute, à
part d'rester jouclé pareil comme des poules pendant des
heûres p'is des heûres su' in stoule qu'a même pas
d'accotouère. Ben mouâ, c'est plusse fôrt que toute! Yinqu'à y
penser là...

Elle a des frissons.

Faut vraiment que j'prends su' mouâ à chaque fouâs que
j'vouâs s'tortiller yune de ces maudites bêtes vicieuses dans les
filets d'morue. J'ai toute d'suite l'estomac qui veut s'chavirer à
l'envers pareil comme in chausson d'laine! J'm'habituerai
jamais!

Confidentielle.

Ma grand' fouâ Djeu! y â des fouâs, là, quand que j'vas pour
m'embarquer dans l'châr à Antouène — c'est là que ça
m'fesse! — j'me fidjure que j'vouâs des magniéres de larves su'

l'couchant du soleil...! Ben c'est là que j'pense à la môrt p'is quâ c'est qui s'passe dans les tombes... au cimetchiére... Le docteûr m'a donné des pelules pour les narffes..., du... délibrium dix: ça t'empêche d'a'ouère la tremblotte. Parce que... va 'ouère pogner ça ces Jésomme de p'tits vers-là quand ta main shéke pareille comme une feuille de papier...! C'est pas aisé. Ça fait qu'là, tu picoches. Tu picoches dans ton filet qui finit par êt'e toute en lavasse p'is les vers riont d'touâ. Ah! Jésus d'Géritol! j'plains l'Amaricain qu'a mangé mes promiers filets! I' douât êt'e gras pas pour rire...! I' ya dû danser l'shéke pour une tarrib'e d'escousse après!

Elle rit de bon cœur.

Ben à c'tt'heûre, c'est moins pire que dans les promiers temps, on va dire. Faut pas tomber dans les exagérâtions: Camilla manquait d'pouffer d'rire dans ma face à chaque fouâs que j'faisais erk! que l'tchœur me montait à la gorge parce que j'menais d'en aparce'ouère yin. Camilla? C'est la comique des évèreuses. Al' a toujou's une joke à lâcher même si qu'on a pas l'drouât de s'parler ent'e évèreuses su' 'a job. P'is au break-off de mènuit à c'tt'heûre...! Ah! la saudite de démone! Si qu'vous la 'ouèriez faire ses estravagances, la folle, p'is en lâcher des drôles de boutes aux filetteux qui sont maquereaux comme le maudit! Ah, mouâ, là, si que j'ai pu tougher jusqu'à c'tt'heûre, c'est ben à cause de Camilla. On dirait qu'a' prend toute à la joke, yelle. Même les p'tits vers blancs dans les tcheues d'morue fraîche... A' les appelle... Ah, non, j'peux pas répéter ça...

Elle se reprend.

A' les appelle...

Elle glisse ça de côté.

...ses p'tites pissettes de curés!

Puis l'air détaché comme si elle venait de dire une banalité, elle consulte sa montre.

Bon ben, i' devriont s'montrer la fraise ben vite, ceux-là. Faut que j'passe mon capot.

Elle se rend au réduit en dessous de l'escalier pour y prendre son manteau, jette un coup d'œil par la fenêtre puis vient se rasseoir dans la chaise.

J'sais ben pas si qu'i' faut encôre les espèrer à l'heûre qu'i' yest.

Lasse. À la cantonade.

Flôra, appelle 'ouère Fredda à Marius. Tu lui demanderas si qu'Antouène va menir nous qu'ri' comme d'accoutume ou bedon si qu'i' faut yinque compter su' nous aut'es à souère.

FLORA
De sa chambre

O.K., m'man. J'espère que la ligne est pas occupée… comme d'habitude…

Elle a descendu l'escalier à la course, mais en passant devant la porte de la chambre condamnée, quelque chose a semblé la retenir un instant. Puis elle a poursuivi sa trajectoire pour utiliser le téléphone accroché au pan de mur du réduit.

VICTORINE

Par chance qu'i' y â Flôra pour tchiend'e la maison prop'e quand j'vas m'faire une cenne aux shoppes. Delcia p'is Amandine, yelles, sont vraiment pas d'sarvice. Yinque de yelles, Jésus! c'tte cabouse-citte deviendrait vite une soue à cochons!… Tout c'que ça pense de faire durant l'été, c'est d'manger, dormir, donner la plusse p'tite help possib'e à Flôra p'is d'watcher les hommes qui passont aura la maison. Les saudites bonne à rienne! Le monde entcher pourrait s'en aller à la valdrague, ça les intchèterait pas ben gros, j'cas ben. Sûr qu'yavont dû prend'e du bôrd à leu' pére… Ben crains pas, tu vas 'ouère in jour si j'les pogne par l'chignon du cou. I' allont s'faire serrer les ouïes p'is démembrer les membres su' une tarrib'e de ripousse!

FLORA
Elle raccroche.

M'man? La grosse Fredda te fait dire qu'i's arrivont tout d'suite. Ça a l'air qu'Antouène a yeu d'la misère à starter son châr parce que ses verreux d'enfants avont joué d'dans toute l'après-midi. Ça fait qu'i's allont arriver d'une menute à l'aut'e, O.K.?

VICTORINE

O.K., Flôra. Aïe, ton pére est pas encôre dans son shack toujou's ben?

FLORA

Oui, j'pense.

En retournant à sa chambre.

I' ya pris la gône tout d'suite après souper.

L'attraction qu'elle avait ressentie en passant devant la porte condamnée se répète, mais elle s'en libère vite et disparaît à l'étage.

VICTORINE

Elle maugrée entre ses dents.

Utrope, lui, i' yest cont'e ça que j'vas travailler aux shoppes. I' yâ pour son dire qu'une femme, sa place, c'est d'rester à la maison. I' peut pas comprend'e le besoin qu'une femme de mon âge peut a'ouère de sortir p'is de s'gâgner tchèques cennes pour ses vieux jours. I' yâ pour son dire qu'i' gâââgne, lui.

Yeux au ciel, elle soupire.

Ben, in jour, j'en ai eu plein mon casse de m'faire radoter ça dans les oreilles p'is hale-touais d'là, ej 'i yai faite sa'ouère ma façon d'penser. Ej 'i yai dit là: «Écoute-mouâ ben, Utrope à Nazaire à Joseph à Claphâs à Dan l'Araignée à gros tchu! J'ai trimé toute ma vie à élever ces enfants-là. I' m'avont faite souffrir la môrt ben des fouâs! P'is touais? T'as jamais été assez maudiment pére de famille pour m'aïder à joind'e les deux boutes dans leû z-éducâtion. Ça fait qu'à c'tt'heûre qu'i' sont grands, aïe! bâd'e-mouâ p'us! J'veux p'us rien sa'ouère de ton argent pour sortir, m'ach'ter des hardes p'is a'ouère un p'tit peu d'fun pour le temps qui resse. J'irai à la Légion quand que j'voudrai p'is l'dimanche souère, charche-mouâ pas: ch'us dans l'sous-bassement d'l'église à crier: «Bingo! Jésus d'Géritol!»

Elle reprend son souffle.

Crains pas, Utrope a p'us dit in mot su' 'a game. J'cas ben!
J'l'arais défidjuré tout net avec mes griffes dans 'a goule,
maline hôrs de bon sens comme que ch'us! 'ouère si qu'une
femme peut rester amârrée toute sa vie à la patte du poêle de
la tchuisine à c'tt'heûre! Ça fait que là, j'ai été aux shoppes à
poisson pareil comme les aut'es femmes que j'connaissais dans
l'boute p'is ch'us demenue...

Fière et moqueuse en même temps.

... évèreuse de filet d'morue!

Ah... j'arais ben aimé ça a'ouère la job de faiseuse de bouêtes
de catran ou de paqu'teuse, vous savez là, les ceuses qui
mettont les patchets de filets d'morue dedans les bouêtes de
catran — c'est moins salissant p'is ben moins zirab'e pour
sûr... — ben i' paraît que c'est pas pour tout d'suite, ça, que
c'est une magnière de promotion pour p'us târd. «Ah, y â pas
d'aut'e job, que j'leu' z-ai dit, ben hourra-boy pour l'évèreuse
de morue!»

Elle en rit.

Pas besoin d'vous dire qu'Utrope continue à chiquer d'la
guénille... Ah, pas d'vant mouâ, i' yoserait jamais, non, mais
par en dessour par exemp'e, enterre ses dents ou quand qu'i'
yest tout fin seul avec son agrément d'Albert à Ti-Squide. Ben
i' ya beau ringer tout son palais par en d'dans si qu'i' veut, ej
me dis qu'à chacin son tour. Mouâ, ça faite ving-cinq ans à l'été
dargnier que j'me rongeais les sangs à endurer p'is à subir.

Elle a la gorge serrée par l'émotion.

J'en dirai pas plusse là-d'ssus...

Elle ne peut se contenir.

I' finira ben par comprend'e in jour...

Notre évèreuse essuie ses larmes.

Là...

Comme pour changer son mal de place

...j'sais ben pas si qu'j'ai encôre le temps de vous conter ça
itou ben

Elle devient précautionneuse.

...i' paraît que ... le temps s'couve dans les offices du syndicat. Apparence qu'i' prônont partout que les femmes sont pas l'djâb'e payées comparé aux hommes p'is que les hommes eux aut'es, d'après c'que, mouâ, j'comprends dans toute c'tt'affaire-là, l'étiont pas davantage d'avec les aut'es hommes du restant du pays du Canada. Ah, crains pas, ej leu' z-ai dit, mouâ, drette comme ch'us là : « Varge Ti-Pierre p'is va-y, Mathilda, en'oueille, parle-z-'eu' dans 'a face à ces grands flancs-mous d'la compagnie p'is lâchez pas, les gârs. On est avec vous aut'es, nous aut'es les femmes d'en bas. » C'est ça que j'leu' z-ai dit à la dargnière assemblée du local syndical. Devant tout l'monde à pârt de tça. La grosse Fredda à Marius, yelle, a' m'halait par la tcheue d'chemise pour que j'm'assise. A' m'a dit après que j'étais assez crinquée que j'avais l'air d'une vraie possédée. Ben mouâ, j'ai continué malgré la boule grosse comme une patate que j'avais dans 'a gorge p'is qui m'faisait horler encôre p'us fôrt : « On est tanné de travailler l'nez dans la marde p'is dans les vers de morue ! de s'faire piler su' l'côrps par tout à chacin des compagnies p'is pour in salaire de crève-la-faim ! Plusse qu'on aura des hauts salaires, plusse qu'on pourra viv'e comme le reste du monde, Jésus d'Géritol ! p'is plusse qu'on aura des gros stimpes pour acheter not'e farine p'is not'e saindoux qui coûtent les yeux d'la tête à c'tt'heûre. » Là, c'était rendu que j'disais n'importen quouâ, mais l'monde là-d'dans s'a mis à applaudir, à t'larguer des houppes du sorcier p'is à subler comme des enfants d'école. Quand qu'j'ai vu que j'pouvais p'us parler dans c'bordâ-là, ej m'ai rassis à côté d'Fredda qu'était rouge comme une tomate !... p'is l'assemblée a continué.

Elle reprend son souffle.

Ah, j'sais ben pas quâ c'est qui m'a pris d'faire in gesse de même...

    FLORA

M'man ? Le châr vient jusse d'arriver p'is i's t'attendont toutes dehôrs. Dépêche-touâ, t'es en r'tard.

VICTORINE

Aussitôt sur ses jambes.

O.K. là ! J'arrive !

Elle se penche pour ramasser sa tasse vide qu'elle avait déposée au pied de sa berceuse et, en se redressant...

À c'tt'heûre, ça m'fesse tout d'in coup, j'sais quâ c'est qui m'a fait l'ver d'ma chaise à la dargnière assemblée du local syndical... C'est ces verrats d'vers-là que j'peux pas sentir !

Victorieuse déjà.

Aïe, là ! les vers de tcheues d'morue fraîche ! sauvez-vous pas ! Me v'là !

Et elle sort.

Le djibou ou l'Ange déserteur, 1975, p. 65-73.

JULES BOUDREAU

Jules Boudreau est né le 12 mai 1941 à Maisonnette, où il vit toujours. Après ses études, il exerce divers métiers : enseignant d'histoire, maquettiste et chroniqueur littéraire à l'hebdomadaire de la Péninsule acadienne *Le Voilier*, auteur compositeur interprète, auteur de théâtre et, parmi d'autres tâches reliées à l'écriture, recherchiste et historien pour le Festival acadien de Caraquet et le Village historique acadien.

En 1973, il participe à la création de la troupe communautaire Les Éloizes, à Maisonnette. Celle-ci monte sa première pièce, *L'Agence Belœil Inc.* (1973), dans laquelle il joue, puis *La bringue* (1973), dont il signe la mise en scène. Le chansonnier Calixte Duguay lui demande de travailler avec lui à la création d'un spectacle musical consacré à Louis Mailloux, héros dramatique de la révolte de 1875 à Caraquet. Boudreau écrit le texte alors que Duguay compose les chansons. Construite dans le style et selon l'esprit des créations du jeune théâtre des années 1970 qui donnent aux chansons un rôle de mobilisation, la production intitulée simplement *Louis Mailloux*, du Théâtre populaire d'Acadie, marque le 100ᵉ anniversaire de la révolte.

La pièce connaît un immense succès populaire qui ne se démentira pas. Deux disques seront enregistrés, le premier en 1980, le second à l'occasion d'une reprise de la pièce dans le cadre du premier Congrès mondial acadien en 1994.

Entre 1975 et 1991, le TPA produit six pièces signées ou cosignées par Jules Boudreau : *Cochu et le soleil* (1977), sa pièce la plus achevée, qui reprend d'une façon imaginative le thème de la Déportation ; *La bringue* (1979), une nouvelle version de la tragicomédie initialement produite en 1975 ; *Les bessons* (1983), coécrite avec les jumeaux et comédiens Bertrand et Bernard Dugas, qui traite avec beaucoup de pertinence du rapport entre bessons ; deux pièces pour l'enfance, *Images de notre enfance* (1985) et *Des amis pas pareils* (1991), cette dernière coécrite avec sa sœur Jeannine. En 1983, le Festival acadien de Caraquet produit *La lambique*, une comédie musicale dont il a écrit le texte alors que Calixte Duguay en a créé les chansons, qui trace un portrait satirique d'une certaine société acadienne.

Louis Mailloux, extrait : Acte 1, scène 12

Louis, André, Tit-Œil, Dominique, Fabien, Xavier

XAVIER
On aurait affaire à vous parler, André.

ANDRÉ
Ah, ben disez-moi ce que vous avez à me dire.

FABIEN
C'est par rapport à l'affaire des taxes pis des écoles.

DOMINIQUE
T'as dû savoir qu'on a perdu nos syndics ?

ANDRÉ
Quossé que tu veux dire, Dominique ? T'es pu secrétaire pour les écoles ?

DOMINIQUE

C'est Philip Rive qu'est rendu secrétaire.

ANDRÉ

T'as-tu démissionné?

DOMINIQUE

J'ai pas eu besoin de démissionner! Young a fait' une assemblée hier à soir, pis y a fait' élire des nouveaux syndics.

ANDRÉ

Une assemblée? J'avais pas vu d'assemblée annoncée en nulle part. Y l'avont-y faite en cachette, leux assemblée?

DOMINIQUE

Oui, oui. Y avont notifié yenque les ceuses qu'aviont payé leux taxes: les Anglais pis une poignée de bourbons, les ceuses qui payont leux taxes! Y avont nommé Rive pis Joe Sewell, avec Jim Blackhall comme président.

TIT-ŒIL

Beau martyr! Des Anglais pour mener notre école! Des Anglais protestants!

FABIEN

Ça y fait rien qu'une job de plus', Jim Blackhall! Maître de poste, agent de douane, coroner, juge de paix!... Par chance que c'est pas des jobs qu'y est obligé de travailler!...

DOMINIQUE

Ah, Fabien, c'est des jobs qui demandont du calcul! Le calcul vaut le travail!

FABIEN

Ouais! Y doit calculer croche en blasphème, des escousses! Y est comme moi, lui là, y a pas peur d'une cruche!

ANDRÉ

Blackhall! Le chien de poche à Robert Young!

DOMINIQUE

C'est comme si notre assemblée, quand tout le monde était là pis qu'on avait voté en forme de loi pour nos syndics, c'est comme si c't'assemblée-là avait pas été faite en tout'!

ANDRÉ

Parce qu'on a refusé de payer la taxe d'école !

XAVIER

Quoi c'est qu'on fait, asteure, André ?

ANDRÉ

Quoi c'est qu'on fait ? Écoute, Xavier, c'est pas à moi de vous dire quoi faire. Vous êtes des hommes, vous êtes majeurs. Moi, je fais selon ma conscience. Le curé Pelletier nous a dit droite en chaire que la loi des écoles était une mauvaise loi, pis qu'on devrait pas payer pour la supporter. Quand y en a un plus gros que toi qui te tient par le gargoton, faut que tu te défendes avec ce que t'as ! Nous autres, ce qu'on a, c'est la taxe, qu'on peut refuser de payer pour une mauvaise loi.

DOMINIQUE

La loi à King.

FABIEN

La loi du diable !

DOMINIQUE

C'est la même chose !

ANDRÉ

En tout cas, c'est la loi qui donne nos écoles au gouvernement pis qui dit que nos enfants pourront plus apprendre leux religion pis leux langue à l'école. Ben moi, j'ai trouvé que le curé avait ben parlé. On peut pas supporter une loi qu'est contre notre religion pis notre langue. Surtout que le curé, c'est le curé, pis si qu'on peut pas se fier au curé, à qui c'est qu'on va se fier ?

DOMINIQUE

Théotime Blanchard dit pareil comme lui ! Notre député ! Pis même le député de Bathurst, à Ottawa, Tim Anglin, y est de notre bord ! Contre le gouvernement à King !

ANDRÉ

Au magasin, quoi c'est que ça dit ? Les hommes, ça doit jaser des écoles, des fois ?

DOMINIQUE

Ben, les ceuses qui venont che nous sont pas mal du même dire que nous autres. Hein, Louis? Quand y parlont des écoles, au magasin, y disont pas mal comme André.

LOUIS

Ben, y en a pas un d'zeux qu'a payé la taxe d'école. Les hommes s'ambitionnont entre zeux, y avont l'air pas mal décidés.

ANDRÉ

Pis les bourbons? Les Ahier, les Duval?... Quoi c'est qu'y disont ben de ça?

DOMINIQUE

Ah ben! les bourbons...

LOUIS

Les bourbons, y venont pas beaucoup au magasin à Monsieur Chenard. Y allont sus les Robin pis sus les Alexandre. C'est leux monde.

DOMINIQUE

Y a ben des pêcheux, itou, y pouvont pas faire autrement. Y sont réduits à zeux. Quasiment tous les pêcheux de par icitte, y devont leux chemise à ces magasins-là. Y venont pas beaucoup che nous.

XAVIER

Y oseront pas beaucoup voter contre les ceuses qui yeux donnont la farine à crédit!

ANDRÉ

Faut se mettre à leux place.

FABIEN

Blasphème! Se mettre à leux place! Se vendre pour une poche de farine!

ANDRÉ

La farine, Fabien, c'est le pain. Avant de faire lire les enfants, faut yeux donner à manger.

FABIEN

On plante des patates, on sale du hareng; on a pas besoin des Robin pour ça!

XAVIER

Tu yeux dois rien, toi, Fabien, aux Robin?

FABIEN

Blasphème! J'yeux dois ma pêche de c't'année, pareil comme toi, je crois ben. C'est pas une raison pour payer la taxe. Les Robin, c'est pas le gouvernement.

TIT-ŒIL

Moi, j'yeux dois rien! Je paye pas la taxe, mais si j'en payais, je vous garantis que je la payerais pas!

DOMINIQUE

Je sais qu'y a ben des pêcheux qui faisont affaire aux compagnies pis qu'y payont pas leux taxe pareil.

XAVIER

Nos enfants allont-y pouvoir continuer d'y aller, à l'école, si qu'on refuse encore de payer la taxe?

ANDRÉ

Là, vous me disez que Blackhall pis sa clique avont fait' une assemblée en cachette. Ça va-t-y changer la loi? Ça va-t-y la mettre meilleure? Ça me surprendrait. Moi, si la loi est pas meilleure qu'avant, je peux pas voir pourquoi c'qu'on la supporterait plus' qu'avant!

XAVIER

Toi, André, tes enfants sont tout' grands, t'es grand-père, t'as pas besoin de t'inquiéter pour ça, mais nous autres, on a des enfants...

FABIEN

Blasphème! Y resteront à la maison!

XAVIER

On s'a-t-y tant battu pour avoir une école, pis asteure garder nos enfants à la maison?

ANDRÉ

Je sais pas. Y a p't-êt'e ben moyen de s'arranger pour avoir notre école sans demander à Young pis au gouvernement de s'en occuper pour nous autres.

DOMINIQUE

Comme dans le vieux temps!

FABIEN

Blasphème, c'est ça qu'on va faire! On est capables d'engager une maîtresse d'école pour montrer à lire à nos enfants!

XAVIER

Qui c'est qui la paiera?

FABIEN

On la paiera! À la place de payer une taxe à Blackhall, pour une loi du diable, on la gardera pour notre école. On paiera une taxe d'école à Dominique, puis lui y paiera les gages de la maîtresse d'école.

TIT-ŒIL

Beau martyr!

DOMINIQUE

Ouais! Faudrait y penser. C'est ça? On va y penser? Salut, André!

Louis Mailloux, avec Calixte Duguay, 1975, p. 47-51.

Cochu et le soleil, extrait: *Acte 1, scènes 4 et 5*

Cochu, Françoise, Isabelle, Sophie, Cormier, King, Eunice, Leonard
Scène 4

KING

Bonjour, monsieur.

Personne ne dit mot. Il s'avance, suivi de Eunice et Leonard.
Monsieur, Madame, Mesdemoiselles... Mon nom est Edward King. Voici ma femme Eunice et mon fils Leonard.

COCHU

Quoi c'est qu'y a pour votre service?

KING

C'est vous qui habitez ici?

COCHU

On est che nous, oui. Quoi c'est qu'on peut faire pour vous autres?

KING

Ceci est vraiment très désagréable, mais... je suppose que vous êtes au courant de la nouvelle distribution des terres?

COCHU

C'est de même qu'y appelont ça, le piratage que les Anglais avont entorpris de faire dans le pays?

KING

Well, le gouvernement de Sa Majesté me donne la terre, ici.

COCHU

Ah? Ben je m'en vas te dire moi qu'alle est pas à Sa Majesté. Alle est à moi, icitte, Grégoire Cochu, Acadien déporté par Sa Majesté pis revenu essayer de se bâtir un autre pays!

KING

Vous n'avez sûrement pas de papiers...

COCHU

Des papiers! Non, j'ai pas de papiers! J'ai pas eu besoin de papiers, parce que je volais pas la terre à parsonne, moi! Regarde-moi les mains: les mains pleines de corne pis les doigts croches, à force de bûcher, de piocher, d'échousser, de fourcheter le foin pis le fumier! C'est ça, mes papiers, à moi! J'ai travaillé plus que Sa Majesté pour la gagner, ma terre!

KING

Oh! je suis fermier aussi, je comprends. Mais il faut bien se conformer à la loi, n'est-ce pas? Aujourd'hui, je n'ai plus d'autre terre, et vous non plus. Alors comment déterminer qui a droit d'y rester, autrement que par des papiers officiels? Eunice, please hand me the grant.

Sa femme fouille dans un sac, lui tend un papier enroulé. Il le déroule et lit :

« George the Third, by the Grace of God... »

Cochu

On s'en a fait lire un, déjà, un papier de même !

Il prend le papier des mains de King et le jette par terre.

Françoise

C'est vrai, après toute. Ça recommence.

Cochu

Si qu'on refuse ? Si qu'on dit que la terre est à nous autres, qu'on veut rester dessus, bâtir notre vie, rebâtir l'Acadie.

King

Nous avons les moyens de prendre ce qui nous appartient selon la loi, monsieur.

Cochu

La loi ! La loi ! Alle est tout le temps contre nous autres, la loi ! On a beau se tiendre tranquille, faire notre petite besogne, cultiver notre blé, la loi vient nous qu'ri' droite che nous pour nous dire qu'on est des criminels ! Pour nous autres, ç'a ben l'air que vivre, c'est contre la loi !

King

Je regrette beaucoup, monsieur, mais je suis aussi dans une situation difficile. Si je ne prends pas cette terre, je n'ai rien. J'ai tout perdu, moi aussi.

Cochu

T'as toute pardu, pis c'est moi qui va payer pour ! Tu peux venir la prendre, la terre, si t'es un homme !

Il saisit la fourche.

Cormier

Non, monsieur Cochu, ça donne rien. C'est vrai que la loi est de son bord.

Cochu

Alle est pas pour nous autres, la loi ! On est puni même quand on a rien fait ! Quosse que ça va changer si on se

défend quand y venont nous voler notre bien ? Y nous le
voleront-ti deux fois ?

Il plante sa fourche devant lui.

FRANÇOISE

Grégoire !

CORMIER

La prison, la corde... Même Beausoleil a fini par prendre le
chemin de la Louisiane...

KING

Nous sommes fatigués, monsieur. Nous voyageons depuis
cinq jours dans ce pays sauvage. Je ne veux pas discuter avec
vous. Mais je serai correct avec votre famille. Je vous traiterai
en gentleman, à la mesure de mes moyens. Vous comprenez
cependant qu'ils sont limités.

COCHU

Ah bon ! Tu nous jettes dehors, mais tu nous traiteras en
« gentleman » !

KING

Moi aussi, je suis un exilé. J'ai laissé ma maison en
Connecticut et toute la ferme. Une terre de quatre cents
acres, dans un pays beaucoup moins rude que celui-ci. Je ne
viens pas ici par plaisir, monsieur.

COCHU

C'est les Anglais, qui vous avont jeté dehors ? C'est une
moyenne race de voleurs, les Anglais, trouvez-vous pas ? Y se
volont même entre zeux !

KING

Moi, je suis un Anglais, monsieur ! Mais les rebels n'ont plus
le droit de s'appeler des Anglais. Des traîtres, tous ! Ils ont
gagné leur maudite révolution, mais cela leur retombera sur la
tête !

COCHU

Oh, vous savez ! Si y a queque chose qu'est pour tomber sus la
tête à quelqu'un, je crois ben qu'y en aurait pour les Anglais

itou! C'est p't-être ben pour les punir de ce qu'y nous avont fait que le bon Dieu a permis qu'y pardiont c'te guerre-là. Y a p't-être ben une justice, des fois, après toute!

KING

Justice! Une révolution criminelle, qui a fait mourir des femmes, des vieillards, des enfants!

COCHU

Des femmes, des vieux pis des enfants! Y a une trentaine d'années, c'étaient nos femmes, nos enfants pis nos vieux qui mouriont! C'était des Anglais, itou, qui les faisiont mourir!

KING

Apercevant les paillasses

Straw mattresses! Could you sleep on that, Eunice? Heureusement, nous avons apporté le nécessaire. Il faudra construire une bonne maison, bien sûr. Nous aurons l'aide du gouvernement loyal de Sa Majesté. Nous brûlerons cette... shack.

COCHU

Brûler! Ha! Y a des habitudes qui se pardont pas, on dirait!

KING

Je ne veux pas être plus dur avec vous que j'y suis obligé. Je vous donnerai le temps de vous préparer. Nous construirons une vraie maison et quand vous serez partis, nous brûlerons celle-ci. Mais je ne vous chasserai pas comme des indésirables.

COCHU

Pis quoi c'est que vous allez faire à soir? Où c'est que vous allez dormir?

KING

Nous dormirons ici, avec vous, dans votre maison, si vous le permettez. Nous n'avons pas d'autre solution.

COCHU

J'ai ben le regret de vous dire, monsieur King, que je dormirai pas dans la même couchette qu'un Anglais qui vient me prendre mon bien. On ira dormir dans la grange!

FRANÇOISE

Grégoire!

SOPHIE

Dans la grange!

COCHU

Moi, je dormirai dans la grange. Mais quand je dis dormir...
Y a de la belle paille dans le fenil, je me coucherai là-dessus.
À Françoise et aux filles.
Vous autres...

FRANÇOISE

On va aller avec toi, c'est ben sûr.

KING

C'est vous qui choisissez. Je ne vous oblige pas du tout. Vous
pouvez rester aussi longtemps que nécessaire.

COCHU

Rester sus une terre que je pourrais pus labourer, en te
regardant manger le pain que tu ferais avec mon blé?

KING

Nous allons chercher nos affaires. Nous revenons tout de
suite. Encore une fois, je suis désolé de ce qui vous arrive,
mais je n'ai pas les moyens de faire autrement.

COCHU

Va te pendre!

KING

Au revoir.

King, Eunice et Leonard sortent.

Scène 5
Cochu, Françoise, Isabelle, Sophie, Cormier

COCHU

Vous voyez ça: on se fait bougrer dehors une autre fois.

FRANÇOISE

On ferait mieux de ramasser ce qu'on a, le linge, les affaires
de cuisine...

ISABELLE

Pourquoi, ramasser? On peut-ti pas refuser de s'en aller?

FRANÇOISE

Non, Isabelle, on pourra pas.

CORMIER

Si que vous essayer de rester pis de les empêcher, ça sera pire : y prendront la loi.

ISABELLE

Quoi c'est qui pourrait être pire que se faire jeter dehors?

SOPHIE

On ara jamais de che nous! On s'a jamais fait conter d'autre chose que des histoires de déportation, pis là, ben c'est notre tour. Quand on ara des enfants, on pourra-ti yeu donner un pays? On a jamais pu n'avoir un!

ISABELLE

On devrait se bâtir des cabanes avec des roues!

COCHU

C'est pas le temps de rire.

FRANÇOISE

Me semble que j'arai pus la force de m'en aller de nouveau.

SOPHIE

Venez, maman. On va ramasser nos hardes, on voira après.

Françoise, Sophie et Isabelle entrent dans la maison.

Cochu et le soleil, 1979, dans *Théâtre*, p. 36-44.

CLAUDE LE BOUTHILLIER

Né le 30 juin 1946 à Bas-Caraquet, Claude Le Bouthillier obtient un baccalauréat ès arts du Collège de Bathurst (1966), une maîtrise en psychologie de l'Université de Moncton (1971) et fait sa scolarité de doctorat en psychologie sociale à l'Université de Paris 10 Nanterre (1982). Il travaille comme psychologue tour à tour en milieu scolaire et universitaire, puis en clinique et en bureau privé au Québec et en Acadie, où il vit maintenant.

Claude Le Bouthillier manie la plume comme d'autres les armes. L'écriture, qu'elle soit romanesque ou poétique, est pour lui l'occasion de défendre ses idées et de mettre de l'avant une vision de l'Acadie. C'est ce qui donne une pulsion à ses textes et un sens à l'ensemble de son œuvre.

En réaction au folklorisme privilégié par une partie de la société acadienne, il se lance dans la création de romans d'anticipation, ce que sont ses deux premières œuvres. *L'Acadie reprend son pays* (1977) raconte l'histoire d'un groupe terroriste acadien qui prend le Pape en otage afin d'obtenir l'indépendance tandis que *Isabelle-sur-Mer* (1979) invente une société acadienne plutôt charmante et bucolique. Ce rêve d'une Acadie libre hante la plupart de ses œuvres. Il va jusqu'à imaginer une Acadie indépendante dans le roman de science fiction *Babel ressuscitée* (2005), roman qui nous transporte en 2040 alors que la Terre sera sauvée grâce à l'intervention des Acadiens.

Il aborde le roman psychologique avec *C'est pour quand le paradis* (1984), qui s'attaque à l'éducation religieuse stérilisante et aux tabous sexuels. *Le borgo de l'écumeuse* (1998, prix Éloizes) et *Karma et coups de foudre* (2007) mettent en scène des personnages qui ont à lutter pour réussir à s'épanouir dans une société conservatrice et culpabilisante.

Avec *Le feu du mauvais temps* (1989, prix Champlain, prix France-Acadie) et sa suite, *Les marées du Grand Dérangement* (1994), il crée une saga historique dans laquelle la douleur occasionnées par la perte de l'Acadie originelle fait place à l'espoir d'une Acadie renaissante et radieuse. *Complices du silence?* (2004), dont l'action se déroule aujourd'hui, complète cette trilogie. L'ouvrage relie passé et présent ainsi que des éléments d'anticipation, qui ne sont pas sans rappeler ses premiers romans.

En 2000, Le Bouthillier a reçu le prix d'excellence Pascal-Poirier attribué par le Conseil des arts du Nouveau-Brunswick pour l'ensemble de son œuvre.

Isabelle-sur-Mer, extrait

Le Festival international des arts était imminent. La Fondation, avec l'aide de Jack, d'Isabelle, d'Edouard, d'Alfred et d'Agathe, avait grandement contribué aux efforts d'organisation du gouvernement acadien. Tous les pays avaient été contactés par le Ministère des arts et de la culture, et l'on y attendait une grande foule, car, en cette ère, le flux touristique était devenu une industrie très importante. Chaque localité acadienne organisait des fêtes populaires, mettant en relief l'aspect positif de l'esprit de clocher, cette version moderne de la tribu, qui permettait une fierté et une identité locale et qui, souvent, stimulait la créativité et la débrouillardise. Les conteurs étaient légions. C'était un peu les mille et une nuits acadiennes, qui commençaient par une période de réchauffement, pour aboutir à un réveil des sens. Depuis déjà de nombreuses années, les ethnologues et les linguistes avaient redécouvert toute la richesse du vieux parler acadien, celui de la Tourraine, du Berri et du Poitou, le parler de la cour et du roi Henri IV. Tout ce qui s'inspirait de la parole était imprégné de cet accent et de ces mots.

La première partie du festival prévoyait des jeux, des scénarios d'imagination et des psychodrames. On avait choisi, comme lieu de libération, la Péninsule acadienne. Dans les replis de la côte et des échancrures du littoral, de l'île de Pokeshaw à l'île de Pokesudie, il y avait foule. On avait préféré le bord de la mer, car celle-ci, source de toute vie, prédisposait à l'indépendance et à la création. Elle appelle le changement, et le mantra des vagues est un baume guérisseur.

Au sommet du phare, dans la baie de Maisonnette, flottait au vent le premier drapeau acadien, celui de la convention de Miscouche de 1884. On l'avait sorti du musée de l'Université, et un descendant de la mère Belliveau, celle qui avait fait ce drapeau, l'avait hissé au sommet. On était loin du drapeau de la galère et des galériens.

Les festivités débutèrent le 3 septembre. Un groupe de sages avait choisi cette date en fonction du climat, des vents et de la conjoncture astrale. Ce groupe de sages était formé de gens très âgés, hommes et femmes du pays, qui donnaient leurs suggestions et leurs conseils. C'est ainsi qu'on avait proposé une messe d'ouverture célébrée par le Cardinal Leblanc, où l'on utiliserait le calice et une patène en or datant de 1734, offerts par le roi Louis XV. Ceux-ci avaient été recueillis par le musée de l'Université. On avait suggéré, aussi, de faire sortir, du même musée, quelques canons du fort Beauséjour et d'utiliser des boulets de Louisbourg pour un tir d'ouverture. Louis en fut très impressionné.

—Tu te rappelles, s'exclama-t-il, lors de notre voyage en Angleterre, lorsqu'on a assisté au Palais de Buckingham au tir du canon? Comme nous étions fiers de nous promener avec nos passeports acadiens, surtout lorsque le roi nous a dit: «Vous êtes si charmants, vous devez venir d'un pays bien spécial!».

C'était l'Acadie à l'heure de l'arche de Noé où toutes les races et les peuples avaient envoyé des représentants. La diffusion était internationale et efficacement assurée par la base lunaire. Chaque peuple avait emmené avec lui les animaux, les plantes et les objets auxquels il s'identifiait et qui meublaient son inconscient collectif. L'Acadien n'avait pas oublié la goélette, la barque, le treuil; ces objets, ces fantômes du présent qui l'avaient regardé vivre. Il n'oubliait pas, non plus, toutes les valeurs de la mer qui imprégnaient son esprit.

Les chercheurs tombaient d'accord pour reconnaître que la crise actuelle provenait de la perte de la capacité de jouir de la vie. On découvrait de plus en plus que le plaisir, c'est sérieux, et que c'est ce qui découle quand on est sur la piste de la découverte de soi. Il fallait donc, par les jeux et les séances d'imagination, développer sa capacité d'accès au plaisir. Chaque peuple avait son scénario. Pour les latins, le plaisir s'exprimait par un rythme, comme celui de se bercer, et tous leurs jeux étaient teintés de balancement. Pour d'autres, avant d'atteindre le plaisir, il fallait exorciser la soumission et la culpabilité, qui collaient à la peau. L'Acadien en avait encore des relents, malgré son long cheminement, ayant vécu les archétypes du peuple martyr, à l'aide d'une religion toute puissante, qui valorisait la souffrance. À certains niveaux, il était encore atteint de ce mal et, sur de grandes scènes ayant noms Feux Chalins, Escaouette, etc., on rejouait des épisodes du passé où la religion contrôlait tout. Les Acadiens, dans leur psychodrame, utilisaient beaucoup la satire, qui était, finalement, un des traits qui leur avait permis de survivre, en ridiculisant soit le pouvoir, soit l'ennemi, ayant ainsi l'impression d'exercer un certain contrôle.

Pour les Noirs, leurs jeux mimaient des postures d'esclavage et d'humiliation, avant d'atteindre le fond de la dignité. Les

Allemands faisaient éclater les points de tension et de stress de leur rythme de vie. Pour certains, comme les Japonais, les jeux leur permettaient de délimiter un espace, des ressources et des limites que leur forte appartenance à une race n'avait délimités que sur un plan collectif. Pour d'autres, les Ukrainiens, les Kurdes, c'était le contraire, et, pour ce faire, ils rejouaient des scénarios de colère. Tous les peuples exprimaient, d'une façon intensive, leur mode de vie urbain et moderne. Le rythme, qui s'accentuait, essoufflant, en faisait ressortir l'aspect artificiel et permettait, ainsi, une meilleure prise de conscience.

Isabelle-sur-Mer, 1979, p. 139-142.

Le feu du mauvais temps, extrait

Plus par souci d'économie que par humanité, Winslow avait demandé que chaque famille nourrisse ses membres faits prisonniers. Cela permit à Tristan de retrouver presque chaque jour les êtres qui lui étaient si chers et de connaître l'alternance des moments de joie, de tendresse, et des moments de colère. Il s'était remis de son coup sur la tête et n'arrêtait pas d'échafauder des plans d'évasion. Mais comment? Il avait beau se torturer les esprits, il ne trouvait pas de réponse à cette lancinante question. D'autant plus que la surveillance s'était accrue depuis le 8 octobre, quand vingt-quatre hommes s'étaient sauvés de la goélette *Léopard* et du sloop *Endeavor*, à l'instigation de François Hébert, aventure qui devait se terminer mal puisqu'on brûla les maisons des évadés, que deux d'entre eux furent tués et que, cédant à la menace de représailles contre leur famille, tous les autres se rendirent.

Au village, on ne parlait que des absents. Le bassin des Mines était devenu la terre des veuves et des orphelins. Le vieux Clairefontaine n'était sorti de son mutisme qu'une seule fois, au moment où les Anglais avaient confisqué, pour Winslow, les chevaux noirs auxquels il était très attaché.

—Les scélérats! Il y a bien cent mille têtes de bétail en Acadie, et ces hérétiques vont toutes se les approprier! avait-il hurlé, hors de lui.

Le 19 octobre, l'embarquement commença à la Pointe-aux-Boudrot. Un défilé de charrettes chargées pêle-mêle de malles et d'objets emportés à la hâte. Il y avait des femmes enceintes, d'autres portant des nourrissons, des fillettes craintives qui serraient leurs poupées de chiffon, des infirmes traînés sur leurs grabats, des vieillards transportés sur des charrettes; un véritable cortège funèbre où l'on entendait les pleurs des déportés ainsi que les jurons et les ricanements des soldats. Et les familles éparpillées sur les navires surchargés. Le désespoir aussi pour Angéline, Mathilde et papa Clairefontaine, car le navire sur lequel Tristan avait été embarqué était plein, et ils devaient attendre les prochains bateaux de transport, nolisés par l'agence Apthorp et Hancock de Boston. Une curieuse agence de voyage qui ne se souciait pas tellement du bien-être de ses passagers! Surtout que, pour diminuer les coûts, elle avait choisi des navires qui transportaient des marchandises en des points bien précis des colonies américaines. Le départ des déportés avait été retardé plusieurs fois en raison des délais d'approvisionnement, mais le sursis prit fin dans les derniers jours d'octobre. Escortés par trois navires de guerre, quatorze bâtiments venant des Mines rejoignirent les dix autres de Beaubassin et emportèrent près de quatre mille infortunés vers leurs lieux d'exil. Ceux qui attendaient les prochains navires, destinés à la Grand'Prée et aux paroisses de l'Assomption et Sainte-Famille de Pigiguit, ou à celles de Saint-Pierre et Saint-Paul de Cobeguit, restaient saisis de désespoir et priaient pour un miracle. Mais ces premiers départs forçaient à se rendre à l'évidence: les êtres chers étaient partis! Et, que ce soit à marée haute, à marée basse, de jour ou de nuit, par temps couvert ou ensoleillé, les voiles avaient disparu à l'horizon.

Dans la maison des Clairefontaine, Mathilde, Angéline et leur père traversaient des moments de peine, de désespoir, de colère, de résignation. Papa Clairefontaine émergea finalement de son silence pour annoncer ce qui aurait pu passer pour une bonne nouvelle.

—J'ai appris que Tristan fait route vers la Caroline du Sud à bord du *Prosperous*.

À ces mots, une lueur s'alluma dans le regard d'Angéline et dans celui de Mathilde, réconfortées de pouvoir nommer un lieu, un climat, décrire un espace, imaginer les plantations de coton, bref, s'accrocher à un repère.

—Espérons qu'il sera mieux traité que les esclaves noirs des plantations, sanglota Angéline.

—Allons le rejoindre maintenant que nous savons où il est, proposa Mathilde, forçant un sourire chez son père et sa sœur.

Sans un vaisseau, c'est impossible, dit papa Clairefontaine. Ça prendrait plusieurs mois pour traverser les forêts et franchir les montagnes. Et puis, on n'irait pas loin, avec l'hiver qui s'annonce. Mais, qui sait, on visitera peut-être ces contrées aux frais de la Couronne britannique, ajouta-t-il.

Angéline, transie par le froid de l'automne, s'était rapprochée de la flamme.

—Pauvre Tristan. Je frissonne pour lui qui est sur ces mers glaciales. Et je ne suis pas là pour le réchauffer, le réconforter. Il ne me reste qu'à espérer que le temps passe et que mon fiancé me revienne. Elle fredonna:

«Sous le firmament,
Tout n'est que changement.
Tout passe.
Et quoique l'homme fasse,
Ses jours s'en vont courant,
Plus vite qu'un courant,
Tout passe...»

Mathilde prit sa harpe et commença à pincer quelques cordes pour accompagner Angéline.

«...Jeunesse en beauté,
Plaisir, force et santé,
Tout passe.
Tout se flétrit, s'efface.

Rien ne résiste au temps.
Comme une fleur des champs,
Tout passe... »

Cette chanson eut un effet calmant sur la maisonnée, au point que le père Clairefontaine tomba endormi dans son fauteuil.

Mathilde avait rangé sa harpe et était sur le point d'aller se coucher lorsqu'on frappa à la porte. Inquiète, se demandant qui venait à cette heure tardive, Angéline alla ouvrir. Elle ne souhaitait surtout pas voir la face d'un soldat anglais, qui ne pouvait qu'apporter des mauvaises nouvelles ! Elle crut halluciner lorsqu'elle reconnut Tristan, bien vivant, en train de grelotter. Folle de joie, elle lui sauta au cou, le fit entrer et l'installa près du feu. On n'en finissait plus de lui faire répéter son histoire, même le père Clairefontaine, qui n'avait subitement plus sommeil du tout. Et Tristan conta son aventure.

—Après le coucher du soleil, une fois le bateau au large, j'ai réussi à monter sur le pont. Vu le froid et la force des vagues, les Anglais ne pouvaient s'imaginer que je sauterais à la mer. J'ai nagé jusqu'au cap Blomidon. Vingt fois, j'ai cru sombrer, tant les eaux étaient glacées, mais la pensée que vous m'attendiez au chaud m'a donné courage de continuer.

Papa Clairefontaine lui offrit un bon rhum chaud.

—Il n'y a rien de mieux contre les frissons, lui assura-t-il.

—Je vais te frictionner. Viens près du feu, commanda Angéline affectueusement.

Mathilde aussi eut son mot à dire. Elle ne voulait pas passer inaperçue.

—Aimerais-tu que je te joue une berceuse sur ma harpe ?

—Ça me ferait bien plaisir...

Quelques instants plus tard, Tristan dormait profondément, revigoré par la tendresse d'Angéline, la chaleur du feu et la musique de la harpe. Mais le mal était fait et toutes ces attentions ne suffirent pas à empêcher la fièvre de terrasser Tristan. Au matin, le corps brûlant, il commença à délirer ; il projetait de détruire les digues et les aboiteaux, comme l'avait fait un groupe d'Acadiens de Port-Royal en 1704 devant l'envahisseur. Ils avaient inondé leurs terres, comme les Hollandais à l'arrivée des troupes de Louis XIV. Il parla ensuite de creuser un tunnel jusqu'à la rivière Gasparot. Angéline comprit qu'il pensait à sa tentative d'évasion de l'enclos de Grand'Prée, juste avant l'embarquement, lorsqu'il avait entrepris, avec d'autres, de creuser un passage, idée qui lui était venue en pensant au succès d'un groupe d'Acadiens qui, à la fin septembre, avaient fui le fort Beauséjour de cette façon.

L'inquiétude remplaça la joie dans la demeure des Clairefontaine. Il tomba un peu de neige durant la première journée de novembre, et Tristan, dans son délire, décrit la manne du désert qui viendrait sauver le peuple choisi. Le soir, il vit des lueurs de feu danser sur les murs et des ombres chinoises y dessiner le visage du diable. Il aperçut des «Habits rouges» en train de rôtir dans les flammes de l'enfer. Au fond, il ne délirait pas vraiment, car il y avait effectivement des incendies au village d'à-côté, à Rivière-aux-Canards. Des maisons qui s'embrasaient comme des buissons ardents. Winslow venait de signifier aux Acadiens qu'il n'était plus question de revenir. Une fumée épaisse s'élevait au-dessus des toits de chaume. Les chiens, abandonnés, fidèles à leur rôle de gardiens, hurlaient près des demeures et, en maints endroits, croyant que le jour se levait, les coqs chantèrent. Tristan entendit les trompettes, et les murs de Jéricho tombèrent; c'était plutôt le clocher de l'église qui s'écroulait dans un fracas épouvantable, soulevant une gerbe de feu et un charivari de cloches. Scénario de feux et de rapines qui se répétait ailleurs: à Memramcook, à Tintamarre, à Port-Royal; des milliers de maisons, plus d'un siècle de labeur, qui s'évaporaient en cendre.

Les soldats qui avaient temporairement épargné le village (parce qu'ils y habitaient) ne tardèrent pas à découvrir la présence de Tristan. Mais le père Clairefontaine réussit à négocier qu'il demeure sous bonne garde dans sa maison. Ce qui ne fut pas trop difficile, puisque le village était devenu une prison et que Tristan ne pouvait fuir autrement qu'en délire. Mais surtout parce que toutes les économies qu'avait accumulées le père Clairefontaine depuis cinquante ans, ces économies cachées dans un coffret lui-même enfoui dans la terre près d'un cerisier, avaient fait tomber leurs dernières réticences. Au début de décembre, Tristan était assez bien remis, et ses projets d'évasion le reprirent. Mais l'hiver était aux portes, et les sentinelles veillaient. Une autre «croisière» fut annoncée pour le 11 décembre, dans les vieux rafiots venus d'Halifax, de Boston, de New York, qui prendraient leur quota de misérables. Un soir de marée haute, l'embarquement commença. Les familles étaient divisées. Pêle-mêle, des hommes, des femmes et des enfants entreprenaient leur triste voyage vers des terres inconnues. Excellente diversion que la dislocation des familles pour tuer le moral des hommes valides et les rendre incapables de faire la guerre! Angéline et son père furent contraints de monter à bord du *Cornwallis*, qui avait pour destination la Virginie. Les protestations de Tristan ne changèrent rien au sort qu'on lui destinait et on dut le ligoter pour le conduire sur le *Prince Frederick William*.

Envahie par le chagrin, Mathilde attendait sur la grève. Elle vit des gens prostrés autour des feux et d'autres qui s'agitaient sans but, des mères qui appelaient leurs enfants disparus et des enfants qui pleuraient l'absence de leur mère. Elle aperçut la vieille Octavie, qui ramassait une poignée de terre pour l'emporter en exil. Quand son tour vint et qu'on lui annonça qu'il n'y avait plus de place ni sur le *Cornwallis* ni sur le *Prince Frederick William*, elle résolut de s'enfuir.

En retournant vers la demeure paternelle, Mathilde remarqua les bêtes affamées qui beuglaient dans les granges, du moins celles qui n'avaient pas encore été réquisitionnées par les Anglais. Il n'y avait plus de fumée qui sortait des cheminées; seules les girouettes s'agitaient sur les toits, frénétiques, comme pour annoncer leur ultime adieu. Elle arriva enfin à la maison. Par terre gisaient le damier de son père et des morceaux de porcelaine. La faim la tenaillait. Elle trouva de quoi se confectionner une tartine au miel qu'elle dévora en se demandant ce qu'elle allait devenir.

—Au moins ils sont toujours vivants, soupira-t-elle, et je connais la destination de leur bateau...

C'est alors qu'elle entendit aboyer. Le brave Quenouille l'avait retrouvée. Elle resta pelotonnée contre son fidèle ami quelques instants, puis elle repartit vers la grève et les feux qui s'éteignaient un à un, à mesure que les bateaux levaient l'ancre. Cette nuit-là, elle se cacha dans les hautes herbes de la côte et s'endormit, blottie contre le pelage de Quenouille comme dans une couverture. Elle se réveilla aux premières lueurs de l'aube, transie par le froid de l'hiver, pour découvrir que le cauchemar de la nuit précédente n'était pas un rêve. Sur la côte, des meubles, des malles, des objets de valeur que les réfugiés, entassés comme des sardines à bord des navires, avaient dû laisser derrière eux. Ne sachant où aller, elle s'aménagea finalement une cachette dans le caveau à légumes du vieux Nazaire ; elle y apporta sa harpe, du pain et des pots de confiture à l'eau-de-vie. Il lui arriva d'entendre des coups de feu et, un soir, elle évita de justesse les soldats qui fouillaient les alentours afin de débusquer des fugitifs.

Les derniers vaisseaux partirent le 20 décembre et, ce jour-là, le village de Grand'Prée fut vidé de ses habitants. Un silence strident comme le bruit d'une vrille s'installa. Alors, quelque chose se brisa en Mathilde. Elle erra durant des heures dans les ruines calcinées, sans se préoccuper de la présence des soldats qui occupaient les maisons en sursis. Elle n'osait pas faire de feu ; sa seule source de chaleur était le brave Quenouille, qui la regardait de ses grands yeux tristes. Elle se sentit de plus en plus frileuse, et la fièvre s'empara d'elle. Puis son estomac se révolta, parce qu'elle s'était trop longtemps nourrie de légumes froids, de pommes gelées et de cauchemars.

La neige tomba toute la journée du 21 décembre, et des coulées blanches recouvrirent le cap Blomidon. Au crépuscule, Mathilde crut voir scintiller au-dessus du cap une améthyste, pierre sacrée que les Micmacs appelaient œil de Gluskâp[1], du

---

[1] Chez les Micmacs, maître des hommes et des animaux, aussi appelé Gouseclappe.

nom d'une divinité, et présage heureux des dieux. Elle avait grand besoin de leur aide, car l'hiver s'annonçait terrible, à voir les renards dans leur épais pelage. Le soir de Noël, Mathilde, recroquevillée dans sa couverture piquée, entourée de navets, de carottes et de choux, ne se sentit plus la force de sortir du caveau. La fièvre s'intensifia jusqu'au délire où alternaient rêves de fées et visions monstrueuses. Et Angéline n'était pas là pour la bercer, la soigner, lui servir une tisane au miel, bien chaude, et pour frictionner son corps avec un mélange d'alcool et de camphre. Elle imagina le rire de Tristan, le tintement des petites clochettes du troupeau, le carillon de l'angélus, le martèlement de l'enclume de Nazaire, tous ces sons familiers et rassurants de son quotidien d'avant les déportations... et l'écho des chansons du Poitou qui avaient traversé un océan pour agrémenter les soirées, rebondissant dans les vergers de pommes, de prunes, de poires, alors que, tout près, le flot tumultueux de la rivière Gasparot remplissait avec fracas son sillon de vase rouge. Elle imagina les champs de blé, d'orge, de sarrasin et de chanvre, les carrés ordonnés, le long des pentes et des marais soigneusement asséchés à l'aide des aboiteaux. Elle se berça dans ces moissons dorées et ces terres fertiles où apparaissaient le rouge des vergers, l'orange des feuilles d'automne, le vert des pins. Elle s'abandonna aux hautes marées du bassin des Mines, qui venaient langoureusement caresser les digues, les plus hautes du monde (quarante-cinq pieds), surtout à l'équinoxe et à la pleine lune. Elle se rappela la sérénité de papa Clairefontaine pêchant les sardines sur la Gasparot alors que, à côté, un aboiteau attendait que la pluie du ciel dilue le sel de la mer pour que poussent les tiges d'or. Elle aperçut Nazaire escaladant dans une nappe de lumière le cap Fendu. Elle se revit à l'âge de trois ans, avec maman Clairefontaine qui lui racontait des histoires tout en tricotant et tout en imprimant à son berceau un léger balancement au moyen d'une corde relié à son fauteuil. Elle se rappela aussi des odeurs : celles des vergers en fleurs, celles des pommes fraîches et du pain sortant du four, celle, plus âcre, de la fumée de la pipe de papa Clairefontaine, qu'elle respirait quand il la berçait pendant qu'elle dégustait sa tartine de miel et son fromage blanc.

Mais les tourments revinrent. Elle eut des visions...et les empreintes de Satan lui apparurent alors que les visages sans espoir descendaient des routes poussiéreuses menant à des bateaux ancrés au large. Encerclée par des soldats, une procession lugubre d'hommes et de femmes désespérés, d'enfants inquiets et de chiens hurlants errait dans les ruines fumantes. Elle aperçut au loin les montagnes de Cobeguit dont la crête se perdait dans le bleu du ciel alors que le gris de la fumée montait des maisons en flammes. Ce soir-là, un cauchemar plus horrible que les autres l'éveilla en sursaut : un navire avait sombré dans l'océan, emportant Tristan, Angéline et son père. Elle ne savait pas encore qu'une épidémie s'était propagée sur le *Cornwallis* et que la moitié des malheureux, y compris papa Clairefontaine, avaient péri et qu'à Charleston, en Virginie, on rejetterait vers l'Angleterre ceux qui n'étaient pas déjà morts. Elle ne savait rien de tout ça mais, en jetant un regard sur la baie gelée, elle aperçut (ce n'était plus un rêve) des boules de feu qui roulaient sur la glace comme des tonneaux, des boules dans lesquelles elle voyait des vaisseaux en flammes. Et lorsqu'elle entendit des bruits de chaînes, elle n'eut plus le courage de continuer à se battre. Elle sentit la mort s'approcher de la porte du caveau, la vie peu à peu la quitter et, appuyée contre Quenouille qui gémissait, elle sanglota comme les saules pleureurs de la Grand'Prée, des sanglots qui lui revenaient amplifiés par l'écho des cheminées noircies, des puits et des digues. La grande misère!

Le feu du mauvais temps, 1994, p. 141-148.

Karma et coups de foudre, extrait : *Chapitre XI*

De confidences en confidences, ma mère réussit à me parler de son mystère douloureux : mon père. Cela fut difficile ; elle pleura en évoquant son passé. À quarante et un ans, toujours vierge, elle avait rencontré un aviateur russe alors qu'elle était maîtresse de poste à Miscou; c'était en 1954. Cette année-là, en effet, Khrouchtchev avait envoyé son meilleur pilote porter un message de paix aux Américains à la Foire internationale de New York. Partant de Léningrad avec un navigateur, Vladimir, as de l'aviation russe — l'équivalent russe de Charles Lindberg —, devait effectuer un vol direct sans escale de Moscou à New York en passant par le cercle polaire. Le froid avait déréglé les instruments et, même à trente mille pieds, il était impossible de percer le brouillard. Si près du but après dix-huit heures de vol, le bombardier rouge avait dû atterrir sur la plaine de Miscou, dans un champ de tourbe qui leur avait sauvé la vie, car l'avion s'était enfoncé de trois pieds dans le sol spongieux. Moscou-Miscou!

Ma mère avait eu le coup de foudre pour Vladimir et j'étais le fruit de ce bref interlude. Elle se souvenait d'un moment d'extase, allongée sur un tapis de bruyères rouges dans un crépuscule rougeoyant. Puis tout s'est déroulé rapidement. Il était reparti. Vladimir s'était rendu à New York à bord d'un avion prêté par le milliardaire américain Vanderbilt. L'avion russe avait été démonté deux mois plus tard — ma mère avait tant rêvassé auprès de ce monstre mécanique —, puis envoyé à Leningrad via le port d'Halifax. Elle vécut sa peine d'amour en même temps que l'ostracisme de ses compatriotes. Mais une vie bougeait à l'intérieur d'elle et cela lui donna, me confia-t-elle, une raison de vivre. En souvenir de son amour, je portai le nom de mon père, auquel elle ajouta Xavier, le saint qui correspondait à la journée de ma naissance.

Elle me montra des articles de journaux, car la nouvelle de l'atterrissage à Miscou avait fait le tour du monde. Des reporters américains étaient venus. Il en était resté au bureau de poste une grande affiche où elle était photographiée avec mon père. Elle avait tenté de le rejoindre, mais toutes les lettres envoyées à l'ambassade russe à Ottawa étaient restées sans réponse. Ma mère avait gardé un lien avec un juif roumain — maintenant décédé —, propriétaire d'un magasin de vêtements à Bathurst et qui avait servi d'interprète. Elle avait entretenu le souvenir avec l'interprète, lequel parlait de mon père comme d'un homme enjoué à l'esprit scientifique. Et grand joueur d'échecs. Un jour, elle avait déniché un journal russe avec une photo de Vladimir recevant, en tant que pilote de guerre, la médaille des héros de l'Union soviétique. Il n'y avait rien d'autre à dire, mais ces confidences me firent du bien et me rapprochèrent de ma mère. Elle avait enfin livré son secret — connu de tous —, ce qui l'avait aussi libérée.

Tout cela expliquait peut-être ma passion pour l'hiver, la littérature et l'histoire russes, et les échecs. J'avais une collection de ce jeu provenant de divers pays. Je voyais des points communs entre les Acadiens et les Russes : l'endurance, le mysticisme, le fatalisme... J'avais peut-être hérité de mon père ma curiosité scientifique.

✤ ✤ ✤

J'avais terminé mes études en sciences à Moncton. J'étais content de quitter cette ville avec laquelle j'avais peu d'atomes crochus. Avant de poursuivre en astrophysique à l'Université de Montréal, je partis quelque temps au Mexique, pour essayer de trouver un sens à ma vie. En vacances, j'aurais dû être bien ; mais non, même dans ce décor idyllique me revenait sans cesse l'image d'Ariane. La beauté, l'exotisme, le calme faisaient ressortir davantage le souvenir de l'être aimé. J'avais lu quelque part que chez certains le premier amour est particulièrement tenace ; j'en étais un exemple vivant. Mais au fond, je me disais aussi que c'était plus une dépendance à un fantôme et une idéalisation qu'un amour véritable. J'oscillais constamment entre l'infiniment petit et l'infiniment grand : mon petit moi et l'espace. J'en profitai pour visiter un observatoire qui datait de l'époque des Aztèques. La précision de leurs calculs était fascinante. Je revins avec le célèbre calendrier aztèque incrusté dans une pierre verte, ronde et plate, calendrier qui, curieusement, semblait s'arrêter en 2012. Pourquoi ? La fin du monde était-elle en vue ? Je me concentrai sur cette énigme.

À Montréal, je revis Ariane dans son club ; elle était fanée, elle avait des traces de piqûres sur les bras et elle se dirigeait lentement mais sûrement vers la fange. Elle était incapable d'éprouver de l'amour à mon égard ; j'éprouvai de la pitié à la voir si maigre et si terne. Je pris une décision ferme : celle de ne plus la revoir ni de chercher à avoir de ses nouvelles.

Pendant mes études en astrophysique à Montréal, j'eus la chance de travailler comme assistant de recherche. Ainsi, j'avais une relative autonomie financière. J'aspirais encore au grand amour. Mais rien ne semblait vouloir satisfaire ma quête d'absolu. Je m'étais jeté dans une poursuite effrénée de sexe et d'affection, comme si je voulais me venger par l'excès. Ma dernière flamme, vacillante comme un bec à gaz mal alimenté, et qui était chimiste de profession, ne m'attirait pas assez.

Le Créateur aurait pu me doter d'une faible libido ; eh bien, non ! Je savais que ce besoin exacerbé de tendresse et de fusion allait au delà de mes échecs amoureux, qu'il avait pris racine dans un manque profond de l'enfance. Je dus admettre avec douleur que je n'arrivais pas à établir une relation amoureuse satisfaisante. Je me sentais comme un imposteur incapable de livrer la marchandise. Et j'avais besoin de tendresse et de sexe comme un drogué, d'autant plus que mon sens le plus développé était celui que l'on qualifie de kinesthésique : toucher, être touché me permettait de m'abandonner comme un enfant, de laisser tomber toutes mes défenses, de stopper l'activité effervescente de mon cerveau, de recharger mes accus. Je me consolais en me disant que j'aurais pu passer mon temps à amasser mes sous, à manger, à astiquer ou à envier le voisin.

Dans ma quête de sens, j'entrepris des lectures sur la Bible, le Coran, le Bhagavad-gītā... Je plongeai dans les réflexions de Tagore, de Krishnamurti... mais le zen tardait à venir. Teilhard de Chardin, comme scientifique et mystique, continuait à me fasciner par ses recherches sur les origines de l'homme et sa tentative d'allier science et religion en paléontologie. Je me sentais par moments révolté par la rigidité de l'institution qui trouvait dangereuses ses théories sur la matière et ses tentatives de concilier science et foi. Mais comme tout bon jésuite, il dut obéir.

Je dévorai le livre *Cosmos* de Carl Sagan — un des fondateurs de l'exobiologie —, puis celui d'Hubert Reeves, *Patience dans l'azur*, qui venait de paraître et dont tout le monde parlait. Sans trop m'en rendre compte, je me tournais peu à peu vers la religion de mon enfance que j'avais complètement rejetée. Enfant, j'avais acquis une vaste expérience comme servant de messe au visage angélique, le préféré du curé. La parole «Laisser venir à moi les petits enfants» de l'enseignement biblique était tout de même interprétée par ce curé, qui ne réprimait que les désirs concernant le sexe faible. Il faisait des crises en chaire contre le démon de la chair et, l'été, contre les femmes en culottes courtes qui venaient de Montréal; en fait, à le voir vociférer, la bave aux commissures des lèvres, on croyait entrer dans l'antichambre de l'enfer, on croyait voir le démon et sa grande fourche.

La famille de mon père adoptif était d'un puritanisme démesuré. Un de mes oncles faisait jurer sur la Bible à ses enfants, la main posée sur le livre saint, qu'ils n'avaient pas fait tel mauvais coup. Difficile de choisir d'aller en enfer avec un faux serment. Je connaissais bien la Bible illustrée, surtout l'Ancien Testament, qui parlait d'un Dieu sévère et punitif et d'une méfiance profonde face au plaisir. Je me souvenais de cette image de l'enfer et de la sentence: «Toujours, jamais». Il y avait encore cette image sur laquelle un damné demandait à un ami au paradis de lui donner une goutte d'eau, mais où l'autre refusait. Je ne sais si c'était dû à ma grande sensibilité ou à ma naïveté d'enfant, mais j'avais l'impression que tout cela était faux. Je me sentais coupable de ne pas entendre l'appel. La grâce ne m'atteignait pas. Aucune attirance pour le divin. Je trichais — en regardant — lorsqu'on élevait l'hostie, lors de la procession du saint sacrement; je ne voyais qu'un rond blanc et l'or de l'ostensoir. Rien d'autre, je le jure!

Le matin de Pâques — je me souvins de Teilhard qui était décédé en ce jour —, en écoutant les cloches de la cathédrale

Notre-Dame, je vécus une crise mystique pendant laquelle je me sentis planer dans la béatitude, un moment de bonheur indescriptible à côté duquel mes orgasmes passés étaient bien fades ; pourtant, j'étais sobre. Un éblouissement mystique, le vœu de bien des moines. Il me semblait avoir trouvé la réponse sur l'origine de l'univers et le sens de la vie. Je me voyais comme un créateur, un artiste des sciences, et je voulais, moi aussi, concilier science et foi. Une sorte de transe, d'état altéré de la conscience difficile à décrire, duquel je sortis transformé. Certains diront qu'il s'agissait d'une crise de folie.

J'entrai au séminaire. Une vingtaine de séminaristes, dont la moitié étaient gais, quelques-uns pratiquement asexués, et trois ou quatre comme moi, devaient renoncer à la femme pour l'amour de Jésus. On en parlait ensemble. J'étais le plus obsédé du groupe. Pendant un temps, je réussis à vivre dans la chasteté la plus totale. Jusqu'au printemps suivant, alors que les robes froufroutant dans le vent et les minijupes me harponnèrent, de pair avec le désir de vivre le *peace and love* de ces années de folie. Tiraillement titanesque entre l'ange et le démon. Entre l'authenticité et le dévoilement, ne pas mentir. Ma vocation religieuse, que j'avais embrassée par suite des trahisons d'Ariane et de mes difficultés d'engagement devint un combat sans fin contre les démons de la chair, rechute dans la masturbation, abstinence de la femme, pénitence et rechute encore dans les mauvais touchers. J'étais carrément en train de devenir fou ; je me disais donc qu'il valait mieux tomber et me relever que sombrer définitivement dans la folie.

Mes anges gardiens veillaient. Ils placèrent sur mon chemin une solution éphémère : la belle Esther, une juive rencontrée lors d'un séminaire sur les religions comparées. Elle menait une vie plutôt libertine, et la sensualité lui sortait par tous les pores de la peau. Des nuits folles et sensuelles avec une fille d'Israël, avec qui je retrouvais l'histoire de mon enfance, celle du peuple juif que nous avions apprise. J'étais un peu jaloux, car les juifs avaient eu pendant quelques millénaires une civilisation basée sur le Livre inspiré de Dieu, alors qu'en Acadie nous ne savions lire et écrire que depuis peu. Comme peuple choisi par Dieu, les juifs pouvaient nous regarder de haut. De plus, ils nous avaient refilé un juif dont ils n'avaient pas voulu, le Christ, qui avait influencé toute la civilisation occidentale. Nos héros étaient David, Ézéchiel, Moïse, Noé et quelques prophètes fous. Nous connaissions mieux les noms et l'histoire des lieux bibliques que ceux des villages des alentours! Et au lieu de parler d'Athanase dans la cale aux morues, on nous rebattait les oreilles avec l'histoire de Daniel dans la fosse aux lions. Et au lieu de nous parler de la force fabuleuse de Louis Cyr ou de Joe Ward, on ne tarissait pas d'éloges sur Samson. On cachait soigneusement tout ce qui touchait au péché de la chair, et mon père ne savait quoi répondre face aux orgies de Salomon ou aux vierges qui réchauffaient la couche du roi David pour lui donner un peu d'entrain.

Mais l'idylle avec Esther ne dura que jusqu'au moment où le sujet des Palestiniens sema la discorde entre nous. Je ne pouvais accepter qu'Israël traite les Palestiniens de façon inhumaine. Ils étaient pourtant cousins. En effet, le patriarche Abraham avait couché avec sa servante, qui avait enfanté Ismaël, duquel était issu le peuple arabe, alors que sa femme légitime, Sarah, quasiment centenaire, avait eu, peu après, avec la grâce de Dieu, Isaac, de qui descendait le peuple d'Israël. Rien de pire que les chicanes de famille; la nôtre finit par envenimer notre relation de façon irréversible.

Karma et coups de foudre, 2007, p. 42-47.

ULYSSE LANDRY

 Ulysse Landry est né le 24 juillet 1950 à Dupuis Corner (Cap-Pelé, Nouveau-Brunswick). Il obtient le baccalauréat ès arts de l'Université de Moncton en 1972. Auteur compositeur interprète, il s'adonne à divers métiers (manœuvre, employé de bureau, charpentier, personne ressource au Centre d'aide en français de l'Université de Moncton) tout en se produisant en spectacle. En 1997, paraît un disque compact, *Prendre le temps*. Il décède subitement le 3 novembre 2008.

Dans toutes ses œuvres, Landry dénonce les injustices et les abus de pouvoir. Le ton change au fil des ans : *Tabous aux épines de sang* (poésie, 1977) est un cri de colère tandis que *Sacrée montagne de fou* (roman, 1996, prix France-Acadie) aboutit à la folie, la contestation pure étant un cul-de-sac. Dans *L'espoir de te retrouver* (poésie, 1992), on sent la sourde désespérance qui s'empare du poète quand il contemple ce qui reste de ses impossibles rêves de jeunesse. Dans *La danse sauvage* (roman, 2000), Guillaume, le jeune homme qui en est le personnage principal, se bat pour faire respecter l'écologie et pour améliorer la société, mais il n'a pas assez de maturité pour dépasser la simple dénonciation.

Sa conscience de l'état délabré de notre planète, son désir que l'Homme parvienne à se dépasser fondent la douleur de vivre que Landry exprime dans le recueil *L'éclosion* (2001), dernière œuvre publiée.

Demande de subvention

Petites mains
Petits pas de dentelle
Qui s'étirent vers le chant des oiseaux
Petits cœurs écrasés muets
Poésie éteinte
Sous la roue de l'ignorance
Subventionnée par l'état
Médiocrité cultivée
Pour promouvoir la culture
À contre-courant de la vie des gens
Petits yeux
Petites oreilles à l'écoute du monde
Petits pieds qu'on fait trébucher
Création contrôlée
Comme une offrande aux dieux
De la sélection
Qu'on dit civilisée
Subventionnée par la bière et le tabac
Dans leur campagne anti-drogue
À l'encontre du bon sens
Et à l'école
On cherche à nous faire croire
Que l'art est un détail
Une boîte de Crayola pour assurer la discipline
Surtout ne parlons pas
De la senteur du poisson pourri

Qui languit dans la crasse de snob
À l'autel de la culture avec un grand cul
Sinon on pourrait nous couper
La subvention

L'espoir de te retrouver, 1992, p. 30.

La danse sauvage, extrait

La camionnette de Philéas ronronne à mesure que le paysage se déploie sous les yeux de Guillaume, qui profite d'une interruption dans la conversation pour méditer sur la situation. On est rendu à la fin de juillet, et tous les beaux projets qu'il avait planifiés pour l'été ne resteront que des rêves oubliés. Il a vingt-sept ans et, de façon étrange, c'est comme s'il n'avait pas encore pu décider ce qu'il va faire quand il sera grand. Son frère Victor, qui n'a pourtant que quelques années de plus que lui, est partenaire dans une firme de consultants qui fait de grosses affaires, à ce qu'il paraît; il est marié et a deux beaux enfants. Pour sa part, Guillaume, lui, n'a même pas d'emploi, même pas de prestations de chômage. Le peu d'économies qu'il avait réussi à mettre de côté sont presque épuisées; il n'est pas certain d'avoir l'argent pour payer le loyer du mois d'août. De plus, sa guitare a besoin de quelques réparations; c'est important, puisqu'il doit commencer à répéter avec l'orchestre avant longtemps. Charly lui a dit qu'il croit avoir trouvé un local où ils pourront jouer aussi fort qu'ils veulent sans déranger personne, mais c'est un peu loin. Guillaume n'a pas de voiture et devra s'organiser avec un des gars du groupe pour pouvoir s'y rendre. Au moins, par rapport à l'orchestre, les choses semblent bouger un peu. S'il pouvait se dénicher un emploi raisonnable maintenant, peut-être la vie deviendrait-elle plus supportable.

Guillaume se dirige vers Moncton. Il a hâte de prendre un bon bain chaud, de s'allonger dans son lit et de dormir pendant au moins douze heures. Mais à quoi retourne-t-il? Pourquoi sent-il qu'il devra toujours en rester sur sa faim, à jamais, pendant toute sa vie? Est-il donc destiné à mourir insatisfait? Il faut absolument qu'il se prenne en main et qu'il arrive à se sortir de ce marasme qui étrangle ses passions.

Guillaume questionne Philéas sur la musique, cherchant à pénétrer le secret de cet homme qui le fascine de plus en plus. Philéas lui raconte simplement comment son attachement pour les vieilles tounes lui a été transmis par son oncle Gonzague, de qui on a souvent dit qu'il avait le diable dans le corps, et qui lui a montré comment jouer ses premiers airs de violon. Sa famille n'était pas assez riche pour lui acheter un instrument, ça fait que son oncle a pris la peine d'en fabriquer un de toutes pièces avec des bûches qui séchaient depuis des années dans un coin de la grange. Il avait déjà vu comment ça se faisait et il a copié son propre violon. Il n'avait pas dit à Philéas ce qu'il lui préparait et le surprit une bonne journée en sortant l'instrument tout frais verni d'un morceau de tissu épais dans lequel il l'avait enveloppé. Même s'il ne s'en sert plus, Philéas conserve ce violon-là comme un souvenir précieux. «La vie était différente dans ce temps-là, dit-il en soupirant, beaucoup moins compliquée, même si c'était dur des fois.» Il travaille maintenant dans une usine de poissons; mais, depuis quelques semaines, il chôme la plupart du temps : il n'y a pas assez de poissons pour approvisionner l'usine à temps plein. Il a été marié, mais sa femme est morte. «Y a déjà une dizaine d'années qu'elle est morte du cancer des seins, raconte-t-il avec une larme à l'œil. C'est drôle, on était tout le temps en train de se chicaner; mais, une fois qu'elle a été partie, je me suis ennuyé comme tu peux pas savoir. Quand j'y pense trop, je vais me chercher de quoi à boire.» Il a trois enfants qu'il ne voit presque jamais. Parfois il s'imagine qu'ils lui en veulent peut-être pour la mort de leur mère. Maintenant il partage son logis avec sa sœur Dorothée, qui lui tient compagnie et lui prépare souvent à manger, même s'il lui répète qu'il est assez grand pour se débrouiller. Elle, pour sa part, n'a jamais été mariée; quand elle n'avait que quatorze ans, on l'a placée dans un couvent et elle est devenue religieuse. Après une crise de nerfs prolongée et une dépression profonde, pendant laquelle elle remit en question la plupart de ses croyances religieuses, on la dégagea de ses vœux et elle travailla comme infirmière dans un hôpital de Montréal pendant de longues années. Quand l'épouse de Philéas est tombée malade, Dorothée venait de prendre sa retraite et est accourue tout de suite pour aider son frère à la soigner. Après les funérailles, voyant tous les deux qu'ils étaient condamnés à rester seuls, ils se logèrent ensemble dans la cabane où Guillaume est allé tout à l'heure. Elle gronde parfois Philéas quand il boit trop, mais elle a fini par accepter que son frère est un artiste et que, malgré tout ce que les prêtres lui ont toujours dit, le violon n'est pas l'instrument du diable. Elle suit souvent Philéas quand il va jouer dans les noces. La musique la ramène visiter son passé et l'aide parfois à en retrouver le sens.

Guillaume apprend à Philéas qu'il joue lui-même de la guitare. L'autre lui demande s'il sait comment accompagner les vieilles tounes. Guillaume se rappelle avoir vu les émissions de *Don Messer's Jubilee*, que son père ne manquait jamais. Il y avait, de plus, plusieurs disques de *fiddle tunes* dans la collection de son père. En parlant avec Philéas, il retrouve des parcelles oubliées de son enfance. Il lui vient tout à coup une image de son grand-père maternel en train de jouer de l'harmonica sur la galerie. Guillaume n'avait que six ans quand son grand-père est mort, mais il a dû l'entendre jouer toutes sortes de quadrilles et de gigues qui se sont sûrement imprégnés dans son subconscient et qui l'habitent depuis. « J'ai jamais essayé d'accompagner des tounes de violon, mais je veux bien apprendre », finit par dire Guillaume. Il reconnaît justement que Philéas a beaucoup à lui transmettre ; c'est la première personne qu'il rencontre depuis longtemps qui le fascine à ce point. Quand Philéas se rend bien compte que Guillaume est musicien comme lui et qu'il écrit même ses propres chansons, ses yeux s'allument et son attitude devient beaucoup plus détendue, comme si tout à coup il venait de prendre contact avec une vieille connaissance, avec quelqu'un qui connaît les mêmes secrets, les mêmes combats, les mêmes exaltations, un complice dans la magie des sons et des émotions. Guillaume est frappé de voir que cet homme paraît être encore enthousiasmé par les vieilles mélodies qu'il traîne pourtant avec lui depuis tellement d'années qu'on pourrait penser, dans un monde où la mode change une fois par semaine, qu'il aurait dû finir par s'en lasser.

La danse sauvage, 2000, p. 41-44.

Vision d'or et d'argent

Je suis un artiste perché
sur une branche fêlée
poigné dans des visions
de la ville qui saigne à mes pieds,
de la ville qui brûle,
de la ville qui tue,
de la ville qui pue.
Des visions de colères s'acharnent
et n'arrivent plus à saisir l'amour
qui s'use dans des formulaires
de bureaucrates ankylosés.
Mauvaises pensées.
Dans des visions de vol à main armée.
La main de l'État.
La main de la force.
La main de fer de l'argent.
Impitoyable et avide
de tout vendre à tout prix.
Je suis un cœur blessé
sans abri,
trop sensible pour mon propre bien,
cherchant à guérir le mal
en le fixant droit dans les yeux
avec la méfiance de quelqu'un
qui s'est déjà fait avoir
plus d'une fois.

L'éclosion, 2001, p. 25.

JACQUES SAVOIE

Jacques Savoie est né le 3 février 1951 à Edmundston. Après des études élémentaires et secondaires dans sa ville natale, il obtient un baccalauréat en sciences politiques et en économie au collège de Bathurst, une composante de l'Université de Moncton (1972), puis une maîtrise en lettres modernes de l'Université d'Aix-en-Provence (France) en 1975.

Pour payer ses études, il fait de la musique au sein des groupes La Renaissance puis Syncope. En 1976, il est l'un des cofondateurs du groupe Beausoleil-Broussard, qui propose des chansons originales dont le style s'inspire de la musique folklorique. Le groupe connaît un vif succès dès son premier album, un album éponyme (1977). Jacques Savoie participera aux deux prochains albums avant de quitter le groupe en septembre 1980. En 2003, paraît un disque compact, *Journal de bord 1976-1980*, réunissant leurs principales chansons.

Le premier ouvrage auquel collabore Jacques Savoie est le collectif *L'étoile maganée* (1972), un livre d'artiste qui réunit, aux côtés de ses poèmes, des photos de son frère Gilles et des dessins d'Herménégilde Chiasson. L'ouvrage, qu'ils définissent comme un «antilivre», est en fait des feuilles entourées de paille et placées dans une boîte. *L'étoile maganée* marque la naissance de la modernité en Acadie du fait que de jeunes artistes publient pour la première fois sur le territoire. Sa publication sera suivie la même année par la création des Éditions d'Acadie.

Le premier roman de Jacques Savoie, *Raconte-moi Massabielle* (1979, prix de l'Association francophone internationale), traite de la fermeture de villages, comme c'était alors le cas dans certains milieux ruraux de l'Acadie. Il met en scène un résistant qui occupe l'église, seul bâtiment encore debout. Son deuxième roman, *Les portes tournantes* (1984, prix France-Acadie) met en scène Antoine, un jeune garçon, Blaudelle, son père et Lauda, sa mère, dans une intrigue familiale dont la musique et les arts visuels sont le cœur. Roman à plusieurs voix, il sera scénarisé par Savoie et porté à l'écran par Francis Mankiewicz en 1988 (Prix œcuménique, Festival de Cannes). Cet ouvrage demeure son classique.

Le récif du Prince (1986) se construit du point de vue de Vassilie, la narratrice de 17 ans, déterminée à obtenir de son père le droit de travailler dans le phare sur l'île Prince, dans le golfe Saint-Laurent. Cette histoire d'une famille dysfonctionnelle dont le père est comédien et la mère grand reporter, est plus fantaisiste que réaliste. Roman dans le roman, *Une histoire de cœur* (1988) entremêle les péripéties d'un narrateur qui tente de vendre un scénario de film, au scénario lui-même tel qu'il se développe dans le roman. Une fois de plus, la musique occupe une place importante.

Jacques Savoie publie à La Courte échelle (Montréal) une trilogie de romans qui s'adressent à un lectorat adulte et adolescent (*Le cirque bleu*, 1995; *Les ruelles de Caresso,* 1997; et *Un train de glace*, 1998) qui se centrent autour du personnage de Marthe et de son fils Charlie. Il écrit par ailleurs une série de six romans pour enfants (9 à 12 ans) qui racontent les aventures d'une famille en partie liée avec celle de la trilogie, le père, Jean-Philippe, étant aussi le père de Charlie. Le couple qu'il forme maintenant avec Dominique a deux enfants, Caroline et Adèle. Il s'ensuit des liens amusants entre des ouvrages qui s'adressent aux adultes (et aux adolescents) et d'autres aux enfants.

Les soupes célestes (2005) propose une histoire de famille aux rebondissements nombreux; la soupe y a remplacé la musique, et la fantaisie et l'humour qui caractérisent l'œuvre de Savoie est très présente.

Parallèlement à son œuvre littéraire, il est le scénariste de plusieurs mini-séries dont *Bombardier* (1992, prix Gémeau de la scénarisation), *Les orphelins de Duplessis* (1997, Fippa d'or Biarritz), *Ces enfants d'ailleurs II* (1998) et *Les Lavigueur, la vraie histoire* (2008, prix Gémeau de la scénarisation, Fippa d'argent Biarritz, La Rose d'or Lucerne), du téléroman *Rue l'Espérance* (1999-2001) et des films *Le violon d'Arthur* (1991) et *Pour toujours les Canadiens* (2009).

Note de l'éditeur: Nous ne proposons ici aucun extrait de ses textes, puisqu'il nous a été impossible d'obtenir une autorisation de reproduction.

DYANE LÉGER

Née le 11 septembre 1954 à Notre-Dame de Kent, Dyane Léger étudie en arts visuels à l'Université de Moncton (1970-1973). Elle quitte l'université pour y revenir en 1980 et obtenir un baccalauréat ès arts en 1982. Par la suite, elle suivra une formation en joaillerie au Collège communautaire du Nouveau-Brunswick à Dieppe (1991-1992). Elle travaille occasionnellement dans le domaine culturel.

Elle expose ses tableaux à partir de 1995 et développe une production originale, éloignée aussi bien de l'académisme que de l'avant-garde artistique : elle s'affirme dans la volonté sereine de l'artiste d'être telle qu'elle est, sans camouflage. Le plaisir de créer, de jouer avec les formes, de développer un univers fantastique et merveilleux domine ses œuvres.

Graines de fées (1980, prix France-Acadie), premier ouvrage des Éditions Perce-Neige, est également le premier recueil à être publié par une Acadienne. Cette suite en prose teintée de surréalisme et entremêlée de pointes humoristiques se présente parfois de manière un peu confuse, difficile à saisir. L'ouvrage, dans lequel la naïveté se fond à la richesse de la pensée, porte un regard nouveau sur l'Acadie. Le résultats est un ensemble à la fois bigarré et vivant. *Sorcière de vent* (1983) conservera la même facture.

Comme ses recueils précédents, *Les anges en transit* (1992) utilise une prose poétique, mais qui mène ici au journal intime. *Comme un boxeur dans une cathédrale* (1996) aura la même facture. *Le dragon de la dernière heure* (1999) comprend deux plans d'écriture : des poèmes en vers et des lettres en prose, toutes adressées à «Michel». Dans ce recueil, la distance entre Léger présentée comme un personnage de «roman» (chaque lettre est signée de son prénom), et la poète qui se livre à ses lecteurs est réduite jusqu'à disparaître.

De l'Est à l'Ouest

Tranquillement, le froid cède sa place à la faim. Les ouvriers courent dans la rue comme le bruit d'une machine à écrire, et on ne distingue plus le cri du temps tellement les files d'attente martèlent les bras de l'horloge.

Partout dans les rues, les babouchkas mènent à l'école les enfants. Et leurs filles font accorder le braillement des bébés à la cadence des bouteilles de lait vides qui se cognent les unes contre les autres.

Ici, les enfants ne rient pas.
Ici, ce ne sont pas les squelettes armés de faux qui se disputent un morceau de vermine rancie.

Ici, les femmes se traînent, prient pour qu'aujourd'hui les enfants aient moins faim qu'hier, plus que demain...

Sept heures du matin.
Les vaches n'ont plus de lait.

Sept heures du matin.
Les artistes se demandent s'ils passeront la journée.

Sept heures du matin
Les babouchkas ne protestent pas. Leurs filles non plus.
L'habitude les a endurcies et la mort les préserve.
L'avoska léger comme un clair de lune,
elles prennent la route du retour
en emplissant leurs poches d'oranges invisibles.

Une dernière escale.
Devant la cathédrale...
Là, où d'énormes parasols blancs font bande à part.

La seule présence de ces parasols est un chant, un chant et un
appel à la liberté. Et quand la roue de fortune tourne pour
elles, les babouchkas et leurs filles ferment les yeux, rêvent
qu'elles appartiennent à la rue menant au bonheur.

Sans penser, elles hypothèquent les femmes enceintes pour un
mécanicien capable de tout réparer. Ces femmes ne se font
pas d'idées.
Seulement, elles ont besoin de croire que demain,
après demain...
la faim cessera de dévorer leurs enfants.

Sept heures du matin,
et comme hier, il y a beaucoup de morts.

Les anges en transit, 1992, p. 21-22.

Sur la pointe des pieds, je quitte le cimetière où Dostoïevski dort en attendant la Résurrection.

Il neige. La neige m'entoure. La neige brûle sur mes lèvres.

Je pense à tes mains sur mon corps, à ton parfum, à l'amour, à tout ce qui me manque désespérément. Je sais où commence le désir, où finit le doute.

(Je sais : le soleil jaunit le papier et, laissées au soleil, les photographies s'effacent. Je sais ce mal d'aimer, de vivre. Ce tourment qu'est l'écriture lorsqu'on est moitié femme, moitié poète et que le remords est une torture telle qu'un jour, pour me venger contre mon destin, j'ai commencé à vivre ma vie en me disant que, de toute façon, elle était trop vieille pour produire une œuvre valable et que, peut-être, dans la prochaine, si je réussissais à contourner le quotidien, à dompter le sablier, à couler du ciment dans le vide qui m'a été laissé par ma mère...)

Peut-être... pensais-je en entrant dans une église.

Pendant des heures, je fouille et j'observe. Pendant des heures, je regarde les babouchkas porter leurs lèvres aux pieds de la bonne Sainte Vierge et je me laisse transporter par la splendeur et la pureté des chants grégoriens.

Beauté et puissance. Attachement fait de tendresse et de respect.

Quelque chose d'apaisant dans le recueillement de ces femmes et de leurs filles. Quelque chose d'hypnotique dans le bourdonnement des chants liturgiques, dans le léger crépitement de la cire des cierges brûlant devant les icônes et chez ces popes aux longues barbes blanches.

Quelque chose me fait penser à la première nuit où nous avons dormi ensemble (à ce vol interminable entre Mexico

City et Moncton, celui où je t'ai entendu m'appeler, et où je me suis ruée vers toi comme chienne en rut, celui pendant lequel j'ai compris que, sans toi, je serais devenue folle!!!).

Les anges en transit, 1992, p. 41-42.

Test-drive

Trop souvent
j'ai passé à travers vous
comme s'il s'agissait de bras dans lesquels on s'endort
pour calmer la mort
avant qu'elle ne nous emporte.

Passer.
Encore et toujours.
Toujours et encore aller plus loin.
Ne jamais s'arrêter.
Ne jamais jeter l'ancre.
Ne jamais parler de ce qui déplaît
qui embête.
Pleurer en cachette.
Vivre d'avance.
Et mentir au lieu de s'avouer
que le cœur est en train de nous geler dans le corps.

Pour savoir si je résisterai au passage du temps
j'écris ma vie pour en faire un essai routier.
Mettre à l'épreuve. Analyser. Évaluer.
Afin de comprendre ce qui se passe.
Corriger. Doser. Poétiser.
Au cas où
ça ferait trop mal.
Au cas où
je paraîtrais trop folle.

Malgré mes précautions et ces efforts
je passe ma vie à ruer dans les brancards.
À mettre en relief la bêtise humaine.
À travestir mes émotions.
À chercher éperdument
le remède contre la douleur.

Et voilà !
Puisque je ne suis pas assez intelligente
pour sourire
me taire
rester belle
je dois quelquefois
mentir sciemment
parce que le corps apprend vite
et le mensonge est un baume qui panse toute plaie.

Comme un boxeur dans une cathédrale, 1996, p. 16-17.

Balafre

Je n'ai pas choisi d'être une femme.
Je n'ai pas choisi de vivre à côté des hommes.
Dans l'ombre.
Je n'ai pas choisi d'être la gardienne de vos enfants.
De vos rêves. De vos chiens. De vos maisons.
Je n'ai pas choisi de mâcher les mots.
De murer ce que je dois toute ma vie exprimer.
Mon rêve le plus fou – le plus wild –
n'était pas de domestiquer le quotidien.
(Il est plus fort que moi ce besoin d'aller jusqu'au bout.)

Lorsque vous parlez de vos livres
de vos toiles
de vos films
j'écoute.

Je vous écoute me dire.
La vie vous appartient.
Le monde vous appartient.
Je vous écoute me raconter.
Comme l'albatros
vous planez au-dessus du chaos
au-dessus du précipice.
Je vous écoute raconter vos histoires.
Toujours les mêmes.
Et puis
quand vous vous décidez à revenir sur terre
je suis là
comme toujours
à vous attendre
à m'inquiéter.

Mais ce soir
j'ai envie de parler.
De vous dire. À mon tour.
Ne plus faire la bonne fille
assise au coin de la table
celle qui vous porte toute son attention.

Ce soir
j'ai envie de briser les verres.
De percer le cœur des choses.
De les situer.
De les fixer.
Une fois pour toutes.

J'ai envie d'avoir des yeux et aussi un regard.
Il faut bien que je fasse un peu de bruit.
Moi aussi.
Je répète.
Moi aussi.
Je vis.

Je respire.
Je « Christ » le destin
de tout ce qui bêtifie mon existence.

Je n'écris pas autant que je le veux.
Pas autant que mon souffle l'exige.

Pourquoi vous faut-il si longtemps
pour m'ouvrir la fichue porte ! ! !

Comme un boxeur dans une cathédrale, 1996, p. 140-141.

Point d'interrogation ou questions sans queue ni tête

Dis-moi
toi qui es venu de si loin
l'odeur de la mer est-elle une preuve que l'océan existe ?
Le sable que je collectionne dans mes chaussures
est-il la preuve que le désert n'est pas un mirage ?
Les enfants que j'aperçois par les fenêtres des maisons
les hommes qui me zieutent du volant de leur voiture
les femmes qui saisissent leurs regards dans un café
sont-ils la preuve irréfutable que la vie n'est pas éteinte ?

Dis-moi, tu crois toujours :
« *Idurar ṭ-ṭideṭ cebḥen*
S uqerru iw ar cebḥen
Ar cebḥen amzun d laẓ
D laẓ akw i ten icebḥen »[1] ?
Tu crois encore que les montagnes sont belles
belles comme la faim, leur seule beauté ?
Dis, le souffle de Dieu est-il capable de remplir le vide
qui occupe un cœur de femme ?

---

[1] Ferhat, *Chants révolutionnaires de Kabylie*, Imesdurar, Imedyaze, France, 1976.

Un sourire pareil à celui que l'amour m'a offert avant de
partir
peut-il consoler une âme mal sevrée?
Dis-moi
à moi qui ne connais la vie que par les histoires
que racontent les enfants et les yeux des vieux chiens
existe-t-il un moment providentiel qui arrive
et qui change à jamais le cours d'une vie?
Il serait facile pour moi d'y croire.
Parce que je m'en souviens. Tu y étais. J'y étais.
Et qu'au dire des amoureux
« ce n'est pas toujours une illusion que de vivre
et de vouloir y croire de toutes les forces de son âme».
Je me demande si les gens qui sucrent leur café
sont plus susceptibles de croire à leur bonne étoile.
Je me demande si ceux qui entendent des voix
prônent plus de lucidité que les autres.
Enfin si je te demandais de me parler du bonheur
et de l'importance réelle
des événements qui marquent nos vies
tu en serais capable?
Tu pourrais me dire à moi
qui ne connais la vie que par la gaspille que j'en fais
tu pourrais me dire si la vie existe autrement
que dans l'anticipation de ce bref moment
où au dernier instant et à court d'imagination
notre existence nous révèle à nous-mêmes?

Se recorder. Se remembrer.
Se rementevoir. Te voir.

Ombres.
Traces.
Mensonges.
Vérités.
Restes.

À quoi servent tous ces témoins insignifiants
accumulés au fur et à mesure
que disparaît notre vie
que se brisent nos rêves
que s'épaissit notre mémoire?

À quoi sert la vie
puisque de toute façon et en dernier lieu
elle refuse de nous appartenir?

Le dragon de la dernière heure, 1999, p. 47-49.

ROSE DESPRÉS

Rose Després est née le 7 avril 1950 à Cocagne. Elle obtient son baccalauréat en lettres à l'Université de Moncton (1973). Comédienne, musicienne, interprète, elle travaille dans différents domaines reliés à l'enseignement et aux arts. Très engagée dans le domaine culturel, elle collabore à différents organismes, principalement comme bénévole. En 2001, elle est membre de la délégation d'artistes canadiens qui accompagne la gouverneure générale Adrienne Clarkson lors de sa visite d'État en Allemagne.

Dans son œuvre, Després pose le problème de l'affirmation, interroge l'identité, se penche sur la relation entre l'individu et le collectif, ce dans une langue dense, parfois opaque, qui jaillit presque malgré elle comme un cri qu'elle ne contrôle pas toujours. Souvent porteurs de révolte, les textes de *Fièvre de nos mains* (1982) sont très sombres, presque hermétiques. *Requiem en saule pleureur* (1986) est habité par la passion. Després s'y livre sans retenue dans un grand cri empreint tout à la fois de lyrisme, de dérision et de colère. *Gymnastique pour un soir d'anguilles* (1996) s'ouvre sur la fin d'un deuil. Coincé entre ce qui a été et ce qui aurait pu être, le présent se fait douleur, déchirement, lieu d'angoisses. Les poèmes s'enchaînent, formant une large spirale qui passe de la nuit au jour, du désespoir à un maigre mais réel espoir. *La vie prodigieuse* (2000, prix Antonine-Maillet/Acadie Vie) et *Si longtemps déjà* (2009, prix Éloizes) proposent une réflexion sur le sens de la vie et sur le rôle nécessaire de l'écriture poétique qui permet cette recherche de sens.

D'un recueil à l'autre, la lumière se fait et l'écriture devient plus accessible. L'espoir demeure toutefois fragile et l'atmosphère qui se dégage de l'ensemble est souvent lourde, empreinte d'angoisse, créant un climat envoûtant.

Arbitrage des voies à sens unique

Quand j'étais chez mon père, je me croyais poète. Le gris-bleu de ses yeux me racontait des histoires de velours foncé. Mais sa voix de tonnerre et d'acier griffait le sang dans mes veines sablonneuses.

Quand je suis chez mon père, sa volonté domine une beauté d'esprit sauvage.
J'aime goûter la folie mais sans m'y noyer ou renaître décapitée.
Et si la mer n'avait pas de côtes à effleurer, les restes de nos plus beaux jouets seraient enterrés sous la brume d'une autre orgie guerrière : les petits soldats, leurs sourires idiots, figés par leur morcellement.

Quand j'étais chez ma mère, l'autre n'y était pas. Et si des bêtes entraient, on faisait la chasse aux rats.
De la frénésie à la prose, de l'arme dangereuse à l'instrument utile...
Prendre le risque de sombrer ou d'éclaircir l'enflure d'une vie piétinée.
Penser avec un cœur indomptable.

Quand je suis chez ma mère, je renais à hier et à demain. Je n'envie plus rien. Je me laisse combler de soleil ou de neige, dans l'oasis ou dans les maigres nuits agitées.

Requiem en saule pleureur, 1986, p. 15.

Je fixe la gymnastique de nos formes souples pendant une seconde, une minute arrêtée. Plus on l'oublie, plus l'arc de nos corps enlacés nous revient.

Nous sommes sans visa aux frontières où nos passeports bégayent comme le vent dans les arbres asséchés. Dans le déluge constant du voyage, le voyage de mes mains qui tremblent, de mes yeux qui s'agitent, j'arrive en vacillant comme l'étincelle entre la brise d'épouvante et le bois qui la nourrit. Mes mains hésitent entre le retrait et le combat, entre la plume et le couteau.

Eau zen, air pur, où sommes-nous passés dans le virage des sens...?
Si près de l'âtre, vivant un strict plaisir, nous nous sommes effondrés en poussière sur la ligne éphémère du temps.

Requiem en saule pleureur, p. 48.

Bagnoles usagées

Je me balance, pivote des gestes et des postures ignobles, presque humaine.
Et le désarroi hagard que je crée, la frayeur que j'invente creuse mon appétit.

J'ai tellement hâte.

Tu me proposes un enclos piteux et le sucrage d'une berceuse synthétique mais ils n'endormiront pas mes passions troubles.

Je fredonne un rythme de soleil, choyé regard lumineux.

Nous nous parlons avec impatience et dégoût.
Pourtant l'isolement et la révolte ne font pas un heureux ménage. Ils se marient sans se parler, se chagrinent en s'injuriant.

Bruitant des miroirs.
Il me paralyse et s'abaisse.
Borné, épais, tordu,
justifiant le tourment.
Amoindrissant la beauté.

J'appelle à l'orage pour qu'il apaise mon horrible tourment.
Je veux éclore ma peau de rage et renaître.

Mais il s'acharne comme le pendu à son câble. Si on lui offre la liberté, il retourne à la sécurité de sa souffrance-plaisir.

Accroché à sa prison comme à sa peau.

Gymnastique pour un soir d'anguilles, 1996, p. 23.

Valises à la main

Il reste accroché aux fils téléphoniques, sa cruelle harangue pourchasse mes matins tranquilles.
La télévision envahit, éteint la musique dans ma caboche, ma petite planète sérieuse et drôle.
Le frigidaire râle, secoue le sommeil fragile.

Si bientôt l'élan s'écrase, je ramasserai les pièces du décor, débarrasserai mon champ de vision. Un autre cercle vicieux

s'estompera, étourdi, ses griffes molles impuissantes,
et la sciure recouvrira tout.
Il chavire mes meilleures intentions, paranoïaque mon plus
simple plaisir, questionne toutes mes réalités.

L'amour ne guette pas, n'attend pas non plus.
Reprenons vite ce moment parce que le temps n'habite plus de
lieux veloutés.

Lorsque nous ne rirons plus ensemble, nous aurons maudit
notre vie et notre amour.

Frôlant le meurtre et le vide.

Gymnastique pour un soir d'anguilles, 1996, p. 30.

Dédale

Éclairer le passage pour mieux pénétrer dans l'ombre
avec les yeux clairs des fauves
parce que le chien
domestiqué
reviendra au maître qui l'a battu.
Idiot fidèle
si jamais il mord
on l'abat
triste sort des révoltés
une vie de chien
chien perdu dans un labyrinthe maudit qui engouffre tout.

La vie prodigieuse, 2000, p. 69.

Le cygne noir

Les images précipitées, synchronisées, surimposées de la fête
les chevaux de manège ne forment pas un cercle vicieux.

Épinglée par ton regard
soudain et certain
tenace et vivace
Houdini m'a glissé une clef.
Les serrures et les chaînes d'inquiétude
ne peuvent plus me retenir
l'eau maussade maudite ne peut pas me noyer
la braise ne peut plus m'écorcher
et je plane
j'ouvre toutes grandes les portes
pour aérer jusqu'au fond des tripes les rêves décousus.

Je peux me peigner de brume et me vêtir de pluie
jamais plus ne terniront mes images.

Des rongeurs grignotent mes pas
mes pas qui frottent les cailloux paresseux des prés dorés
du ruisseau lumineux où le cygne noir
m'enveloppe de ses ailes de nuit chaude
chauds baisers sur mes joues déjà brûlantes
ravivées de joie
et me dépose sur un oreiller de sommeil enfin paisible.

La vie prodigieuse, 2000, p. 72.

La gelure on la connaît

Aussitôt menacé
le coquillage se referme
son mutisme final
la froideur scalpèle la respiration

coupe l'oxygène
atrophie.

Je prends pourtant toutes mes allures
depuis que je sais que l'usure polit
ramollit la dure cuirasse
atténue l'entêtement.

Une tendresse m'habite peu à peu
amincit les doublures d'une carapace
flagellée par le temps des autres
par le manque de mire.

L'absence
fabulation doublée de bonté divine.

Alignés en pèlerins sacrilèges épanouis
nous oscillons
ascendons
descendants nomades à la recherche de fraternité
dans ce désert sans fin
sans pareil.
La confiance que le printemps et l'été reviendront
tiendront tête à l'hiver tenace emmitouflé
son velours blanc brillant cassant les yeux.

Dévorant ce lieu sacré
le feu de forêt s'esquive des pompiers fous d'ambition
de vaincre, d'anéantir.

Mais dans le calme de cette saison
comme dans le rêve
l'inattendu est la seule réalité.

La vie prodigieuse, 2000, p. 116-117.

Pour quelqu'un

Quelqu'un est venu
brumer la déraison opulente
toujours mienne
sa détonation rapide
son identité expirée
et son expertise aussi
toutes méconnaissables
et toutes sous-estimées

des flux et reflux
et le refus aussi
d'une saison autre
bien autre
que les vôtres
celle qui désormais
attend d'être désossée

oui quelqu'un est venu
sans raviver
l'énergie vitale
qui résonne
et détonne
des avalanches d'effroi
en moi

l'espace
le rêve révolu
et l'émoi surtout
veulent retrouver
le courage
et la volonté d'agir

quelqu'un est revenu
avec son maigre discernement
sa petite lueur imaginaire

qui croyait éclairer
les passerelles assombries
où
depuis si longtemps déjà
le désir inquiet
renaît de ses cendres
un phénix d'antan
son mythe de charbon braisé
brave les rébellions occultes
pétitionne les directeurs
des prisons surpeuplées d'escrocs :

expédiez subito
les auteurs de crimes impardonnables
les non-restitués

mais les dirigeants
munis de bagages
de nos méditations flétries
nos prières de faux-monnayeurs
partent en vacances payées
pour bronzer ailleurs
dans les contrées faciles

Si longtemps déjà, 2009, p. 10-11.

Parfois

Un tournant de route
capricieux
aboutit en cul-de-sac

une aventure peignée
de détours retours
ne mène nulle part
se promène illusoire

au bout d'une laisse trop courte
qui étouffe l'errance vitale

ailleurs sur une terrasse nue
les tables abandonnées
jouent aux fesses avec
des ombrages ivres
dessinent des contours erratiques
retraçant les couples qui jettent
un dernier regard sur l'espace vidé

des vigilances obscènes
gesticulent aux passants
miment des grimaces démones
les arrêts cardiaques se faufilent
parmi les poussières miteuses
orphelines
comme les petites pluies dociles
les petites vies fragiles
à balayer au matin grinçant

Si longtemps déjà, 2009, p. 30.

Prise d'otage

J'ambitionne
vire démone pour troubler l'oubli
qui n'arrive jamais à régler l'addition
s'égare comme d'habitude
quand vient le temps de payer la rançon

dans les rues et les avenues sauvages
bagages perdus
billet de transit égaré
l'ennui
toujours féroce et atroce

passe inaperçu lui aussi
habit décousu
mine basse
il vire en toupie détordue
puis s'enfuit
petit maudit
ne laissant ni pourboire
ni envie
derrière lui

Si longtemps déjà, 2009, p. 53.

GÉRALD LEBLANC

 Né à Bouctouche le 25 septembre 1945, Gérald Leblanc déménage à Saint-Jean (Nouveau-Brunswick) à l'âge de 14 ans. Il termine son secondaire au St. Malachy's High School, donc en anglais. Après quelques petits boulots, il s'inscrit à l'Université de Moncton en 1971 ; il y restera un peu plus d'une année, puis abandonnera ses études. Dès lors, son cheminement sera lié à la scène culturelle de la ville qu'il habite et il s'en fera le chantre. Il participe à la fondation des Éditions Perce-Neige en 1981, dont il deviendra le directeur littéraire en 1991, quelque temps après la relance de la maison. Comme il est peu exigeant au niveau de ses besoins financiers, il consacre tout son temps à l'écriture, la sienne et celle des auteurs de Perce-Neige. Il décède d'un cancer le 30 mai 2005.

Quand Gérald Leblanc publie son premier recueil, *Comme un otage du quotidien* (1981), il est déjà bien connu. C'est que, en 1976, le premier et unique numéro de la revue *Emma* avait présenté une sélection de ses premiers poèmes. De plus, à titre de principal parolier du groupe de folk-rock 1755, alors au sommet de sa popularité, on lui devait plusieurs des chansons les plus connues, dont «Le monde qu'on connaît», «Rue Dufferin», «Le monde a bien changé», «Je chante pour toi», «Kouchibouguac».

Dans cette première œuvre, Leblanc reprend en l'adoucissant la nomination du pays; il y raconte d'une façon claire et simple son vécu, son quotidien. Les fondements de ce que sera sa poésie sont là: l'Acadie de Moncton, vivante, bruissante, d'autres écrivains, des amis, qu'ils soient Acadiens ou non, nommés et qualifiés, la musique, source à la fois du rythme de ses mots mais aussi d'influences, la langue, le plus souvent utilisée d'une façon «normative» mais avec des incursions en chiac, l'amour et l'amitié qui nous amènent dans l'intimité du poète.

Géographie de la nuit rouge (1984) bouscule la jeune littérature acadienne par la force qui s'en dégage, par l'univers qui y est décrit et par la précision de sa construction. Au rouge de *Géographie*, succède le bleu de *Lieux transitoires* (1986): Gérald Leblanc s'amuse avec les couleurs. Dans ce recueil, le poète sort de la nuit rouge de son initiation pour chanter en bleu l'absolu de l'amour; il saisit cette occasion pour affirmer son homosexualité. *L'extrême frontière* regroupe des textes de 1972 à 1988 dans une première tentative de synthèse de sa pensée. On y retrouve les poèmes parus dans *Emma*; le poète affirme son identité acadienne, sa culture et chante son lieu de vie/son pays.

Des cinq recueils qu'il publie entre 1991 et 2001, *Éloge du chiac* (1995) réunit le plus clairement l'ensemble de ses préoccupations. Curieusement, ce n'est pas le chiac qui est au cœur du cheminement du poète mais l'espace, cet espace impalpable, impossible à délimiter, qui le fuit comme le fuit l'Acadie géographique depuis longtemps disparue. L'éloge devient donc celui de la persistance, de la persévérance. Les autres recueils présentent des thèmes plus précis, plus ciblés. *Les matins habitables* (1991) unissent l'amour à l'écriture; *Complaintes du continent* (1993) est tout orienté vers la quête du pays, de ce continent qui, selon le poète, est devenu intériorité. Sa poésie se fait plus introspective, intimiste, chant d'une quotidienneté qu'il réinvente sans cesse et qui est au cœur de *Je n'en connais pas la fin* (1999) et de *Le plus clair du temps* (2001).

Recueil posthume, *Poèmes new-yorkais* (2006) rappelle son amour pour New-York, où il a séjourné souvent. Les thèmes chers à Leblanc reviennent : l'amour dans ses difficultés et ses défis, mais aussi ses plaisirs, la musique, toujours omniprésente, la ville qu'il nous fait ressentir au travers de fines notations.

En 1993, Leblanc a reçu le prix d'excellence Pascal-Poirier attribué par le Conseil des arts du Nouveau-Brunswick pour l'ensemble de son œuvre.

Je t'écrirai un poème sauvage
    un poème tripes
      avec le tam-tam en rut
             entre les mots
    un poème chiac

Emma, 1976, repris dans *L'extrême frontière*, p. 20.

❖

Rue Dufferin

Dans la ville
Y a beaucoup de monde
Dans la ville
J'aime me promener
À Moncton
Rue Dufferin
Y a beaucoup d'arbres
Même si les rues sont sales
Dans la ville
Y a beaucoup de monde
À Moncton
Rue Dufferin

Les vieilles Anglaises
L'autre bord de la rue
N'aiment pas mon chien
Ben ça fait rien
Il les aime pas lui non plus
Dans la ville
Y a beaucoup de monde
Toutes sortes de faces
À toutes sortes de places
À Moncton
Rue Dufferin
Y a beaucoup d'arbres
Même si les rues sont sales
Chu pas loin du campus
Pis chu pas loin de chez Duane
Dans la ville
Y a beaucoup de monde
Pis des fois
J'm'ennuie de toi

Emma, 1976, repris dans *L'extrême frontière*, p. 50-51.

en descendant un chemin de terre

dans la vallée du village de Collette
j'arrive au ruisseau
et j'arrête au temps de mon enfance
vingt ans avant
au temps des foins et
des jeux derrière la grange
où nous étions tous parenté

en fin d'après-midi, une journée
—seul entre la maison de mon oncle et le poulailler
regardant le champ qui s'étendait jusqu'au bois
le soleil brûlait le paysage —
　　　　　le temps m'a traversé

plus tard j'ai appelé ce lieu et tant d'autres
    Acadie

vingt ans passés et
aujourd'hui regardant ces buttes
au bruit du ruisseau
je comprends que toutes les Acadie que j'ai connues
reviennent et renvoient
jusqu'au bout du monde appris sur un chemin de
terre

Comme un otage du quotidien, 1981, repris dans *Géomancie*, p. 26.

sur le sentier du rouge

au bureau d'assistance sociale, nos plaies cicatrisent mal au son de CFQM/country & western. je me retrouve dans un téléroman cheap dans les entrailles de l'Assomption, septième étage. c'est l'été 1981, en ville.

ici, nous sommes majoritairement Acadiens. il faut demander une clé si nous voulons aller aux toilettes. la police arrive: un réclamant est tombé endormi à force d'attendre. on se moque d'une Amérindienne. on ridiculise une fille-mère. on me rit dans la face quand je leur réponds que je suis écrivain.

au régime du baloney et des saucisses, j'ai le temps d'y repenser. que ça me rend aigre. comme Lou Reed dans les rues de New York qui attend sa fix.

je travaille à une géographie d'errances, en essayant d'aller plus loin. d'aller voir ailleurs et partout.

ma plume et mon corps amphétaminés fouillent Van Morrison qui hurle *listen to the lion inside of me.* et je crie avec lui *and we sail and we sail and we sail and we sail* jusqu'aux accords trouvés par Zachary Richard pour sa ballade de Beausoleil. parce que je suis à bord de ce bateau-là, convié par des vagues bleues électriques. il y est question d'Acadie, d'amour et de liberté.

j'ai longuement pensé à ces mots avant qu'ils me frappent en plein cœur à l'automne 1979. je m'en revenais d'Edmundston avec Herménégilde Chiasson, d'une Convention d'orientation nationale où je ne savais plus où j'allais. sauf que je rentrais chez moi, seul, à Moncton.

j'y ramenais des mots et je ne savais plus que faire avec. j'essayais des poèmes, des chansons, de longues dérives, jusqu'à ce que ces mots me reviennent de l'autre bord, expédiés du fond d'un bar à Vienne, pour m'expliquer que oui.

et je comprends que même si je pleure, je n'ai plus peur. l'espace/temps tourne démesurément, cette nuit, sur ces mots expédiés du fond d'un bar à Vienne. c'est une nuit rouge de rage, cri rouge de ma gorge rauque. je fouille à bout portant les images pêle-mêle de ma mémoire rouge.

et je retrouve le premier rythme en écrivant. j'entends des musiques de vie et j'avance, sur ces signes sonores, écarlates, sur les traces d'un monde où je ne veux admettre que le merveilleux.

Géographie de la nuit rouge, 1981, repris dans *Géomancie*, p. 59-60.

danser au Kacho

3.

nous avançons dans la saison un
mouvement s'empare de nos corps et
nous propulse dans un état altéré de
l'un par rapport à l'autre par rapport

à l'autre par rapport à quelque chose
où tout cela s'efface et devient
synergie

Lieux transitoires, 1986, repris dans *Géomancie*, p. 109.

Vancouver

qu'est-ce que ça veut dire, venir de Moncton ? une langue
bigarrée à la rythmique chiac. encore trop proche du feu. la
brûlure linguistique. Moncton est une prière américaine, un
long cri de coyote dans le désert de cette fin de siècle.
Moncton est un mot avant d'être un lieu ou vice versa dans la
nuit des choses inquiétantes. Moncton multipiste : on peut
répondre fuck ouère off et ça change le rythme encore une
fois. qu'est-ce que ça veut dire, venir de nulle part ?

L'extrême frontière, 1988, p. 161.

lyrisme

Et s'il ne restait que le lyrisme
ce qui chante dans les débris
des images troublantes
dans les plans fixes
s'il ne restait que les coups de cœur
pour des musiques inusitées
des nuits fastes
et des matins ludiques
s'il ne restait que les emportements
vers des villes et
vers des audaces
s'il ne restait que le lyrisme
pour témoigner
de ce qui transforme

Les matins habitables, 1991, p. 54.

flashback

Je retrouve par hasard
des photos dans une enveloppe
un regard sur 1974
me rappelle les amitiés et les projets
la poésie que nous écrivions
tard dans les nuits de fièvre
nous imaginions tout haut
l'avènement d'une Acadie en nous
pour faire remonter
le feu sacré d'une parole ancestrale
aux rythmes de notre rage
activée et brûlante
du goût de chanter dans nos mots

Les matins habitables, 1991, p. 63.

éloge du chiac

de jouer dans la langue et d'en rire
d'en rêver quand on find out
qu'on communique
même si le voisin fait mine
de ne rien comprendre
too bad de se priver
de pareille façon
de faire accroire
contre soi-même
que ce rythme n'existe pas

la musique est o.k.
le monde itou
on dirait que tout
est à la bonne place

c'est slick so
stick around

le son est une lumière
sur ta langue créole
dans ton corps de reggae
la musique est o.k.

nous emporterons dans la langue
les mots ramassés en chemin
nous poserons les mots d'ici
sur tout ce que nous toucherons
y compris ce que nous transformerons
avec l'entêtement de parler partout
et d'écrire sur les pages encore blanches
notre dignité humaine
notre tragédie n'est pas grecque
sur la terre sainte de memramcook
à peine chrétienne

dans la cérémonie des samedis
on nous accuse de notre histoire
et nous répondons coupables
d'avoir toujours compris
où nous étions

(quand t'es avec les loups
tu cries comme les loups
disait ma mère qui devrait savoir)

nous ne voulons plus ressembler
à ceux qui nous acceptent
à condition que nous effacions
toute trace d'histoire personnelle
qui nous aiment à genoux
devant l'autel de l'aliénation
c'est même pu funny

nous parlons de ce qui nous passe par la tête
dans les virées de la vie
dans la ville de la violence de voir
ce qu'on nous fait
nous parlons comme des anges en transit
des rockers lumineux devant ceux
qui rêvent de « bien parler »
pour faire taire les autres
dans notre pays de mue
worryez pas
nous repasserons autrement
avec la bouche
pleine de surprises
et d'éclats de rire

Éloge du chiac, 1995, p. 11-12.

au sujet de la rue

la rue est une idée
il est permis d'en faire
ce qu'on veut bien
la rue d'aujourd'hui
m'habite depuis cinq ans
elle imprime ses humeurs sur mon âme
selon l'heure de la journée ou de la nuit
selon que j'emprunte une nouvelle rue
qui mène au rendez-vous
d'une autre histoire
d'une autre rue

Éloge du chiac, 1995, p. 40.

début d'une pièce à écrire

quand j'ai entendu le saxophone
pour la première fois
j'ai su que je voulais aller vivre
dans ce pays-là

Éloge du chiac, 1995, p. 83.

pour une absence

si je devenais charpentier, arpenteur
géographe, si je travaillais les contours
et les formes, en arriverais-je
à déceler les sombres desseins du cœur?

si je devenais musicien, danseur
magicien, si j'abordais les gestes
et les mouvements, comprendrais-je
l'insondable trajet du désir?

si je m'improvisais prophète, poète
rêveur, si j'étudiais les signes
et les intuitions, saurais-je
déjouer ce déluge de mémoire
que ton absence provoque?

Je n'en connais pas la fin, 1999, p. 44.

en lisant Aragon à cinquante ans

que d'heures perdues à regarder passer le monde
au cœur perdu des heures à regarder le monde passer
au café lire les journaux pour tuer le temps
certains matins lorsqu'en nous l'univers gronde

c'est le mal de vivre auquel on ne peut rien sinon
se perdre dans ses pensées en regardant passer le monde

Le plus clair du temps, 2001, p. 32.

coda

dans les yeux de l'autre
un firmament
avec des lunes
comme les matières
d'une ville et de ses voix
un fin passage
en écho de la conscience
sur la carte du temps

Le plus clair du temps, 2001, p. 83.

l'intensité de dire imprime sur ces textes
ce qui autrement m'aurait tué
le corps en feu au cœur d'une langue
avec des dents et du souffle
l'exploration délicieuse des limites
revenir sur ces traces écrites
avant de me rendre à l'extrême frontière
j'ai compris que j'écrivais pour sauver mon âme
le jeu d'épreuves

Technose, 2004, p. 30.

sur la rue Billie Holiday

ô fragile si fragile le matin
de la ville où nous aimons

chauds de nous deux
nourris de rêves
sur lesquels nous travaillons
tant bien que mal
balançant le dedans
et le dehors
dans le fragile si fragile
équilibre d'une autre journée
dans l'histoire de deux hommes
aussi vieille que le temps
aussi fragile qu'aujourd'hui

Poèmes new-yorkais, 2006, p. 11.

ROMÉO SAVOIE

Né le 9 mars 1928 à Moncton, Roméo Savoie obtient un baccalauréat à l'Université Saint-Joseph (Memramcook) en 1950, puis un baccalauréat en architecture de l'École des Beaux-Arts de Montréal (1956). Il travaille comme architecte à Montréal et dans quelques villes du Nouveau-Brunswick jusqu'en 1970, puis décide de se consacrer à la peinture. Après un séjour de presque deux ans en France (1970-1972) durant lequel il se consacre à la peinture, il s'établit dans la région de Moncton. Il travaille à la pige comme designer et scénographe, il enseigne les arts à l'Université de Moncton et de temps en temps réalise des édifices tout en peignant. En 1985, il entreprend une maîtrise en arts visuels, qu'il obtient en 1988. Depuis, la peinture occupe la grande majorité de son temps.

Roméo Savoie écrit comme il peint : par couches successives. Mais alors qu'en peinture, les couches subséquentes recouvrent les premières, en poésie, le poème défile, cernant de vers en vers l'intention de son créateur et parfois même interprétant une série de tableaux (*Trajets dispersés*, 1989).

C'est peut-être pour cela qu'il affectionne les suites, qui lui permettent d'approfondir un thème ; c'est ainsi qu'il développe une série de courts textes reliés entre eux, non pas par une «histoire» mais par une situation ou encore une émotion, point de départ de la réflexion. Situation souvent puisée dans son environnement, en particulier la mer (*L'eau brisée*, 1982), émotion qui s'appuie sur la conscience du temps (*Dans l'ombre des images*, 1991). Fondamentalement philosophique, sa poésie pose les grandes questions que rencontre l'homme dans sa vie (*Une lointaine Irlande*, 2001).

Là ou entre la lumière, extrait

cette matière est liquide et salie
étaler avec les mains   toucher
griffures   graffiti   craquelures
laisser traîner   dire que la mixture
glisse et succombe
glisse et transparaît et livre
dans son signe le secret
l'inconnu   le contraire   le sublime

la beauté est aussi ce qui étonne

rester près de la matière   nécessité
recouvrir à nouveau   mélanger
s'empêtrer dans l'inutile   entailler
poser l'objet tout près   ardoise
bois brûlé   cire d'abeille   feuille d'or
voyager dans le monde
dans l'indéchiffrable   rester près
de l'étonnement   éléments de codage
cette lumière glisse vers ce lieu
de nulle part

Trajets dispersés, 1989, p. 39.

Regards sur XXI tableaux, extraits

I

étendre une matière sur une surface
n'est pas un geste gratuit même s'il n'y a pas
de contrôle apparent
le geste d'étaler avec les mains est un rite
en soi
toucher du bout des doigts ce qui vient
de très loin croire au lent déplacement des énergies
qui livrent dans des traces le comment
et le pourquoi des choses
croire veut dire aussi ne pas tout expliquer

Trajets dispersés, 1989, p. 51.

III

une peinture est terminée lorsqu'il n'y a rien
à ajouter
terminer est aussi un mot pour désigner
une situation dans le temps
je pourrais dire que ce tableau est terminé
tandis qu'il ne l'est pas dans la réalité
ce qui m'incite à dire qu'un tableau est
terminé est le sens que je donne
à l'accumulation des images qui m'habitent

Trajets dispersés, 1989, p. 53.

XI

l'essentiel est ce qui est caché
salir   toucher avec les doigts
livrer les secrets   épurer l'ébauche
simplifier le langage
enlever les imprécisions
c'est-à-dire confondre davantage
les meilleurs moments sont parfois les plus confus
l'essentiel est souvent dans l'ébauche

Trajets dispersés, 1989, p. 61.

XX

reprendre une image et la répéter
ne donne jamais le même résultat
une image répétée mécaniquement
ne donne qu'une répétition
tandis qu'une image répétée manuellement
insiste sur l'idée de la répétition
montrer les dissemblances par exemple
tout geste est unique et inimitable

Trajets dispersés, 1989, p. 70.

XXI

j'arpente le lieu de la mémoire
involontairement
ce qui est gris demeure gris
tous les lieux ne se ressemblent pas
mais meurent de la même façon
je ne montrerai pas les cicatrices
j'observe et mesure
l'étendue de la catastrophe

Trajets dispersés, 1989, p. 71.

la blancheur du brouillard

tu me diras   le volcan s'est éteint
l'usure   une illusion
tu descends dans cet univers profond
la lune passera au-dessus du trou béant
sur la pente verticale   le risque s'allonge
tout est désert   comme l'ombre   comme la terre
comme le plomb martelé
tes yeux bleus interdits   rageurs
je descends près de la mer
cet endroit des semailles
des cadavres ensevelis
des fleurs bleues   du silence divin
une étendue lumineuse
je suis dans le temps qui commence
je me défais de ce rire
du velouté de ta bouche   de ta fuite encore
l'immense blancheur du brouillard
le désert tout près l'odeur de la poudre
l'idée de voyager me vient
images du vent   d'étranges fantômes
les noctambules circulent la nuit
le poids de leur amour est troublant
les passages emmurés m'affolent
j'efface l'univers avec la main

L'eau brisée suivi des *17 poèmes de l'errance*, 1992, p. 51.

chute

la chute s'arrête d'elle-même
je redescends
je suis cette main captive
ce détail passager

derrière la maison
là où la tempête souffle
je vois courir les enfants
je vois la rivière gelée
et les pêcheurs d'éperlans
tendre leurs filets
je vois passer la lumière

Dans l'ombre des images, 1996, p. 13.

rumeurs

le son des cloches inonde les champs
comme ce qui bouge dans l'incompris
la déesse pâle circule
dans le sang des yeux
je suis solidaire
des silences ancestraux
des femmes assises
épluchant avec les mains
le maïs des récoltes

dans la sombre coulée des nuits
l'or se mêle aux lumières
tes pas résonnent
tocs de sabots
ombres revêtues
chant de froufrous

loin dans d'autres pays
les icebergs émergent de l'eau
taches blanches et bleues
il y a dans le vent des échos
dans l'ombre des images
qui me rappellent vaguement
certaines paroles parfois

certains parfums insolites
certains regards discrets

Dans l'ombre des images, 1996, p. 15.

une lointaine Irlande

I

la pensée n'est jamais neutre
seulement les croix
sur les pointes
près des rivières

la vie ou la mort

toujours près des églises
dans l'eau tirer vers l'aube
tout compromis inutile
toute ironie évacuée

II

le brouillard bleu
la dissonance des lieux
parcourir les routes sans regarder
les oiseaux passent les troubadours
aborder le non-sens
la ville dort
l'interdit fait surface
dicte sa loi

III

imaginer
d'où part la violence
garder le silence
le son des vagues
se brise sur la terre
l'eau reste collée au centre
même courbe même en dessous

IV

il y aurait des recettes
des bateaux cramoisis
des pêcheurs de crabe
il y aurait dans la pénombre
un oubli infaillible
il y aurait le bonheur
un instant la certitude

V

jusqu'à la tombée
l'arôme des doigts et cette
douceur découverte l'instant est
insubordonné la marée monte doucement
les bateaux ballottent

Une lointaine Irlande, 2001, p. 7-11.

❖

Dessin

II

jeter
sur le papier ce qui reste
dans l'inconscient
un bout d'inutile
des émotions conservées
cachées longtemps dans les poches
sur des bouts de papier
trembler à l'idée
de faire souffrir
l'inévitable

Une lointaine Irlande, 2001, p. 48.

LAURIER MELANSON

Né à Moncton le 26 septembre 1931, Laurier Melanson obtient un baccalauréat ès arts de l'Université Saint-Joseph (Memramcook, 1953). Il étudie ensuite la musique et l'art dramatique au Conservatoire de la province de Québec (1953-1955) et à Toronto (1958-1959). Il complète ses études par une maîtrise à l'Université Paul-Valéry à Montpellier (France, 1974).

Sa carrière professionnelle le conduira à travailler dans différents domaines : durant les années 1950, il est annonceur à la radio, professeur à l'Université Saint-Joseph et comédien ; durant les années 1960 et 1970, il est directeur national adjoint du Festival d'art dramatique du Canada. Par la suite, il est professeur à l'Université du Nouveau-Brunswick (Fredericton), où il enseigne jusqu'à sa retraite à l'âge de 64 ans.

Son premier roman, *Zélika à Cochon vert* (1981) est tiré d'une série radiophonique qu'il a écrite pour Radio-Canada et interprétée en ondes. Rédigé dans une langue populaire et mettant en scène des personnages colorés qui vivent des situations dans lesquelles l'humour — qui peut être caustique — a une belle place, ce roman demeure son œuvre maîtresse.

Otto de la veuve Hortense (1982), qui a également été d'abord une série à Radio-Canada, appartient au même univers que *Zélika*, tout comme *Aglaé* (1983). Les trois romans racontent la saga de différentes familles du village de la Fourche-des-Deux-Rivières dont les destins se croisent.

Plus que par leur structure, ces romans se distinguent par leurs dialogues et par leurs personnages qui, dans la démesure qui les caractérise, appartiennent davantage au registre du conte.

En 1986, le Théâtre populaire d'Acadie demande à Melanson de créer une pièce en fusionnant des scènes de ses deux premiers romans. La pièce, qui aura pour titre *Zélika à Cochon vert*, remportera un vif succès.

Zélika à Cochon Vert, extrait

L'année 1934 tirait à sa fin et Zélika à Cochon Vert jubilait de voir enfin arriver le jour de son mariage. Son fiancé était rentré des États depuis quelque temps. Il n'y retournerait plus mais resterait désormais avec elle à la Fourche-des-Deux-Rivières. Otto lui avait rapporté une bague ornée d'un bien modeste diamant qu'elle s'imaginait gros comme une poignée de porte.

—La reine d'Angleterre en serait jalouse, qu'elle répétait à ses sœurs.

Zélika était aux petits oiseaux. Ce n'était pas le cas de sa mère...

Alors que toute la chrétienté se préparait à la venue du Messie dans la sérénité et le plus grand recueillement, la mère Cochon Vert menait un train d'enfer en vue de marier sa fille le jour de Noël même. Il ne restait plus que quarante-huit heures avant le grand événement — le grand débarras — comme elle l'appelait. Tel un commandant d'artillerie lourde en plein champ de bataille, elle dirigeait une vingtaine d'opérations à la fois, criant des ordres à tue-tête à son bataillon d'enfants insubordonnés dans l'espoir de se faire entendre plutôt que dans celui de se faire écouter.

«Cré du Saint Bon Djeu, Isidôre, vociférait-elle à l'adresse du plus jeune, débarque du poêle, tu vas te brûler le derrière. Onézine, forme la porte, i' fait un vent du nôrd à décorner les bœufs dans c'te tchuisine! Toi, Félicien, serre les ciseaux, tu vas éborgner ta sœur! Mais quoi ce que tu viens de faire asteure?

Ben, il vient d'i couper la couette raque au chignon pis la v'là le cagouette en tchul de poule ! Ah ! Joséphine, habille-moi les cinq pus jeunes pis jette-moi ça dehors que ç'aille se calmer dans les roulis de neige ! Vous deux, les bessounnes, allez quéri' votre père dans la grange pis dites-'i de venir m'aïder. Cré du Saint Bon Djeu, si je crus aller sus le djable, j'irais plusse à mon aise qu'icitte. »

Il est vrai que Zélika était ravie de se marier. Cependant, elle ne voyait pas qu'il y eût grand besoin de faire croire à la paroisse que les Cochon Vert pétaient dans la soie. Les paroissiens se diraient, une fois de plus, que la mère Cochon Vert visait plus haut qu'elle n'avait le croupion et voilà tout ! Un simple service dans une chapelle lui aurait suffi amplement. Comme ça, elle aurait pu porter sa robe d'indienne et s'épargner les mortifications qu'on lui imposait depuis quelques heures.

Mais non, la mère Cochon Vert avait résolu de donner sa fille en mariage — aussi bien dire en spectacle —, affublée de la robe de noces de la grand-mère, une robe de satin blanc qui avait engraissé plus d'une mite et qui tournait aujourd'hui à un jaune maladif. Et pour revêtir cet article sorti du musée des horreurs, il fallait porter un corset. Et pour paraître en public, harnachée d'un étau qui vous coupe la respiration, vous étrangle la taille et vous sort les yeux de la tête, ne faut-il pas d'abord vous y être habituée ? Or, pour bien accoutumer sa fille à ce supplice, il y avait déjà quelques heures que la mère Cochon Vert avait employé toutes ses forces à la lacer dans un corset emprunté à la voisine, si bien que Zélika en avait le visage bleu et se demandait sérieusement si elle devait succomber, oui ou non, à la tentation de s'évanouir.

—Cré du Saint Bon Djeu, Zélika, passe par icitte ! Tu m'as l'air mal arrimée là-dedans. J'arais cru que la femme à Eustache à Octave nous arait prêté le corset qu'a porte le dimanche, à la place de ce gréement venu de l'arche à Noé. Là, endure encôre un quart d'heure pis prends ben garde de pardre counnaissance ! Ça t'apprendra de te laisser venir grousse coumme un moine !

Zélika ne se sentait pas la force de répondre. Elle était condamnée à souffrir en silence.

✥ ✥ ✥

C'est le moment qu'avait choisi d'entrer dans la cuisine le chef de famille, Ovide Cochon Vert. Il n'était chef que de nom car la véritable souveraine de céans, c'était la mère Cochon Vert qui exerçait un pouvoir absolu sur tout ce qui l'entourait, depuis le mari qu'elle avait relégué, cela faisait longtemps, au rang de ses acquisitions, jusqu'aux souris qu'elle bottait dehors avec agilité. Au dernier inventaire, elle dénombrait ses possessions comme suit: un mari imbécile et sourd comme un pot, neuf enfants ensorcelés, une maison délabrée, un ameublement rustique et ruiné, trois granges irréparables, une jument indisciplinée, quatre vaches à sec, deux cochons malfaisants, douze poules couveuses et sept arpents de terre glaise.

—Ah vous v'là, Marie-Victoire pis Marie-Grégoire! Emmenez-moi votre pére dans la câve embouteiller la bière. Zélika, viens icitte que je te débarrasse de c'te corset de fer. Habille-toi, faut que je pâssions sus le tchuré faire les darniers arrangements... Joséphine, dépêche-toi de finir tes boutchets de fleurs en papier crêpé. La mariée arait pauvre mine si all' arrivait à l'église les mains vides! Ça 'i prend des fleurs! Je voulons pas passer pour des esclaves! Après, tu monteras charcher les rideaux de ma chambre à coucher pour ouère si y a pas Djeu moyen d'y faire un ouèle pour le mariage...

Zélika a vite fait d'atteler la jument grise à la carriole. Une fois au presbytère, la mère Cochon Vert a ouvert la porte du curé sans frapper. Dans un battement de pieds résolu, elle a réussi à ébranler la maison du saint homme de fond en comble et à bombarder la soutane du vicaire des mottes de neige dont elle était recouverte. «Salut mon père, salut le vicaire!» qu'elle fait aux deux ecclésiastiques, sans plus de façon puis elle enfonce Zélika dans un fauteuil et s'assoit à son tour.

—C'était pour le mariage de ma fille, si vous aviez le temps. Euh...

Zélika à Cochon Vert, 1981, p. 65-68.

MARTIN PÎTRE

Né à Robertville (Nouveau-Brunswick) le 23 février 1963, Martin Pître fait des études en information-communication à l'Université de Moncton, suivies d'une année en étymologie à Paris (1983-1984). Dès la création du quotidien *L'Acadie Nouvelle* (1984), il y travaille à titre de journaliste ; par la suite, il y assume la responsabilité des pages culturelles et y signe des critiques et des billets d'humeur. Il quitte *L'Acadie Nouvelle* au début des années 1990 pour se consacrer à l'écriture. En 1996-1997, il est embauché à titre de rédacteur en chef de la revue *Ven'd'Est*, tout en dirigeant l'hebdomadaire *L'Express Chaleur* qui ne durera que quelques mois. Engagé dans le milieu culturel de la Péninsule acadienne, il participe activement à la création du prix littéraire Antonine-Maillet/Acadie Vie et du Festival acadien de poésie, dont la première édition a lieu peu de temps avant son décès. Il se suicide le 15 novembre 1998.

Il a 19 ans quand il publie *À s'en mordre les dents* (1982) et déjà la mort le hante. Un peu plus de 10 ans séparent son premier recueil du deuxième, *La morsure du désir* (1993), un recueil complexe, dur et tendre à la fois qui se termine sur le rappel de ses 30 ans et sur une conscience aiguë de la mort.

Dans son roman, *L'ennemi que je connais* (1995, prix France-Acadie), le drame naît à l'occasion d'un lock-out au moulin. Le roman s'intéresse non seulement au conflit social, mais également aux conséquences qu'entraîne l'errance des corps et des âmes, les personnages n'étant plus tenus par la discipline qu'impose un horaire fixe de travail pour déterminer leurs actes. Écrit en de courts chapitres tout en ellipses, le roman se construit à partir de la narration de Steph et de son interprétation de ses actions et de celles de ses amis, Chico le frisé, Piston le poète, Crevette le rocker et, légèrement en retrait, Charles, le fils du gérant de l'usine.

Le réalisateur Rodrigue Jean en a tiré un long métrage sous le titre de *Full Blast* (1999).

Rose des vents

en fait
vois-tu
c'est que nous sommes tous un peu perdus
dans l'élan de nos corps
vers l'incommensurable
vide
des yeux de l'autre

alors
pourquoi devrions-nous n'avoir
qu'une seule boussole
qui indique un même nord
alors que nous cherchons
tous
quelque chose de différent

tout cela pour me dire
qu'il me serait vain de te chercher
là où je te crois être

La morsure du désir, 1993, p. 38.

Châteaux de vents

les pêcheurs de palourdes dessinent des châteaux de vent
leurs silhouettes penchées se rapprochent
et ils creusent le sable
jusqu'au temps reculé des marées basses

la courbe de leur échine salée est attirée par la lune
qu'on ne voit pas de ce côté-ci de la Terre

ils proviennent de villages aux cordes à linge tendues
qu'on dessine sur les cartes à suivre
en une multitude de baisers faits aux continents

leur territoire est jonché de gestes délicats
dont on devine souvent à peine la portée
et la peine
tout simplement

plus tard   lorsqu'il se mettra à pleuvoir
les pêcheurs de palourdes rentreront
dans leurs maisons de bois
et ils regretteront le sol instable des dunes d'eau

La morsure du désir, 1993, p. 51.

Petite-Rivière-de-l'Île

le vent vient du sud
face à la mer
qui ne l'a pas vu venir

le dos lentement dessiné d'ombres lourdes
tout est ici pareil au temps passé

ensemble
l'un vers l'autre
un soir
du sable se plaque sur ton corps mouillé de sueurs
le ciel s'étire jusqu'à rompre le temps

je suis encore
entre toi et moi

La morsure du désir, 1993, p. 69.

L'ennemi que je connais, extrait : chapitre 4

Pendant que je pensais dans ma tête, la Terre avait continué de tourner. Ça s'énervait, dans la cour du moulin.

—Venez-vous-en, a dit Chico. Ça bouge!

On s'est attroupés, avec les gars qui commençaient à s'ennuyer franchement au bout de leurs pancartes jaunies et pratiquement mortes de soif.

—Ils s'en viennent! a hurlé quelqu'un en s'étranglant. La police s'en vient! C'est les anti-émeute!

La nouvelle m'a scié en deux.

—Bravo, j'ai dit à un Chico découragé, les batteries pas mal à terre. Bravo pour ton système de renseignements. Un peu plus et on était les derniers à l'apprendre...

Ils s'amenaient en autobus, les hommes de loi et les scabs. On devinait qu'ils étaient avec eux, les écœurants, mais pas moyen de les voir, à cause des vitres teintées. C'était des gros autobus. Je me disais que c'était une drôle de façon de nous prendre par surprise. À moins que ce n'était pas ça, leur idée. À moins que c'était pour nous rentrer-dedans-un-poing-c'est-tout. Les autobus se sont arrêtés les uns après les autres pour décharger leur racaille comme des déchets. Pareil comme des grosses bêtes sales qui vomissent.

Quand c'est pas à la télévision, la police anti-émeute, ça ferait peur à n'importe qui. Essayez, pour voir... Rien qu'à les envisager, même de loin, on sent que quelque chose de grave va se passer. Parce que, quand un homme s'habille en noir, un casque sur toute la face, avec une vitre dessus, ce n'est sûrement pas pour faire la vaisselle. On devine.

Ils se sont divisés en deux groupes pour chacune des entrées. Puis, ils se sont mis à avancer en marquant le pas, frappant leurs boucliers avec leurs matraques. Partout autour de moi, l'asphalte résonnait. Je les regardais, de loin, et je me demandais quel hystérique avait osé appeler ça des agents de la paix. Ça n'a pas de cœur, ces hommes-là, parce qu'il n'y en a pas un qu'est de la place. C'est tout comme avec les patrons du moulin qui n'ont pas de parenté par ici. Ils connaissent personne, alors ils ne peuvent pas dire si ce sont des humains qui vivent en face d'eux, de l'autre bord de leurs masques, avec des tripes, des peurs, des ennuis, aussi. Le gars avec l'air de rien dans une foule qui danse sous les cannettes de gaz lacrymo, c'est peut-être toi, connard! Les gens qui manifestent contre les Pershing ou pour Greenpeace ont compris ça: de tous les bords de la planète, c'est du monde qui nous ressemble. Alors, il faut éviter de se taper dessus. Parce que plus ça fait mal, plus c'est difficile d'arrêter. On se dit que la fin de la douleur, c'est la mort, peut-être même la sienne, et on frappe, on frappe sur l'autre, comme aux portes de l'enfer, pour qu'il ne respire pas tout notre air.

Les gars se sont garrochés aux entrées pour renforcer les piquets. Tout d'un coup, dans le tas, j'ai distingué mon vieux qui suivait le groupe. Comme ça m'a fait drôle qu'on se retrouve du même bord, pour une fois! Plein d'une fierté que j'avais depuis longtemps oubliée, je l'ai admiré.

«Même s'il a trop de cheveux blancs pour jouer de la matraque, il y va pareil que tout nous autres», j'ai pensé avec joie, bonheur, allégresse et tout et toute la connerie.

Je revois la scène. Pas nerveux, les gars avancent en silence sous le soleil électrique. Personne ne crie, ni quoi que ce soit. C'est un peu calme comme début de panique tropicale, j'ai pensé en priant le ciel pour que ça mouille. Puis, c'est Charles qui a fait diversion.

—J'arrive juste à temps, qu'il dit soudain en m'envoyant une tape derrière l'oreille.

Je lui arracherais la tête s'il y avait pas tant de police.

—Où c'est que t'étais? j'ai demandé, presque désintéressé, en regardant sa main, mine de rien.

Il avait une drôle de tête, le Charles. Il souriait, mais pas ses yeux. Je sais lire dans les yeux. On peut pas me charrier.

—Hein, t'étais où? On devais-tu pas tous venir ici pour le cas où?

—Pas loin, Steph. J'étais pas loin. Viens, restons pas ici. Chico, Crevette et Piston, ils vont se passer de toi pour un moment.

—Pas question, j'ai tranché, choqué.

Des plans pour qu'on pense que je reculais devant la menace.

—Allez...

—Je bouge pas, j'ai dit. Mais il m'intriguait après tout.

Je me disais que, pour un gars qui allait à l'université où ça doit être calme en fils à papa, il en avait déjà fait pas mal, des troubles. Aussi, même si au fond de moi j'étais convaincu qu'il fallait l'envoyer se promener chez le diable, j'avais un petit peu peur qu'il aille se flamber comme un moine du Tibet.

—Où c'est que tu veux aller?, j'ai demandé en enfonçant ma casquette sur mes oreilles.

—Viens, parle pas. Suis-moi et ouvre les yeux.

L'ennemi que je connais, 1995, p. 79-81.

RINO MORIN ROSSIGNOL

Né le 19 mai 1950 à Saint-Basile (Nouveau-Brunswick), Rino Morin Rossignol obtient un baccalauréat en arts visuels du Collège Saint-Louis-Maillet (affilié à Université de Moncton) d'Edmundston en 1971. Il exerce différents emplois en administration avant d'être embauché comme traducteur pour la Fondation canadienne des maladies du rein à Montréal (1976-1980). En 1980, il devient conseiller auprès du gouvernement de Richard Hatfield, poste qu'il quitte en 1986 pour assumer la rédaction en chef du quotidien de Moncton *Le Matin*, qui vient d'être fondé. Cette aventure dure jusqu'à la fermeture du journal en 1988. Il travaille ensuite comme conseiller auprès de différentes personnalités et institutions. Parallèlement, il est chargé de l'adaptation française de l'émission *Fashion File*, diffusée sous le titre *Griffe* à RDI (1995 à 2003), et signe depuis 2001 une chronique dans le quotidien *L'Acadie Nouvelle* de Caraquet. Il vit à Montréal depuis 1989.

Publiée en 1982, *Pique-nique*, une pièce de théâtre délirante, met en scène un Lord Durham accompagné d'un chœur de représentants des trois grandes régions de l'Acadie ainsi que d'autres personnages tout aussi caricaturaux. Le ton est joyeusement ironique et la pièce sera montée avec succès.

Son premier recueil, *Les boas ne touchent pas aux lettres d'amour* (1988), hésite entre la nouvelle et le journal intime. C'est avec *La rupture des gestes* (1994) qu'il s'affirme comme poète. Ce recueil, dont les poèmes couvrent la période 1970-1988, relate la lente prise de conscience que fait Morin Rossignol de son identité, qu'il lie à l'acceptation qu'il a dû faire de son homosexualité.

Alors que ses chroniques font souvent appel à l'humour, à l'ironie, la poésie de Morin Rossignol présente son côté sérieux, angoissé : le clown a enlevé son masque, ne reste que l'homme qui cherche. Le titre *L'éclat du silence* (1998) est également le premier vers de ce recueil et le dernier de *La rupture des gestes*. Il y continue sa quête de lui-même, qui culminera dans *Intifada du cœur* (2006).

Morin Rossignol accorde une grande importance à la beauté de la langue, tant dans ses chroniques que dans sa poésie. Ses poèmes sont fignolés, aux accents chantants, et les images sont fortes, les verbes colorés, les phrases précises.

j'ai l'âge de trente soleils

j'ai l'âge de trente soleils
brûlant l'ombre
sur les paupières du vent
dansant la nuit
à l'exotisme des orchidées noires

la tristesse de trente nuits
agenouillées sur l'humus
camouflées sous des sapins vermoulus

la jeunesse de trente matins

apaisant les déclins du jour
ressuscitant les aurores bleues

l'ennui de trente solitudes
mortes dans des avalanches
quand les printemps
insoucieux de leur jeunesse
s'étaient mis à danser
aux sons des astres musiciens

la profondeur de trente mers
furie valsant avec l'abîme
appelant les passés regrettés
aujourd'hui

j'ai le silence de trente abîmes
d'où l'on tire les ave
pour des saluts sans âmes
s'ouvrant à l'heure des éternités
et de la naissance nouvelle

la vieillesse de trente automnes
aux fleuves de couleurs vives
aux reflux des amours insensées
quand sonne soudain le glas des saisons

j'ai la mort de trente vies
aux sabbats inhumés dans les champs
quand tombent les poussières
des enfers en désolation
13 mars 1970, edmundston

La rupture des gestes, 1994, p. 20-21.

✣

silence

laissons passer ce silence
comme un phare la nuit
éclaire doucement
le pêcheur qui va
solitaire

laissons fuir ce silence
comme la marée haute
retourne le matin
à la profondeur des océans

11 avril 1974, tendaba, gambie

La rupture des gestes, 1994, p. 74.

désillusion

ta présence

timide présence transgressant vaguement
quelquefois
l'ombre tenace qui la garde captive

mince frisson brouillant le jeu de la réalité
privant la routine de sa ration de quotidien

ton absence

impérieuse absence exaltant sa maladresse
entre mes vieux déjà et mes nouveaux peut-être

et demain ma désillusion
triomphante

6 mars, 1977, montréal

La rupture des gestes, 1994, p. 117.

annonce classée

tarzan n'a pas téléphoné
géant vert ne répond plus
superman n'a pas laissé d'adresse

j'entends encore à Chicago
dans le zeste d'un clin d'œil
wanna go wrinkle some sheets

✢ ✢ ✢

poète dans la trentaine
cherche gros ours mal léché
avec ou sans instruction

sans références de préférence
la passion seule témoignera

✢ ✢ ✢

éclat jaune
pinçant ma solitude
de rage et d'abandon

fantasme cherchant refuge
dans un sablier vide

le défi consume l'espoir
14 avril 1986, edmundston/fredericton

La rupture des gestes, 1994, p. 139.

✢

l'éclat du silence
sur les fragments d'un salut
quand la rue somnole encore

comme si le goudron
dégorgeait d'espérance

peut-être un rayon de soleil
piaffant sur le perron

L'éclat du silence, 1998, p. 11.

zoom arrière
générations buissonnières
grimpées sur leurs talons aiguille
et se dandinant sur les ponts

pour les pêcheurs
en bas

et plus tard
cette femme
un chandail bleu sur l'épaule
un sac à la main
un taxi
les adieux
un enfant sur le perron
rien devant

L'éclat du silence, 1998, p. 12.

dehors
déguisé en poudrerie
zéro celsius
devant l'hiver
fanfaronne

vampire
vorace
de nos teints blafards

j'évite de mourir en hiver

L'éclat du silence, 1998, p. 35.

Derrière l'écran, le mur orangé. Et sur le mur, une toile, achetée jadis en pleine extase psychédélique, un soir de fête étrange, dans une piaule minable. *Satori* pour un poète stérile qui avait su déceler dans les symboles d'un peintre paumé tout le drame de l'incarnation.

❖ ❖ ❖

Sur la gauche, une aquarelle évoquant une scène champêtre, des vallons ronds et verts, des toits rouges, des clôtures de bois. Substrat ancestral pour un poète déraciné qui avait cru lire dans les lignes gauches d'un peintre naïf toute l'ardeur du bonheur.

❖ ❖ ❖

Sur la droite, une eau-forte, nature morte aux pommes orangées et aux raisins lime, plaquant délibérément, devant les yeux du poète affamé de paradoxes, la palette à la fois chaude et froide du désir et de l'absence.

✢ ✢ ✢

Menus objets dessinant l'histoire d'un homme toujours enfant, marchant seul vers la vieillesse, étonné d'être heureux, heureux d'être étonné.

Intifada du cœur, 2006, p. 15-16.

✢

Écrire pour repousser le temps devant soi. Pour le reléguer à un exil domestique. Le temps s'agrippe à la mémoire, comme la lumière à l'été. Une lenteur m'étreint. Mon âme flotte dans un flou champêtre, l'urbanité murmure.

✢ ✢ ✢

Au bar, ronron strié de quelques rires échappés d'une gorge plantureuse. Une nostalgie m'habite quand je suis seul ici à méditer sur mes mots, sur le blackout de mes souvenirs. Le souvenir est un silence peuplé de moments forts et de gestes figés.

✢ ✢ ✢

Je note le temps dans mon calepin. Et le temps file tout droit, tandis que je zigzague entre mes mots. Une accalmie s'installe, discrète, dans ce qui était le carnaval. Bientôt, ce sera l'heure où tout retombe. Et le silence prendra trône au bar.

✢ ✢ ✢

L'heure dénudée de tout artifice. L'heure bleutée couchée sur le ventre d'une ville bavarde. Le temps servi en catimini aux urbains transis de printemps fou. La lumière danse dans le ciel molletonné. Un homme écrit dans le froufrou de la fin du jour. Une humanité crépite dans l'humus social. Où aller pour clore le cycle des amours absurdes ? L'amour dort dans mes bras.

✥ ✥ ✥

Agonie du bar, quand l'amour frappe à la porte d'un fantasme solidement fermé à clé. Inaccessible, le lieu d'un refuge, pour pleurer en cascade toute l'illusion déchue reléguée au rang d'égarements multiples, récurrents, constants, persistants. Refusé, le refuge. Dans la cavité gauche d'un cœur morcelé de trop de désirs et de chagrins. La mort vit en moi.

Intifada du cœur, 2006, p. 64-66.

GERMAINE COMEAU

Germaine Comeau est née en 1946 à Yarmouth (Nouvelle-Écosse). Après avoir obtenu un baccalauréat ès arts de l'Université Sainte-Anne (1967), elle en obtient un en pédagogie de l'Université d'Ottawa (1968). Elle enseigne à Clare puis, en 1971, elle retourne aux études en traduction à Ottawa. Elle écrit une pièce, *Les pêcheurs déportés* (1974) et décide de faire sa maîtrise en études théâtrales à la Nouvelle Sorbonne (Paris, 1977). À partir de 1980, elle travaille comme agente de développement pédagogique au Conseil provincial de ressources pédagogiques de Pointe-de-l'Église, puis à son compte comme rédactrice, traductrice et comme graphiste. Elle habite à La Butte (Nouvelle-Écosse).

Son œuvre s'inspire du milieu. Les intrigues de la pièce *Les pêcheurs déportés* (1974) et du roman *L'été aux puits secs* (1983, prix France-Acadie) se fondent sur la quotidienneté. Les principaux personnages sont amenés à poser des gestes qui vont à l'encontre des valeurs traditionnelles de leur milieu, milieu qu'ils choisiront de ne pas quitter, préférant la conformité au rejet.

Laville (2008, prix littéraire Antonine-Maillet/Acadie Vie) est un roman dans le roman. Jouant avec la temporalité comme avec la « réalité », Comeau construit son récit en entrelaçant présent, passé et imaginaire. L'un des personnages y écrit un roman qui se passe dans une ville francophone de deux millions d'habitants sise sur le bassin des Mines, haut lieu de l'Acadie d'avant la Déportation. Le va-et-vient entre réalité et utopie donne tout son charme au roman. Comme dans ses autres œuvres, Comeau utilise judicieusement différents registres de langue, dont ceux des Acadiens de la Nouvelle-Écosse.

Laville, extrait

Barton redressa le dossier de son fauteuil. Avant même que la voix de l'hôtesse ait annoncé l'atterissage imminent de l'appareil, il avait senti le heurt provoqué par l'ouverture des volets d'intrados. Il étira ses épaules vers l'avant, se frotta les genoux et laissa flotter son regard vers le hublot. Rien. La blancheur du nuage dans lequel était plongé l'avion accentuait le malaise d'être claustré à l'intérieur de cette carlingue depuis trop longtemps. Sept heures depuis le départ de Paris. Les passagers avaient tous repris leur place, fatigués, leurs vêtements fripés, les pieds logés entre les sacs d'une marchandise achetée aux boutiques hors taxes de l'aéroport Charles-de-Gaulle.

Barton tendit son verre de scotch vide à l'hôtesse qui descendait l'allée pour vérifier les préparatifs de l'atterrissage. Leurs yeux se rencontrèrent l'espace de quelques secondes, ceux de Barton alourdis par la fatigue, ceux de l'hôtesse encore éveillés par l'élan de politesse qui faisait partie de son métier. Elle disparut de son regard et, tout en fermant les yeux, Barton se demanda qui était réellement Anne Arseneau, hôtesse d'Air France, qui traversait régulièrement l'Atlantique sous les regards tantôt exigeants, tantôt soumis de passagers qui pouvaient se permettre le luxe de se promener entre deux continents. Anne Arseneau retournerait-elle à Paris sur le vol de ce soir ?

Barton poussa un long soupir. Combien de fois avait-il fait ce trajet ? Il ne saurait les compter même en fouillant les recoins de sa mémoire. La France était pour lui comme un autre chez-soi par obligation d'affaires, lui qui avait fait fortune dans le vin. Lui, Barton Saunier, avait acquis le titre du plus grand négociant en vins du Canada. Propriétaire de vignobles dans la région de la Loire, il cherchait maintenant à conclure l'achat d'une firme de viticulture en Alsace. Ce voyage n'avait pas remporté le succès escompté. « Il va falloir y retourner », pensa-t-il en faisant semblant de mâcher quelque chose pour dégager la pression dans ses oreilles. La bouche de ventilation soufflait à pleine capacité au-dessus de sa tête.

Malgré son habitude des voyages, Barton n'avait jamais réussi à vaincre sa peur des atterrissages. Il redoutait chaque fois le premier contact des roues avec le sol. À chaque arrivée, il devait faire un effort conscient pour abandonner sa vie aux merveilles de la technologie, mais non sans raidir le dos, crisper ses mains sur les bras de son fauteuil et être envahi par des sueurs froides.

Assise de l'autre côté de l'allée, de biais vers l'avant, Anne Arseneau tourna la tête vers lui juste au moment critique. Elle lui fit un sourire. Dès qu'il fut libéré de sa peur, Barton fut saisi d'une gêne. Le sourire d'Anne Arseneau parut esquisser un air de moquerie.

—Bienvenue à l'aéroport international Blomidon. Bienvenue à Laville. Nous espérons que votre séjour parmi nous sera...

—Ça va, Monsieur Saunier ? fit l'hôtesse en lui tendant son veston, qu'elle sortit du compartiment au-dessus du siège.

—Ça va. Oui, ça va. C'est toujours bon d'arriver chez soi...

—À la prochaine fois, Monsieur Saunier !

Barton se hâta de sortir de l'appareil, préoccupé par les formalités de la douane qui s'imposaient, par l'idée que son voyage n'avait pas été un succès et par la rencontre qu'il se proposait de faire avant de rentrer chez lui. Les membres de sa famille ne se déplaçaient plus pour aller le chercher à l'aéroport. Ses voyages fréquents étaient devenus un mode de vie. Il garait sa voiture dans le stationnement de l'aéroport, se sentant ainsi plus libre de modifier son horaire à sa guise, selon ses besoins, et de rentrer chez lui à toute heure du jour.

C'était la mi-juin, le meilleur temps de l'année pour se trouver à Laville. La végétation resplendissait de fraîcheur et de verdure. Les cafés venaient d'aménager leurs terrasses. L'air était encore vif avant les grandes chaleurs de l'été. À l'affiche des théâtres, il y avait le résultat du travail de toute une année, préparé pour la ruée des touristes qui se donneraient rendez-vous au joyau culturel du Canada... Laville. Deux millions d'habitants. Une merveille d'architecture urbaniste inspirée des modèles de Venise et d'Amsterdam, construite sur les terres des marais asséchés jadis, il y avait trois siècles, par de nouveaux arrivants dont la survivance dépendait de la culture des terres. Laville avait depuis lors grandi, sa banlieue avait grimpé sur les terres avoisinantes, mais son centre demeurait sur le terrain plat, à l'affût de la marée du bassin des Mines. C'est là que Barton avait choisi d'établir sa résidence principale. Au 38, quai Bonséjour, en plein cœur du quartier des Habitants.

Barton roulait tranquillement sur la voie rapide reliant l'aéroport au centre de Laville. Les voitures le doublaient facilement. Il n'était pas pressé, car il savait que deux heures trente de l'après-midi, ce n'était pas un bon moment pour arriver à son rendez-vous.

La ruelle Sansfaçon n'offrant aucune possibilité de stationnement, il gara sa voiture tout près de la statue du soldat, sur la pittoresque Place des Conquérants devenue, au fil des années, la porte d'entrée du Quartier Latin. Les cafés de la Place étaient remplis de gens qui reculaient devant l'idée de retourner à leur bureau pour terminer leur journée de travail.

Barton Saunier prit la bouteille de Ricard emballée soigneusement à la boutique hors taxes, ferma sa voiture à clef et se dirigea en direction ouest sur le boulevard de l'Aboiteau, qui séparait Laville Nord et Sud, le long du canal central débouchant sur la mer. Le mélange de fatigue et de décalage horaire se manifestait par un sentiment d'insouciance. Il laissait vaguer son imagination entre Paris et Laville en songeant qu'à peine dix heures plus tôt il marchait sur une autre rue dans un autre continent.

La ruelle Sansfaçon était très étroite et ne laissait guère pénétrer les rayons de soleil qui venaient tout juste de percer les nuages.

—Attention, Monsieur, vous allez marcher sur mon camion!

—Pardon, je ne regardais pas où je marchais...

—Il faut regarder où on va, Monsieur!

—Oui... oui, tu as raison, mon petit.

—Tu vas encore voir la grosse madame?

Barton lança un regard sévère au gamin et s'éloigna de lui. Il marcha à côté du trottoir étroit afin d'éviter les poubelles qui encombraient la rue en attendant le passage des éboueurs.

—Qu'est-ce qu'il y a dans ton cadeau?

—Ce n'est pas de tes affaires!

La ruelle Sansfaçon était très peu fréquentée sauf par ses riverains, qui ne comptaient pas parmi les plus favorisés de Laville. Barton ne se souvenait jamais de mémoire du numéro précis où il avait rendez-vous, mais en y arrivant il reconnaissait facilement la porte peinte d'un rouge rouille au-dessus de laquelle il était écrit en petites lettres dorées sur un écriteau noir : Malvina. Encore fallait-il regarder au-dessus de la porte. Malvina n'avait plus besoin de publicité. Elle était contente de l'état actuel de ses affaires et même, depuis quelques temps, elle avait dû refuser de nouveaux clients, faute de temps. Sa réputation s'était faite de bouche à oreille, d'abord parmi les artistes de Laville, et ensuite chez les gens d'affaires qui aimaient suivre certains courants de mode pour se distraire.

Barton se sentait un peu nerveux. Le jeune garçon le surveillait toujours de loin. Il donna trois coups sur la porte. Pas de réponse. Trois autres coups. Un jappement de chien se fit entendre au loin. Il attendit. Rien. Deux heures quarante-cinq. D'habitude, Malvina était prompte à répondre. Il essaya une dernière fois et, juste en tournant le dos à la porte pour repartir, il entendit une clef tourner dans la serrure.

—C'est vous, Monsieur Barton?

—Oui.

—Entrez.

Barton se faufila dans la porte entrouverte. On aurait dit que Malvina essayait de dissimuler son arrivée.

—Il faut me pardonner. J'ai laissé ma sieste se prolonger plus longtemps que d'habitude. Je n'ai pas eu le temps de faire ma coiffure.

Malvina dit ces paroles en boitillant vers le bout du corridor devant Barton. Toutes les portes le long du corridor sombre étaient fermées.

—Vous arrivez?

—J'arrive. Il y a à peine deux heures que j'ai touché le sol. Tenez, je vous ai apporté un Ricard.

Malvina s'arrêta net, se tourna vers Barton, le regarda et ne dit rien. Il vit qu'effectivement elle ne s'était pas coiffée. Elle lui parut fatiguée, vieillie. Le visage de Barton s'attendrit, et les yeux de Malvina se mouillèrent lorsqu'elle accepta son cadeau.

—C'est trop gentil, Monsieur Barton. Vous êtes un client spécial. Nous voilà en pleine saison du Ricard avec les chaleurs de l'été qui s'en viennent.

Retrouver Malvina comme ça au retour était une façon agréable de faire le bilan de l'expérience que Barton venait de vivre. Elle le rassurait dans ses affaires.

—Assoyez-vous... Tiens, on boit un verre? Un Ricard frappé...

—J'veux bien.

Pendant qu'elle s'éloignait pour leur verser à boire, Barton se pencha pour regarder de plus près sur la table la forme ronde qui s'y trouvait, voilée d'un tissu soyeux blanc. La pièce sombre, sans fenêtres, était éclairée par une unique lampe en imitation de fanal placée sur une étagère à livres. Le papier peint des murs n'offrait aucune consolation. Il se dégageait partout chez Malvina une odeur accablante de relent humide, sans doute parce que ce logement au rez-de-chaussée était si mal éclairé et encore moins bien aéré.

—Voilà! dit Malvina en tendant un verre à Barton. À votre santé!

—Et à la vôtre...

Malvina s'installa sur sa chaise à côté de la table. Elle enleva le voile qui couvrait sa boule de cristal et le plia soigneusement pour le déposer sur la table à côté.

Laville, 2008, p. 109-114.

FRANCE DAIGLE

France Daigle est née le 18 novembre 1953 à Moncton. Elle obtient son baccalauréat ès arts à l'Université de Moncton (1976). Elle travaille comme journaliste à *L'Évangéline*, quotidien qui est au centre de son roman *1953 : chronique d'une naissance annoncée*, de 1973 à 1977, et parallèlement à la radio de Radio-Canada Moncton comme rédactrice de nouvelles de 1975 à 1978. Elle occupe ensuite divers emplois liés à la traduction, à la rédaction de textes et à la recherche avant de retourner à Radio-Canada.

Ses cinq premiers romans s'inscrivent dans une démarche formaliste très épurée qui place le récit au second plan de l'écriture. Lentement, elle chemine vers le récit, *La vraie vie* (1993) marquant la transition. *1953 : chronique d'une naissance annoncée* (1995) confirme ce choix : le roman est construit autour de l'année de sa naissance et de la grossesse de sa mère, de même que des événements qui ont marqué la société acadienne et le monde durant cette année-là. Parallèlement, la langue se transforme : français poétique des premières œuvres, littéraire et normatif de *La vraie vie* et de *1953*, timides apparitions de la langue familière dans les dialogues de *Pas pire* (1998), pointes de chiac dans *Un fin passage* (2001) suivi d'un joyeux déferlement du chiac, toujours réservé aux dialogues, dans *Petites difficultés d'existence* (2002).

France Daigle semble prendre plaisir à retrouver certains personnages d'un roman à l'autre, et ce depuis *La vraie vie*, dans lequel on avait rencontré Élizabeth, qui se trouve également dans *1953* puis dans *Pas pire*, alors qu'elle rencontre Hans, qui est également dans *Un fin passage*, et que naît le cycle de Terry et Carmen, personnages centraux des trois plus récents romans.

Du formalisme, Daigle a gardé le souci d'une construction romanesque fondée sur un fil conducteur qui n'appartient pas directement à la trame dramatique : revue de l'actualité dans *1953*, astrologie dans *Pas pire*, jours de la semaine dans *Un fin passage*, yi king dans *Petites difficultés d'existence*.

Son théâtre est fidèle à l'esprit des premiers romans. Le concept précède la création, et le récit est secondaire dans *Moncton sable* (1997) pour devenir plus important dans *Bric-à-brac* (2001). L'adaptation théâtrale de *Sans jamais parler du vent* (2004) est fidèle au roman tout en parvenant à éclairer la trame dramatique.

En 1986, Daigle a reçu le prix d'excellence Pascal-Poirier attribué par le Conseil des arts du Nouveau-Brunswick pour l'ensemble de son œuvre.

La vraie vie, extraits

21. *L'idée claire*
Élizabeth n'a pas eu de difficulté à décider d'accepter le poste qu'on lui offrait à Moncton. Elle avait déjà déménagé plusieurs fois depuis le début de sa carrière et contrairement à d'autres, elle avait plutôt aimé ces déplacements successifs. Elle aimait aussi l'idée de participer à la mise sur pied d'un nouveau centre de traitement du cancer.

23. *Le sens des maladies*

Élizabeth se sentait d'ailleurs déjà un peu en retrait du fait de son rapport ambigu avec le monde médical. Au fil des années, elle avait fini par se rendre compte qu'elle ne voulait pas simplement exercer un pouvoir sur la maladie. Elle n'avait pas non plus l'âme d'une Jeanne Mance réconfortant les affligés. Parfois elle pouvait aller jusqu'à penser que les maladies avaient un sens, peut-être même une utilité.

25. *La vie à tout prix*

Élizabeth s'est sentie un peu moins coupable d'être médecin le jour où une cliente, une petite dame un peu âgée, lui a confié qu'elle trouvait merveilleux de penser qu'elle allait bientôt mourir. Parce qu'en choisissant la médecine, Élizabeth n'avait pas nécessairement opté pour la prolongation de la vie.

La vraie vie, 1993, p. 23-24.

1953 : chronique d'une naissance annoncée, extrait : Chapitre III. Le problème de la connaissance

Comme l'avait exprimé un autre commentateur, le travail d'un monarque n'a rien d'une sinécure. Au moment de l'abdication d'Édouard VIII, certains laissèrent croire que le fils héritier de George V n'avait jamais vraiment désiré régner, et que son amour pour Wallis Simpson n'était en fait qu'une manière de se soustraire à ce travail colossal. De pareils racontars n'eurent jamais l'occasion de circuler au sujet d'Élisabeth II, dont on disait surtout qu'elle semblait posséder toutes les qualités nécessaires pour bien remplir son rôle. En 1952, immédiatement après le décès de son père, elle n'hésita pas à prendre en main les affaires du royaume, de sorte qu'avant même son couronnement, on reconnaissait déjà sa vaillance, son aplomb, son courage et son sens social, démocratique et familial. On parlait aussi de son charme et de sa beauté enviable, reflet de la *beauté spirituelle et morale* qui l'animait, de sa résistance extraordinaire à la fatigue et de sa conscience profonde du devoir. Ainsi, à 27 ans, épouse et mère de deux enfants, femme de maison, femme d'affaires et propriétaire, Élizabeth accepta de devenir à son tour *un support de l'axe sur lequel se meut l'univers.*

Assise dans la berceuse du coin de la cuisine, les pieds sur un tabouret, tasse de thé à la main, la mère de Bébé M. essaye d'imaginer la vie de la nouvelle reine, femme du même âge qu'elle. À côté de l'évier ronronne la machine à laver toute neuve qui mâchonne sa quatrième brassée depuis le matin. Comme tous les jours après le dîner, les enfants dorment dans la pièce d'à côté. La femme enceinte s'étendra à son tour à la fin de cette dernière brassée. C'est un peu à cause de cette cinquième grossesse qu'elle s'est enfin décidée à acheter, à crédit bien entendu, cette laveuse Connor Thermo. Elle ne l'a pas choisie parce qu'elle était *la plus belle machine à laver sur le marché,* comme le ventait la publicité, mais parce qu'on la vendait chez Lounsbury, où il lui était commode de se rendre faire son paiement mensuel. Le coût de la machine lui avait certes posé quelque problème, car elle n'avait pas l'habitude de se permettre les marques les plus chères, mais elle avait réussi à se convaincre que, dans ce cas, sa décision était justifiée.

La mère de Bébé M. avait souvent à prendre des décisions qui engageaient le mode de vie de toute la maisonnée, mais elle ne s'enorgueillissait pas d'être reine du foyer pour autant. Elle n'avait pas conscience, non plus, d'avoir été l'objet de quelque *faveur divine* pour son rôle de mère catholique, à la fois *une infirmière, une prieure, une éducatrice, une martyre et une reine.* Elle était surtout consciente du travail concret de la ménagère, travail que les plus élémentaires rouages de la vie familiale anéantissaient en un rien de temps. Tout de même, la mère de Bébé M. ne minimisait ni sa place ni son rôle dans la hiérarchie. Elle se rendait bien compte que tous avaient le même devoir, celui de veiller sur les leurs. Ainsi, que ce fut la mère de Bébé M. sur sa maisonnée, son mari le scripteur engagé sur la nation acadienne ou la reine Élizabeth II sur l'Empire, chacun s'astreignait à honorer et à protéger les siens. La tâche était clairement dessinée et chacun s'y consacrait sans trop se questionner, sans doute parce que chacun dans sa sphère se rendait bien compte qu'il n'y avait rien de garanti, qu'à tout moment, la vie pouvait se désagréger, et que Dieu seul ne parviendrait pas à arranger les choses.

1953: chronique d'une naissance annoncée, 1995, p. 54-56.

Pas pire, extrait

Plus le temps passait, plus il devenait urgent de trouver une solution à mon problème. Un arrangement possible ne me quittait plus l'esprit. Je pris le téléphone.

—Camil Gaudain?

—Oui, c'est moi.

—C'est France Daigle...

—Awh, ben hallô! Comment ça va?

—Pas trop pire. Je voudrais te parler de que'que chose, as-tu cinq minutes?

—Ben sûr...

—Bon, ben, je passerai pas par quatre chemins. Pis gêne-toi pas pour dire non si...

—Fais-toi-z'en pas, je suis pas connu pour être un gars gêné.

—Bon, ben, je me demandais si tu voudrais venir avec moi en France pour que je participe à cette fameuse émission de *Bouillon de culture*?

Court silence au bout du fil. Ma proposition avait l'air de le prendre de court.

—Mon doux, je suis flatté, mais... ton amie peut pas y aller?

—A voulait venir, mais a peut pas prendre de vacances juste dans ce temps-là.

—Pour l'amour! Veux-tu ben me dire pour qui c'est qu'a travaille!

Ce fut le seul petit sursaut. Camil Gaudain accepta de m'accompagner et, à en juger par le reste de la conversation, nous étions partis pour bien nous entendre.

✢ ✢ ✢

Ce matin-là, Élizabeth avait réellement le goût de paresser dans les bras de Hans. Il lui semblait que plus rien ne presserait jamais, que plus rien n'aurait jamais autant de charme et de douceur que ce moment à ne rien faire d'autre qu'être. Même les questions de Hans ne la troublaient guère. Leur échange était devenu comme un jeu, agréable et éclairant en quelque sorte, mais sans grandes conséquences.

— ... mais puisque vous êtes médecin.
— Il faut bien faire quelque chose. S'occuper. S'intéresser.
— Pas plus que ça?
— C'est déjà beaucoup.
— Mais la passion? Le désir? La volonté?
— Vous voulez dire l'espoir, l'idéal, la grandeur?
— Oui, tout ça.
— ...
— Non?
— Je ne sais pas. Plus j'avance, plus je doute. Et en même temps, plus je doute, plus j'avance.

✢ ✢ ✢

Comme d'habitude, le sujet abordé de jour finit par resurgir dans la nuit de Terry et Carmen.

— Toi? As-tu quelqu'un de famous dans ta famille?

Carmen fit semblant de réfléchir avant de répondre.

— Mon père a été nommé entrepreneur de l'année sept fois dans le comté de Kent.

— Awh. Quoi c'qu'y'a fait?

Carmen se doutait bien de l'effet de sa réponse.

— Diamond Billiards, ça te dit-ti de quoi?

N'en croyant pas ses oreilles, Terry se rassit dans le lit. Arthur Després était un millionnaire local que tout le monde respectait parce qu'il n'avait pas eu l'air d'écraser qui que ce soit sur sa route vers le succès.

— C'est ton père, ça? Comment ça se fait que tu me l'as pas dit avant?

— Je sais pas. Ç'a pas adonné, je crois ben.

Pas pire, 1998, p. 115-117.

Un fin passage, extrait

L'homme qui n'avait pas l'air de lire est assis, un gobelet de café dans la main.

— Et c'est comment, Moncton?

Terry et Carmen se regardent. Chacun voit dans le visage de l'autre que les descriptions toutes faites n'abondent pas. Terry finit par rire.

— C'est beau quand y neige. Le soir.

L'homme en face d'eux se fait un rapide tableau.

— Beaucoup de villes sont belles si on ne s'arrête pas aux détails.

Terry et Carmen réfléchissent encore un peu.

— Y'a des grosses maisons dans des rues avec des grands arbres.

— Dans le temps de Noël, avec les décorations, ça aide.

— Les maisons sont en bois ou en pierre?

— Le monde dit en bois, ben nous autres on pense pas à ça. C'est juste des maisons.

Terry et Carmen cherchent quoi dire, sont gênés de ne pas trouver grand-chose. Puis Terry trouve quelque chose qu'il considère comme plus significatif.

— Y'a beaucoup d'artistes. Du monde qui fait des peintures, je veux dire.

— Ah bon?

— Y paraît que c'est spécial... Pas que je connais ça.

—Spécial comment?

Terry et Carmen se consultent de nouveau du regard. Carmen s'aventure.

—Ben, je dirais que c'est les couleurs. On dirait qu'y sont grosses.

—Grosses?

—Oui. Grosses. Épaisses.

Terry trouve qu'il y a plus.

—Pas juste ça. Y'en a beaucoup. Des artistes, je veux dire. Pour une petite place.

Carmen se risque.

—Faut dire qu'y sont pas toutes belles.

Terry est intrigué.

—À quelles tu penses?

—Ben, celle-là à la bibliothèque, en descendant l'escalier.

—Mmm...

Terry et Carmen gardent un petit silence de mort sur la toile en question, puis reviennent à la vie.

—Y'en a un, Yvon Gallant. Y peut peinturer n'importe quoi.

—C'est vrai. Lui, c'est pas croyable. C'est pas que c'est parfait du commencement, ben ça finit qu'on aime ça.

—Y'en a un autre, Paul Bourque. Lui aussi, c'est comme mêlé. Pis y veut jamais les vendre. Ça fait que tout le monde veut en acheter. C'est smarte pareil.

—Pis y'a Roméo Savoie.

—Hermé.

—Lui y fait toute. Y'écrit, y peinture, y fait des films, du théâtre. Je crois qu'y'a rien qu'y'a pas fait.

—Pis ça c'est juste les plus connus. Y'en a beaucoup d'autres.

—Raymond Martin.

—Raymond Martin, Nancy Morin, Guy Duguay... ben lui est mort...

—Y'avait Denise Daigle aussi.

—Right. Denise...

—Francis Coutellier... Luc Charrette...

—Dyane Léger... Pis comment c'qu'y s'appelle lui qui travaille à côté d'Yvon, dans l'autre salle?

—Lionel Cormier.

—Pis y'a Alexandria.

—Alexandria Eaton. Une Anglaise. A l'est nice pareil...

—Jacques Arsenault.

—Vraiment, y'en a beaucoup.

—Gilles LeBlanc est pas mal bon aussi.

—Y'a souvent des vernissages avec du vin pis de quoi à manger. N'importe qui peut y aller.

—Ceux-là qui sont plusse business avont souvent du saumon fumé.

—Beaucoup de zeux avont pas trop d'argent, ben y s'arrangeont pareil.

L'énumération impromptue a amusé l'homme qui n'avait pas l'air de lire.

—Est-ce que vous en achetez?

—Yvon Gallant nous en a donné une. Une petite. On l'avait conduit à Halifax une fois, voir une exposition. Lui-même ne conduit pas.

—Moi j'aimerais qu'on en ait une de Dyane Léger pour la chambre du petit, ou de la petite. On sait pas encore.

—Y'a Francis Coutellier aussi. Ses bateaux.

—Encore là, c'est la couleur.

—Y'a Georges Blanchette aussi.

—Pour la chambre du petit?

—Non, non. Juste de même.

Un fin passage, 2001, p. 100-104.

Petites difficultés d'existence, extraits

Plus tard le même soir, encore au téléphone:

—Asseyes-tu de dire que je parle trop chiac?

—On dirait que c'est pire dernièrement. C'est quasiment comme si que tu faisais par exprès.

—Par exprès? Quoi c'que tu parles *about*?

Terry essayait de se raccrocher au Yi King. L'oracle avait parlé de mots simples, mais il n'avait pas précisé dans quelle langue. Terry aurait eu besoin de réfléchir alors que Carmen, elle, semblait avoir déjà songé à tout cela.

—Je pense à Étienne. C'est pas beau un enfant qui parle chiac. Un adulte c'est pas si pire.

—?

Terry n'avait vraiment rien vu venir de ce côté-là. Et il dut se l'avouer, il était blessé.

—*Geeze* Carmen, tu me surprends. On n'a jamais parlé de ça. De la manière qu'on parle. Je veux dire, que ça serait un problème.

—Prends-les pas mal. On en reparlera. Ça doit être à cause des enfants. On dirait que ça me fait penser à des affaires que je pensais pas avant.

Petites difficultés d'existence, 2002, p. 143-144.

—Je croyais que t'aimais mon chiac? C'est une des premières affaires que tu m'as dit quante tu m'as rencontré.

—Ben, je l'aimais aussi. Je dis juste qu'asteure c'est pas pareil.

Terry monta aux barricades.

—O.K., si on connaît les mots, là ça se comprend. Disons que je *minderais* pas de dire poêlonne à la place de *frying pan*. Ben quoi c'qu'arrive quante tu connais pas les mots? Comme *ball bearing*? Ou *steering wheel*?

—Tu sais pas comment dire *steering wheel* en français?

Carmen ne voulait pas perdre patience, mais elle sentait qu'il était temps de crever l'abcès.

—Je sais peut-être, ben quand même-ti, c'est pas un mot que je *userais* au garage. Ça dépend à qui c'que tu parles.

Carmen fut piquée.

—Comme là! Le mot *userais*! T'aurais pu dire de quoi d'autre! T'aurais pu dire «utiliserais»! C'est ça que je veux dire! On dirait que tu fais par exprès!

—...

—Ou en tout cas, tu te forces pas.

—...

—Tu parlais mieux que ça en France.

—Ben là, c'est pas pareil. Y nous connaissiont pas. Pis je parlais moins.

—...

—Pis *anyways*, depuis quand c'est qu'y faut qu'on se force pour parler notre langue? Je veux dire, c'est notre langue. On peut-ti pas la parler comme qu'on veut?

—...

—Je veux dire, c'est-ti *actually* de quoi qu'y faut qu'on s'occupe de?

Petites difficultés d'existence, 2002, p. 149-150.

Carmen rentra plus tard que prévu ce soir-là.

—Je me sens fatiguée. Je sais pas comment longtemps que je pourrai porter ce bébé-là.

Terry prit son manteau et son écharpe et les secoua un peu avant de les accrocher dans la garde-robe, car il s'était mis à neiger de nouveau.

—Pis icitte, rien de nouveau?

Terry la trouvait douce, vulnérable.

—Ben... j'ai repensé à toute l'histoire du chiac pis ça. Pis je vois mieux quoi c'que tu veux dire. Depuis ce temps-là j'arrête pas de m'entendre chaque fois que je dis un mot anglais. Ça sonne deux fois plus fort dans ma tête.

Terry avait vainement cherché une astuce pour mêler Zed à l'histoire sans que Carmen s'en offusque. Il y alla donc sans détour.

—Pis j'ai parlé de tout' ça avec Zed, qui était de ton bord *by the way*.

Terry releva intérieurement l'expression anglaise qu'il avait utilisée mais ce n'était pas le moment de s'y arrêter. Il se leva et se dirigea vers l'étagère où il avait rangé les dictionnaires.

—Ça fait que... Zed nous a fait un cadeau.

Carmen vit alors les quatre volumes. Terry les présenta formellement :

—Noms communs, noms propres, français-anglais — ou anglais-français, je sais pas comment c'que t'es supposé de dire ça — pis...

Terry sortit alors le *Dictionnaire visuel*. Il l'apporta à Carmen, l'ouvrit au hasard.

—Tu... y'a le mot français pis le mot anglais.

—...

—Comme là, moi je croyais que c'était ça un *footstool*. Ben c'est vraiment un pouf. Pis un *footstool* c'est un tabouret. *Step-chair*, chaise escabeau, *bean-bag*, fauteuil-sac, *stacking chairs*, chaises empilables, *folding chair*, chaise pliante... ben celle-là on la savait.

Terry sauta sur une autre page au hasard. Il tomba sur les mollusques comestibles et il parcourut la page rapidement avant de s'exclamer :

—*Geeze*, on en sait pas mal sus c'te page-icitte... Pis garde ça ! Ça qu'on appelle des couteaux c'est vraiment des couteaux !

Ce fut ensuite le tour de Carmen de feuilleter l'ouvrage. Le sèche-linge électrique, ou sécheuse, retint son attention. Elle s'arrêta sur quelques autres appareils domestiques.

—Ouaïe...

Puis, tournant une bonne épaisseur de pages, elle tomba sur les articles de bureau, qu'elle examina attentivement. Posant le doigt sur un article, elle s'exclama :

—C'est ça que je voulais ! Un *clamp binder* ! Je savais pas même comment-ce ça s'appelait en anglais !

Terry tira un peu le dictionnaire vers lui, pour voir. Carmen lui montra l'article.

—Reliure à pince. Je sais. C'est ça qu'est *great*. Toutes les affaires qu'on savait pas les noms de. Pis moi c'est les couleurs, les dessins!

Ils feuilletèrent encore le dictionnaire sans trop lire, juste pour voir. Ensuite, Carmen ferma le volume pour en regarder la couverture, après quoi elle posa le regard sur les autres volumes qui garnissaient l'étagère.

—C'est vraiment un beau cadeau...

Terry soupira d'aise intérieurement.

Petites difficultés d'existence, 2002, p. 164-166.

DANIEL DUGAS

D aniel Dugas est né le 29 octobre 1959 à Montréal. Ses parents, tous deux acadiens, s'installent à Moncton en 1973. Il obtient un certificat en service social à l'Université Sainte-Anne de Pointe-de-l'Église (1980) puis un baccalauréat en arts visuels de l'Université de Moncton (1986). Il fait sa maîtrise en arts visuels au School of the Art Institute de Chicago (1993).

S'il publie des recueils de poésie à partir de 1983, ce sont les arts visuels qui orientent sa démarche artistique. Peintre, graveur, vidéaste, performeur, il expose et intervient dès 1983. Il participe comme vidéaste à la Course autour du monde de Radio-Canada en 1983, et représente le Nouveau-Brunswick aux Jeux de la francophonie de 1997. Après avoir enseigné de 2000 à 2008 au Media Arts and Digital Technology Department du Alberta College of Art and Design de Calgary, il revient à Moncton.

Son premier recueil, *L'hara-kiri de Santa-Gougouna* (1983) confrontait la vision que l'on se fait des pays lointains et déchirés par la guerre au calme mais critiquable Canada; à partir des *Bibelots de tungstène* (1989), la critique sociale devient plus sarcastique et elle se retrouve au cœur du *Bruit des choses* (1995) et de *La limite élastique* (1998). Avec *Même un détour serait correct* (2006), Dugas expose ses inquiétudes quant au destin du monde, de notre planète. Le regard est franchement politique, le ton cinglant, teinté d'ironie.

Ses poèmes dénoncent, tantôt des situations, des faits de société, des attitudes, et ne laissent poindre qu'un mince espoir. Dugas joue avec les mots, avec la langue, passant aisément d'une description très factuelle à une image surréaliste, maniant aussi bien l'ironie que l'humour et la satire. Il cherche à éliminer tout lyrisme, toute fioriture, tendant à inscrire sa poésie dans la quotidienneté. Chaque mot pèse et le poème devient un lieu de pensée sur l'homme, sur la vie, sur le rapport entre les «choses». Parfois même, la poésie devient philosophie et la maxime naît.

Annick Part 1

j'aurais aimé
crier
hurler
mais j'ai oublié de le faire

je les sentais jaloux
mais que faire que dire

nous étions punk
nous étions heureux
et nous étions granola
mais qui sait de quoi
les gens qui nous croisaient
pensaient des choses
nous en pensions d'autres
punk
tonk

tonka
qui sait ce que nous étions
qui sait ce que c'est des gens heureux

nous aimions Moustaki
et Kérouac
et sans le savoir nous étions vagabonds

17 mars 1981

L'hara-kiri de Santa-Gougouna, 1983, s.p.

considérer comme probable, imminent

C'est quoi dis-moi
de croire au monde
au monde meilleur
au monde AM
le matin dans l'usine?

Le bruit des choses, 1995, p. 104.

arriver à un lieu inconnu

Du village global
le monde a chaviré
dans le village thématique
La pauvreté n'est qu'un pavillon
qu'on fait visiter aux enfants ébahis
et les pauvres les artefacts
d'un autre monde
La réalité virtuelle n'est qu'un autre pont
qu'un autre moyen
pour distancier
Chaque mise en scène est un récurrent
qui nettoie et désinfecte
l'essence du rêve qu'a été l'utopie

Le village thématique ne conçoit pas avec l'émotion
mais avec les chiffres
et c'est maintenant avec une vision d'ingénieur
qu'on aborde le monde
Vivre et mourir est un mode sans conséquence
L'image de Che Guevara n'est comprise
que par son visage

Je suis témoin de plus en plus d'absence de réalité

Le bruit des choses, 1995, p. 130.

unir de manière à former un tout

Je connais mes héros mythiques par leurs surnoms
J'ai recours aux images pour justifier mes états
Je modifie mes allures
pour tenter les métamorphoses
J'ai appris les comportements trompeurs
jusqu'à tromper mon empreinte génétique
J'ai tout mélangé
le code et l'espoir

Le bruit des choses, 1995, p. 137.

je me débarrasse

je me débarrasse des journaux
des radios
des postes de télévision
un à un
je les jette par la fenêtre
et je les vois s'éparpiller devant la porte
je travaille à ma liberté

La limite élastique, 1998, p. 25.

la cabane

quelque part
dans les bois
il doit y avoir
une petite cabane
où il est possible
de passer la nuit
à l'abri du monde
des tourments
et des tueurs

La limite élastique, 1998, p. 55.

Pitonner

le trafic comme une flèche
traverse la ville
qui comme un poumon perforé
laisse échapper un filet d'humidité
une vapeur qui se dissipe
un rêve impossible dans l'air raréfié
du silence d'après-midi

c'est le retour au bercail
des citoyens-guimauves
des brebis perdues
qui ont passé la journée à se faire rôtir le cul
dans l'âtre chaud des bureaux
qui ont léché les dessous des chaussures
les dessus des insultes
des patrons et des patronnes
qui ont organisé l'ensemble des dossiers
de l'humanité

en se foutant éperdument de sa destinée
qui ont pitonné fiévreusement sur leur clavier
sans jamais avoir fait aucune musique
qui ont pétri dans les cubicules
le formant et les tourments du désespoir
de ne pas savoir qui est l'archer
d'où vient le danger
où va le bonheur

six heures trente-cinq
c'est l'heure d'enfiler le lycra
d'être *spandex*
ipod man
d'empoigner le vélo de montagne
et d'aller derrière Wal-Mart
c'est l'heure de tourner en rond
en écoutant de la musique qu'on aime

tourner en rond
s'étourdir et s'engourdir
s'allonger dans l'oubli
pédaler à reculons
ne plus retourner travailler
déceler
option apple escape
option apple escape
option apple escape

Même un détour serait correct, 2006, p. 28-29.

✥

Calmer

au milieu du bruit un point calme
où rien ne bouge
où rien n'est tourmenté

une oasis pour les assoiffés
qui n'ont jamais pu mettre la main
sur une des gourdes

une oasis pour les affamés
qui n'ont jamais réussi à tenir le coup
dans la cohue derrière les camions remplis de pain

une oasis pour les blessés qui ont développé
des plaies si grandes qu'ils en ont fait des nids
des refuges ou des maisons

une oasis
même un étang
même une mare
rien qu'un point d'eau tranquille
où ne s'écrase aucun avion
où n'explose aucune bombe
où ne brûlent aucun vieillard aucun enfant
où ne s'endommage pas la fierté d'être humain

une oasis
pour voir les reflets des nuages dans l'eau

Même un détour serait correct, 2006, p. 68.

MARTINE L. JACQUOT

Martine L. Jacquot est née le 27 mai 1955 à Saint-Mars-en-Brie (France). Elle obtient un baccalauréat au Lycée de Coulommiers (1974), puis une licence d'anglais à la Sorbonne (1977), et une maîtrise en littérature britannique (1979). Elle déménage en Nouvelle-Écosse en 1982 et entreprend d'autres études : baccalauréat en journalisme à l'University of King's College de Halifax (1984), maîtrise en littérature canadienne à Acadia University de Wolfville (1986), et doctorat en littérature française à la Dalhousie University d'Halifax (1995). Elle enseigne occasionnellement à Acadia University, travaille comme journaliste culturelle, traductrice et coordonnatrice d'événements. Depuis quelques années, elle se consacre à l'écriture tout en donnant des conférences, des ateliers d'écriture et en faisant des lectures de ses textes.

Son œuvre est volumineuse et court dans de multiples directions. L'ensemble est toutefois animé par un même désir de célébrer la vie et la nature. Certaines de ses œuvres, comme *Les glycines* (1996), rappellent son enfance en France, d'autres, comme *Masques* (2003), se situent en Nouvelle-Écosse et en

Louisiane. Elle a abordé le roman historique avec *Au gré du vent* (2005), mais la plupart de ses œuvres se situent dans la période contemporaine. Elle est un des rares auteurs acadiens à écrire des nouvelles dans lesquelles elle crée en quelques paragraphes des climats au « débraillé mélancolique », pour reprendre l'expression de Gaétan Brulotte dans la préface de *Sables mouvants* (1994), ou marqués par le baroque dans *Des Oiseaux dans la tête* (1998).

L'impossible retour

> *Quand est-ce que la déchéance a commencé ?*
> *Le jour où on a préféré la science à la sagesse, l'utilité à la beauté.*
> Simone de Beauvoir

Après tant d'années à errer, d'horizons en horizons, de saison en saison, elle ne savait plus pourquoi elle avait soudain disparu, laissant les plus chers comme les plus haïs sans nouvelle aucune.

Il y avait, à l'endroit de ce moment, sur la ligne interrompue du temps de sa vie, une grande cicatrice, une journée rayée du calendrier, et elle se demandait encore parfois si c'était elle qui s'était infligé ce coup, ou si elle l'avait reçu de l'extérieur. Elle ne savait plus qui l'avait torturée, qui avait fait d'elle une marionnette, un pantin, un jouet brisé. Ses limites avaient cédé, un soir, comme ça, alors que personne n'avait rien remarqué, rien prévu. Rien compris, probablement.

Roxanne se démenait comme un diable dans sa boîte, courait du matin au soir, en faisant plus que quiconque, lui semblait-il. Les enfants, la maison, le travail. Le travail, la maison, les enfants. Cercle sans fin qu'elle ne savait plus apprécier. Et tout le reste. Et encore plus. Et ce n'était jamais assez, jamais assez bien. Un soir, au lieu de rentrer, elle avait conduit sans s'arrêter, vers le sud, au-delà de l'épuisement, vers la libération ou l'aliénation totale. Partir, se suicider sans mourir.

Elle avait conduit des heures sans plus sentir le temps passer, programmée pour un présent permanent, un oubli absolu de soi et du reste. Finalement, elle avait dormi dans son auto, mangé dans des *truck stops*, et roulé toujours plus vers le sud. Jusqu'à l'épuisement de ses cartes de crédit. Quelque part au Mexique, elle avait vendu son auto pour une poignée de *nuevos pesos* dont elle n'avait aucune conscience de la valeur. Puis sa mémoire s'était figée dans un flou évasif, elle était devenue étrangère même à elle-même. L'errance, la survie, la perte de toute notion. Le calme serein. Un certain bonheur idiot. Pendant un temps infini.

Son employeur aura sans doute cherché à sévir pour son absence injustifiée, à la renvoyer. Peine perdue. Elle était introuvable. Sa famille aura probablement mis des avis de recherche. En vain. La piste se perdait au milieu de nulle part. Le plus marqué de tous par son départ aura incontestablement été son dernier enfant, qui pendant plusieurs semaines se sera encore réveillé en pleine nuit en criant «Maman», et il se sera finalement rendormi plus tard, en serrant la chemise satinée de sa mère qui portait encore son parfum, son odeur. D'autres, chez elle, auront été terriblement éprouvés, sans doute, mais son âme en panne ne s'en doutait guère. Il y avait un grand vide bienheureux dans son cœur et dans sa tête. Elle pouvait marcher au calme, dormir quand elle le voulait, mendier sans s'en rendre compte. Roxanne, enfin, n'était plus une belle machine à reproduire, une *superwoman* de fin de siècle. Elle n'était plus rien, mais avait la chance d'avoir oublié jusqu'à cela.

Le temps avait passé devant son regard fixe. Un jour, sans savoir pourquoi, les larmes s'étaient mises à rouler sur ses joues. Une odeur venait de réveiller ses sens. Une odeur de cuisine qui s'échappait d'une fenêtre sous laquelle elle passait, et qui l'avait ramenée loin en arrière, dans son enfance, dans une vie antérieure, quand sa mère lui préparait son plat préféré, qu'elle la cajolait, qu'elles étaient heureuses, que rien ni personne ne pouvait les atteindre dans leur maison douillette qui les protégeait de la folie de l'humanité. Qu'était devenu ce monde d'autrefois? Et ses enfants à elle qui pleuraient peut-être en respirant, eux aussi, quelque part, une senteur de repas non partagé?

Combien de temps avait-elle passé à errer? Son regard tentait de faire la mise au point sur la vie autour d'elle. L'image de plus en plus nette d'un bidonville se dessinait. Elle sentait de longs cheveux blanchis lui toucher les épaules, ses mains sales frôlèrent ses haillons piteux. Les larmes ravinaient son visage buriné, vieilli prématurément. Où étaient sa jeunesse, sa beauté, son énergie, où avaient foutu le camp son talent, son avenir? Qui étaient les bourreaux qui l'avaient acculée à son propre assassinat? La panne avait été si longue... Le trop-plein était devenu si vide...

Remonter le courant. Nager jusqu'à la source. Se débattre encore une fois, rien que pour sentir à nouveau cet arôme merveilleux d'un univers où tout semblait encore possible. Se relever de ses cendres. Ouvrir ses ailes à ses enfants.

La dérive aveugle vers le nord dura encore longtemps. Migration lente. Comment réapparaître après un si long silence? Plus elle approchait, plus elle doutait. On aura dû la croire morte. Son mari aura probablement trouvé une autre mère pour ses enfants. Comment se faire pardonner, se montrer sans effrayer? Sans faire honte?

Un soir enfin, ses pieds meurtris la conduisirent à sa maison. Elle la reconnut, mais un autre nom était écrit sur la boîte aux lettres. Des inconnus parlaient dans le jardin. Sans se montrer, elle continua sa mouvance de plus en plus douloureuse. Dans la nuit naissante, la maison de ses parents se profila contre le ciel rose et gris. Des lumières brillaient à toutes les fenêtres. Elle s'approcha à pas de loup, plongea son regard avide dans le salon.

Un feu brûlait joyeusement dans le foyer et des éclats de voix imprécis lui parvinrent. Elle aperçut un vieil homme dans une chaise berçante, au coin du feu. Son père, cassé; digne, mais cassé. Une vieille femme entra dans la pièce, une tasse à la main. Sa mère, meurtrie; digne, mais meurtrie. De sous une autre fenêtre, elle vit des adolescents — ses adolescents. Inconnus. Si beaux. Et si inaccessibles. Son bébé, un étranger qui avait appris à se passer d'elle, qui avait oublié son odeur, qui avait appris silencieusement la tristesse.

Elle avait envie de hurler. *Je ne sais pas pourquoi j'ai craqué. Je ne sais plus. C'était trop pour moi. Je n'ai pas été à la hauteur...* Elle tomba dans le gazon et sanglota contre la terre, une terre qui n'était plus la sienne. *On ne pourra plus m'aimer. C'est fini. Je n'existe plus...*

La fumée de la cheminée dessinait des traînées blanchâtres sur le ciel de plus en plus sombre et s'en allait doucement vers l'horizon, troupeau de chameaux dérivant à travers un mystérieux désert. Tout avait l'air si calme. Et dans l'air flottait cette odeur de repas pris en commun, cet arôme qui réveillait l'esprit, qui torturait le cœur de Roxanne. Le visage dans la poussière, elle s'insultait, elle injuriait le monde, alors qu'elle aurait tant aimé prononcer des mots doux. Fantôme de ce qu'elle avait voulu être, elle constatait sa déchéance. Sa mère, traditionnelle, avait mieux réussi qu'elle, soi-disant libérée. Elle avait traversé tant de décennies avec le même courage, sans forcer les choses, sans tenter d'enfoncer les portes. Et elle... Que voulait-elle donc prouver? Elle n'était plus que le chaînon manquant, la génération absente, le trou noir dans une société en perpétuel questionnement.

Elle se réveilla brutalement.

—Tu sais Maman, je t'aime, murmura son dernier-né en se blottissant contre elle sous la couverture, cherchant son odeur.

Des oiseaux dans la tête, 1998, p. 87-93.

HUGUETTE BOURGEOIS

Huguette Bourgeois est née le 28 juin 1949 à Rogersville (Nouveau-Brunswick) et a grandi à Saint-Louis de Kent. Elle obtient des baccalauréats en littérature française et en pédagogie puis une maîtrise en littérature française à l'Université de Moncton. Elle travaille pendant de nombreuses années en Colombie-Britannique comme professeure de français pour différentes institutions puis comme propriétaire d'une entreprise offrant des services linguistiques. Elle revient au Nouveau-Brunswick comme conseillère pédagogique au Campus de Shippagan de l'Université de Moncton pour une brève période. Depuis 2006, elle est coordonnatrice des services linguistiques à l'Université d'Ottawa.

Au centre de la poésie d'Huguette Bourgeois, un volonté d'inscrire ses textes dans la musicalité et d'exprimer des sentiments que bien souvent l'on garde pour soi. D'un recueil à l'autre, elle cherche à simplifier sa façon de dire, tendant toujours vers l'essentiel. *Les rumeurs de l'amour* (1984) explore ce qui est sous-jacent, ce bruit qui court sous les choses sans que l'on sache trop si c'est fondé ou non... Il s'en dégage une tristesse née de la confrontation de l'amour avec la mort. *L'enfant-fleur* (1987, prix France-Acadie) évoque l'enfance, comme son titre le laisse entendre. L'écriture y est toute en finesse, les poèmes, toujours courts, ébauchent de petits tableaux sur lesquels surgissent les images de la quotidienneté. *Espaces libres* (1990) s'inscrit dans la suite de cette recherche de simplicité.

Chemin d'aurore

Pour une chanson
nouvelle
accrochée
à l'aile
de l'espoir
cette tige
de ciel
sur la clôture
du soir

Les rumeurs de l'amour (1980-1983), 1984, s.p.

La flamme
      est distraite
Au bout des doigts
Qui courent

Et la caressent

Les rumeurs de l'amour (1980-1983), 1984, s.p.

Si

la paroi fracturable de tes yeux
soudainement brisée
laissait voir
      la mer...

L'enfant-fleur, 1987, p. 24.

ici dans cette chambre
l'ombre passe
la porte s'ouvre dans la nuit
et une lampe
veille
ta figure s'est effacée
entre nous deux
l'air
un souvenir
éteint
et les mains cherchent

dans le vide
les désirs
qui n'existent pas

L'enfant-fleur, 1987, p. 38.

Noyade

les portes s'ouvrent et se referment
la nuit gagne nos visages
près d'un arbre un enfant court
dans la lumière
aucun bruit n'appelle
l'enfant des sables
qui court vers la mer
vers le silence

L'enfant-fleur, 1987, p. 52.

le ciel est blanc
ni bleu ni noir
le ciel est blanc
comme l'absence
les clochers pleurent

les villes ont froid
les oiseaux tracent leur rêve

Espaces libres, 1990, p. 38.

maladroitement tes bras
autour de mon absence
malhabilement ton cœur
autour de mon silence

Espaces libres, 1990, p. 49.

Peut-être bien que
les pas du silence
dans un autre temps
dans un autre espace
peut-être bien
quelques visages de bonheur
quelques rêves
dans la nuit
sans bruits
peut-être que
ces yeux
comprendront
verront l'oasis
revivre

Espaces libres, 1990, p. 52.

GEORGES BOURGEOIS

Georges Bourgeois est né le 11 novembre 1954 à Grande-Digue, où il vit toujours. Comme son père et son grand-père avant lui, il pratique la pêche artisanale. Son bateau a pour nom L'Apollinaire... Autodidacte, il a fait sien, dit-il, les mots d'Aragon, « écrire pour connaître ».

Au cœur de sa démarche poétique, la mer. La mer qui habite sa vie quotidienne, la mer qui fait face à sa maison, qui berce ses rêves et ses angoisses. Ses deux premiers recueils, *Les îles Fidji dans la baie de Cocagne* (1986) et *Les mots sauvages* (1994) sont marqués par une habile utilisation de l'humour, tandis que *L'e muet* (1998) est plus introspectif et, à certains égards, plus sombre. Non pas noir, mais pensif, habité par la difficulté d'être, par la nécessité de faire sens. On a l'impression que sa volonté d'exprimer ses émotions se heurte à l'opacité des mots qu'il perçoit comme « sauvages ». Par contre, quand il s'inspire des événements de sa vie, sa poésie se fait simple, parsemée de sourires, tout en étant habitée par des préoccupations sociales.

❖

Ode aux d'riveux[1] de maquereaux

Nous sommes les nomades,
les gitans de la mer.
Nous sommes de Ste-Chose, petite village côtier
toute entier ravi par un raz de marée :
nous sommes villageois à la dérive,
nos coquilles de moules bleues-violettes
composent cette flottille de jouets
toute gréée en mâts et en voilures
qui s'ébroue dans un champ de vagues vertes.

Nos journées sont grasses, paresseuses :
en la brise matinale flotte l'essence soporifique
qu'exhalent généreuses, les plantes aquatiques ;
midi et nous devenons échouerie de loups-marins qui baillent
au soleil,
et en soirée, un troupeau qui s'éclaire à l'eau de feu.

Puis, de minuit à l'aurore,
voilà qu'on s'incarne race de guillemots
toujours au garde-à-vous sur nos gazons de glace
la pêche est notre salut.

Qu'on nous appelle peuplade du Canada,
de la Norvège,
ou de l'Islande,
nous sommes en quelque sorte
les primitifs d'un *National Geographic*.
Repus, glorieux et insaisissables,
notre monde demeure imperturbable
devant le Queen Elisabeth tout illuminé
qui défile à l'horizon.

---

[1] d'riveux : terme régional désignant des pêcheurs qui pratiquent un type de pêche artisanale.

Nous sommes les héros
d'un quelconque poète obscur;
par une nuit d'orage
nous ne sommes plus qu'une pluie de copeaux
ballotés au large de votre île.

Les îles Fidji dans la baie de Cocagne, 1986, p. 19-20.

Mes héros

Pépites d'or
et pointes de flèche,
mon enfance à jouer les héros
des fabuleuses aventures de cow-boys
massacrant et déplumant les indiens
quelque part sur les vertes collines du far-ouest
de l'ancien fort de beauséjour.

c'était en cinquante-neuf
dans notre grande cuisine-saloon
la télé achevait de prendre la place de grand-père
prestement envolé avec les anges du ciel,
grand-mère priait le saint pie XII
de nous protéger des dangers du sexe
            des ravages de l'alcool
            et de nikita khrouchtchev
tandis que moi je priais le bon Dieu
de nous aider à retrouver le trésor caché.

c'était la veille des années soixante :
au grand désespoir de nos curés
la verne, sur nos terres en jachère, poussait dru,
et s'y accrochaient, en lambeaux, leurs rêves
            babyloniens.
mais enfin! lorsque j'ai eu cessé de me prendre pour
            daniel boone

— pause existentielle —
tu étais là, ma liberté
et j'ai bu à tes belles paroles
qui pleuvaient sur mon cœur d'adolescent.
c'était l'équinoxe,
les grandes tempêtes m'assourdissaient
et je me pâmais devant la splendeur de tes récifs
tandis que des hommes noyés s'échouaient dans l'herbe
        outarde
sur les plages et les dunes déchirées par les vagues.

tu étais là, belle et révoltante
ton eau baptismale
ta pluie abondante sur mes marais salés
tu étais là
et je me pâmais
devant la complainte du naufragé.

puis, je m'en souviens
c'était en décembre soixante-treize,
chez moi ça sentait la génération perdue d'avance.
il y avait le fils,
le petit-fils d'une erreur de programmation;
il y avait l'homme de la situation avortée;
il y avait le jeune saigneur du b.s.
puis il y avait l'autre
celui qui courait après les grands week-ends en fuite
et qui revenait chaque nuit s'embarrer dans son
        bombshelter
en banlieue de l'an 2000.

je m'en souviens
il neigeait souvent
mon cinéma se décolorait sans cesse...
aujourd'hui j'habite un hiver qui longuement s'achève,
je puise à mon enfance

comme au travers des carreaux givrés
s'épuise le soleil de minuit.
je n'ai plus guère que des mots
au fin fond de mon armoire à conserves
— fraises des bois, bleuets et pommettes vertes —
des mots-fruits recueillis aux confins du village maternel
et qui macèrent dans de vieux alcools de lait.
j'habite un hiver qui longuement s'achève,
je fixe le mur devant moi,
je passe en revue toutes les teintes de gris
qui s'intègrent et qui m'intègreront,
finalement, à l'infini.

j'habite cet hiver qui longuement s'achève,
le temps a statufié mes héros et l'aventure...

Les mots sauvages, 1994, p. 19-21.

À propos de tout

Et toujours Laurence trois ans qui me demande
une fourmi ça parle pas?
un arbre ça parle pas?
un nuage ça parle pas?
je lui donne raison
pour la rassurer
pour lui éviter les cauchemars
pour éviter d'avoir à me lever au mitan de la nuit
je voudrais lui dire que Dieu est tout
qu'il est d'abord silence
malheureusement les insectes les forêts les astres
même les objets en plastique m'interpellent
ils me parlent de sciences et consciences
ils discutent politique religion commerce
et ça fait un bruit énorme dans ma tête
comme un bourdonnement

je voudrais les faire taire mais c'est impossible
parfois je m'enfonce des bouchons d'ouate dans les oreilles
pour ne plus entendre le bruit des choses
mais le bruit me rentre par les yeux.

L'e muet, 1998, p. 43.

CHRISTIANE SAINT-PIERRE

Née le 27 juillet 1949 au Cap-de-la-Madeleine (Québec), elle obtient un baccalauréat en littérature québécoise (1976) puis une maîtrise en études littéraires (1985) à l'Université du Québec à Trois-Rivières. De 1976 à 1980, elle travaille dans le domaine culturel à Trois-Rivières. En 1980, elle déménage à Caraquet et devient professeur de français et de littérature au campus de Shippagan de l'Université de Moncton, poste qu'elle occupe jusqu'à sa retraite en 2009.

Dans le recueil de contes et de nouvelles *Sur les pas de la mer* (1986, prix France-Acadie), chaque histoire met en scène une femme et trace un portrait de cette société de bord de mer. Dans *Absente pour la journée* (1989), un roman qui se situe à mi-chemin entre le conte merveilleux et le roman réaliste, un personnage qui voyage sans jamais le faire raconte ses extraordinaires aventures aux attentifs gens de son village.

En 1969-1970, Saint-Pierre avait écrit des pièces pour marionnettes pour le Service des loisirs de Trois-Rivières, mais il faut attendre *Mon cœur a mal aux dents*, une pièce pour enfants créée par le théâtre l'Escaouette (1991), pour qu'elle renoue avec le théâtre. La pièce pose le problème de la séparation pour les enfants.

Hubert ou comment l'homme devient rose est né de sessions d'improvisations entre l'auteure et le comédien qui en assumera le rôle titre, Bertrand Dugas. La pièce se présente comme le long monologue comique d'un homme qui réfléchit à sa condition alors que sa femme l'a quitté et qu'il est de nouveau dans une relation de couple.

Absente pour la journée, extrait

Mademoiselle Anita ne tenait plus en place. Elle essayait de ne pas regarder le téléphone, qui prenait un malin plaisir à garder le silence. Impossible qu'il n'y ait plus de place... Distraitement, elle laissa tomber le journal sur le plancher, et le bruit de la chute la tira aussitôt de sa léthargie. Elle ramassa le journal, le plia et le rangea sur la petite table. Elle se levait de sa chaise, marchait jusqu'au milieu de la pièce et regardait constamment par la fenêtre. Et si le téléphone était défectueux. Elle revint aussitôt, décrocha et entendit la tonalité rassurante de l'appareil. L'attente se faisait de plus en plus pénible. Mademoiselle Anita était incapable de se concentrer. Elle avait froid, même si le soleil s'accrochait aux murs et lui caressait le visage. Elle refaisait cent fois les mêmes gestes. Elle essuyait ses lunettes, retournait à la fenêtre, touchait le téléphone et revenait au milieu de la pièce.

La sonnerie fit éclater le silence. Mademoiselle Anita porta la main à son cœur et sa tête se mit à bourdonner. Elle hésita et, au troisième coup, décrocha; sa voix n'était plus qu'un faible murmure.

—Mademoiselle Anita, c'est confirmé... Oui, vous avez une réservation sur le vol 038 d'Air France... L'embarquement se fera à dix-neuf heures trente... Il faudrait que vous soyez à l'aéroport au moins une heure avant le départ; est-ce que ça vous va?

—Mon Dieu, oui, Monsieur Landry; vous êtes très aimable...
Dites-moi, quel temps... quel temps fait-il à Paris en ce moment?

Sa voix trahissait son excitation. Elle posait la question chaque fois et le directeur se faisait un plaisir de la renseigner.

—On me dit qu'il fait très beau en ce moment. Il fait même très chaud, mais prévoyez quand même quelques lainages... J'ai également pris le soin de vous réserver une chambre à l'hôtel *Michelet-Odéon*, tout juste à côté du *Théâtre de l'Odéon*... Oui, 6, place de l'Odéon... vous avez noté? Bien sûr, la chambre comprend la salle de bain complète. L'hôtel se trouve tout près des jardins du Luxembourg, c'est très très bien situé... Oui, vous verrez, c'est très confortable. Est-ce que ça vous va?

—Vous êtes vraiment très aimable, Monsieur Landry. Quel plaisir de traiter avec vous. Je vous remercie...

—Oh! avant que j'oublie, une voiture vous attendra à l'aéroport... Non, il n'y aura pas de problème, vous pouvez partir le cœur en paix... C'est ça... Je vous souhaite un très bon voyage et j'attends votre appel dès votre retour.

Mademoiselle Anita pouvait maintenant se préparer à partir. Elle se dirigea vers la petite chambre attenante à la grande pièce et ouvrit la porte. Des centaines de cartes postales en tapissaient les murs. Deux armoires vitrées regorgeaient de bibelots et de sculptures de divers pays. Au milieu de la pièce, le lit avait été remplacé par une longue table en bois sur laquelle reposait un globe terrestre. Entre les deux fenêtres, juste dans le coin, un vieux fauteuil en cuir attendait la voyageuse. Mademoiselle Anita ouvrit le placard et sortit une valise ancienne en carton, recouverte d'autocollants du monde entier. Tokyo reposait près de Melbourne, Grindelwald empiétait sur Madrid et la Norvège, sur Bruxelles. Anita Leduc caressa longuement chaque destination. Ses yeux noirs prirent alors l'éclat d'un coquillage au soleil. Le temps s'arrêta... Elle laissait ses doigts courir fébrilement sur la valise. Le geste était doux, presque sensuel. Tant de voyages encore à faire... Tant de villes à connaître...

Combien de temps passa-t-elle à rêver ainsi? Le temps n'existait plus: il ne subsistait que la sensation de la douceur et de l'ivresse.

Quand la fille vieille ouvrit la valise, un parfum de rose s'en échappa et vint caresser ses narines. Anita fit minutieusement l'inspection de la valise. Quelques années auparavant, elle lui avait cousu une doublure de satin rose pour en rajeunir l'intérieur. Tout était propre, tout était beau et doux.

Anita Leduc examina les robes suspendues dans le placard. Elles étaient toutes faites d'après le même modèle; seules les couleurs variaient. Elle se dit qu'il faisait beau à Paris en ce mois de juin et que ses robes, quoique très anciennes, seraient d'un chic fou là-bas. Elle les étala sur la table et sur le fauteuil en cuir. Laquelle porterait-elle pour prendre l'avion? Elle choisit la jaune et la porta à sa chambre. Elle revint dans son antre à voyages, ouvrir le premier tiroir du placard et en ressortit des dessous de dentelle qu'elle plia soigneusement dans la valise. Elle y mit également quelques lainages pour les soirées fraîches, alors qu'elle marcherait sur les quais de la Seine. Dans un sac de velours, elle glissa un collier de perles et des boucles assorties pour les soirées à l'Opéra. Les soirées à l'Opéra... Elle porterait sa longue robe noire, celle qui mettait en évidence la richesse du collier et accentuait l'éclat de ses yeux. Elle adorait cette robe, la seule qui différait des autres; lorsqu'elle la portait, elle ressemblait à un rêve qui traverse la nuit. Habillée de sa robe noire, mademoiselle Anita attirait tous les regards et s'amusait discrètement des remous qu'elle suscitait. Avec minutie, elle la rangea dans la valise avec trois autres robes.

Peu après, mademoiselle Anita se rendit dans la salle de bains, fit couler l'eau de la baignoire et ajouta de l'essence de rose. Se détendre, se relaxer un peu avant de prendre l'avion... Elle se cala dans la baignoire pour ne plus bouger. Elle faisait le vide dans sa tête et se forçait à ne plus penser, malgré sa hâte de partir. Après vingt minutes de relaxation, elle endossa son peignoir et se lava le visage. En le touchant de ses éponges, mademoiselle Anita constata le changement... les rides disparaissaient une à une et sa peau redevenait celle qu'elle avait à vingt ans. Elle brossa longuement ses cheveux et refit adroitement son chignon. Elle n'avait plus qu'à s'habiller. Sa robe jaune l'ensoleillait et la faisait paraître encore plus mince et plus fragile. Elle se regarda attentivement dans la glace, respira longuement et sortit de sa chambre, pour se retrouver dans celle des souvenirs.

Sa valise faite, elle la boucla et la déposa près du fauteuil en cuir. Du deuxième tiroir du placard, elle sortit une grande enveloppe brune dont elle vida le contenu sur la table. Des cartes du monde entier s'ouvrirent pour faire rêver mademoiselle Anita. Elle les détailla une à une, prit celle de Paris et replaça lentement les autres dans l'enveloppe qu'elle remisa aussitôt. Paris, cette ville qu'elle avait tant de fois visitée...

La carte de Paris était vieille et un peu déchirée, tellement elle avait été utilisée. Qu'importe, elle pouvait encore servir... Un dernier détail à régler et mademoiselle Anita serait prête à partir. Du fond du placard, elle retira un sac en coton blanc dans lequel reposait un tricot. Elle le plaça sur le dessus de la valise. La longue bande blanche jetée sur la valise s'échoua sur le plancher. Les mailles lourdes de voyages attendaient.

Mademoiselle Anita s'assit dans son fauteuil, ouvrit la carte sur ses genoux et Paris s'étala devant elle. Ses doigts descendirent rapidement le long du boulevard Sébastopol, traversèrent le pont au Change, coururent sur le boulevard Saint-Michel et empruntèrent enfin la rue de l'Odéon... Comme elle aimait la Rive gauche! Elle se sentait bien au milieu des étudiants et adorait les petites librairies dans lesquelles on pouvait flâner des heures durant, sans se faire déranger. Tiens, il faudrait bien qu'elle aille prendre l'apéritif et manger de petits sandwichs chez Adrienne Monnier; peut-être aurait-elle le plaisir d'entendre Joyce ou encore Eliot lire quelques-uns de leurs textes. Tous ses amis seraient là, avec elle... Que de souvenirs surgissaient dans la mémoire d'Anita lorsqu'elle se retrouvait dans ces rues. Elle irait certainement, comme la dernière fois, entendre un concert à la Sainte-Chapelle. Elle visiterait des expositions, irait dans les musées et verrait des films, surtout en début d'après-midi, ou peut-être avant d'aller dîner. Elle traverserait la Seine pour se rendre à l'Opéra où elle porterait son élégante robe noire et, après la soirée, elle reviendrait dîner à *La Coupole*. Que de journées, que de douces folies à vivre... Paris, sur ses genoux, l'attendait avec impatience.

Anita Leduc saisit son tricot et poussa un soupir en attrapant une maille. Une voix annonça le moment de l'embarquement et mademoiselle Anita sentit son cœur se serrer. Elle se cala dans son fauteuil et vit les cartes postales s'embrouiller lentement sur le mur en face d'elle. Ses yeux survolèrent les arbres puis la mer. Elle ferma alors les yeux, et les mailles commencèrent leur symphonie tandis que l'avion prenait son envol. Ses doigts accrochés aux aiguilles faisaient un travail qu'elle-même ne surveillait plus depuis longtemps. Le tricot ne servait qu'à débrider son imagination. Au bout de quelques instants, le tricot écrasa Paris et les mailles s'endormirent.

Le téléphone pouvait sonner, les gens pouvaient venir frapper à la porte, mademoiselle Anita ne voyait plus rien, n'entendait plus rien.

Mademoiselle Anita était à Paris.

Absente pour la journée, 1989, p. 75-81.

GRACIA COUTURIER

G racia Couturier est née le 14 août 1951 à Edmundston. Elle entreprend des études à l'Université de Moncton, où elle obtient un baccalauréat ès arts en français (1972), un baccalauréat en éducation (1973), puis, lors d'un retour aux études, une maîtrise en création littéraire (1995) pour son projet *L'antichambre* (1997). De 1974 à 1977, elle enseigne à Bathurst, revient à Moncton pour participer à la création de la coopérative du théâtre l'Escaouette, compagnie pour laquelle elle sera tour à tour comédienne, publiciste et administratrice. De 1981 à 1984, elle dirige le Service socioculturel du campus de Shippagan de l'Université de Moncton ; elle y fonde et dirige le Théâtre de Saisons, qui crée ses quatre premières pièces, toutes destinées au public étudiant du campus. De retour à Moncton en 1985, elle travaille comme recherchiste et chroniqueuse à Radio-Canada. En 1996, elle devient directrice de production et éditrice aux Éditions d'Acadie, et ce jusqu'à la faillite de l'entreprise en 2000. Elle retournera alors travailler à Radio-Canada.

Son œuvre littéraire comprend théâtre et romans, pour les publics adulte et jeunesse, avec une brève incursion dans l'album pour enfants. Couturier ayant déjà écrit du théâtre pour la jeunesse à Shippagan, c'est tout naturellement que le théâtre l'Escaouette lui commandera des pièces pour enfants : *Le gros Ti-gars* (1986) et *Enfantômes suroulettes* (1989) se construisent autour de préoccupations sociales, le rejet pour la première et la mort pour la seconde. Dans *Les ans volés* (1986), écrit pour les finissants du Département d'art dramatique de l'Université de Moncton, et *Mon mari est un ange* (1987), Couturier aborde la relation de couple dans une optique féministe et humoristique, voire absurde pour la seconde.

Les romans *L'antichambre* (1997) et *Je regardais Rebecca* (1999) se démarquent de l'ensemble de sa production. L'originalité de ces romans tient essentiellement à leur forme. Ce n'est pas tant l'intrigue qui soutient l'intérêt que la façon dont les personnages abordent leurs problèmes et, surtout, la façon dont le récit est construit. La recherche formelle encadre l'imaginaire.

L'antichambre comporte peu d'éléments typographiques destinés à établir des variations temporelles, géographiques ou psychologiques. Les 128 pages du texte s'enchaînent en un seul et unique mouvement porteur du chaos dans lequel se débattent aussi bien les personnages que l'auteure et les lecteurs. Chaos pourtant organisé à la façon d'un casse-tête que l'on assemble au fur et à mesure de la lecture. *Je regardais Rebecca* pousse plus loin la démarche, l'architecture du roman se fondant sur la théorie des fractales, véritable toile d'araignée que tisse l'auteure.

❖

Mon mari est un ange, extrait : scène I

Tarzan Mâzerolle entre sur scène, habillé de son complet de mariage et... « enceinte ben tight ».

Ça a rien changé... Ça a rien changé pantoute. On s'est mariés comme tout le monde, à même Église que tout le monde, avec la même formule que tout le monde. Pis ç'a été aussi vite que tout le monde. «Jâne, ici présente, voulez-vous prendre Tarzan Mâzerolle, debout à votre côté gauche, comme mari et légitime époux? Promettez-vous de lui être fidèle dans la joie et le malheur, de ne plus écouter nulle autre voix que la sienne, de vous soumettre et de le soutenir dans la détresse, la maladie, les cataclysmes, la guerre, et ce jusqu'à ce que mort s'ensuive?»

Pis al' a répondu avec sa plusse belle voix d'opéra ben pointue: «Je le jure.» Ensuite, le grand prêtre m'a regârdé d'un air angélique, presque gabriellique, plein de pudeur et de chasteté, pis y m'a dit d'un ton candide et serein: «Tarzan, ici présent, voulez-vous prendre Jâne d'Aracadie, debout à votre côté droit, comme femme et légitime épouse? Promettez-vous de la traiter comme si Dieu l'avait façonnée de votre propre cage thoracique? Promettez-vous de l'astreindre à ses obligations, ses devoirs et vos droits?» Pis j'ai répondu: «OOOOO oooOOO (*Fait un saut en se rappelant le coup de coude qu'il a reçu de Jâne.*) O.K.» C'est la seule note d'opéra que je connais. Pis là, le grand prêtre nous a déclarés mari et femme, unis ben tight par les chaînes du mariage, la grosse boule noire à juille du pied, le moton dans le gorgoton pis tout... Un mariage, c'est un mariage, c'est la même chose pour tout le monde: ben cérémonieux, ben émouvant. Mais ça change rien, rien pantoute...

En sortant de l'église, Jâne s'est mise à chanter:

«Chééérriii!!!

Si la vie m'a faite diva

La-a mort, la-a mort,

Si la vie m'a faite diva,

La mort me verra diva.

Et sur les portées de l'opéra

Éternellement, je serai diva.

Et les notes pour le chanter

Les dièses, les bémols,

Les trémolos de fa en sol

Seront ma voie, ma vie, ma foi,

Seront ma voie, ma vie, ma bis, ter,»

ç'arrêtait pus. Al' arrêtait pus de chanter ça; al' a même la bouche grande ouvarte à «foi» sus les portraits du perron de l'église. Le photographe, le prêtre, même le bedeau étaient partis, pis a' chantait encore «ma voie, ma vie, ma foi».

Ça fait que pour la ramener un peu à raison, je me plante debout ben drette devant elle pis j'y dit: «Enfin, ma Jâne, on pourra avoir un bébé.» «Quel bébé?», qu'a' m'a répondu. — «Ton bébé, mon bébé, nos bébés.» Ah ben là, al' est devenue tout énarvée, prête à me fére une crise de grande diva déchirée: le corps en transe, les larmes salées, les joues gonflées, les yeux enflés, la goutte au nez pis tout. En plein perron d'église! Devant tout le monde! Comme si c'était encore la mode de fére des scandales sus le perron de l'église... Je vous dis, les d'Aracadie, c'est du monde facile à énarver. C'est de famille; y traînent c'te défaut-là depus des générations. Pis en plusse qu'y ont l'esprit de famille aussi développé que les nerfs; tu crèrais qu'y descendent direct de la fesse de Louis XIV.

Al' l'a faite, sa crise de noblesse bafouée, insultée, déshéritée, les larmes salées pis toute la réaction en chaîne. Tout ça, juste pour un bébé. Ouais, un bébé. Si j'avais su que c'te petit bâtard de mot-là allait y déclencher tout un délire de diva déchirée... Je le savais pas, moé, qu'al' avait déjà été victime d'un bébé. Ma belle-mère s'est chargée de me le laisser savoir, crains pas... «Al' l'avait fait porter par une autre femme, mais la mére ingrate, une marâtre de femme, la malicieuse, a' s'est sauvée avec les 15 000 piasses pis le bébé de Jâne. Pis comme toutes les autres, ç'a fait le *Téléjournal, Le Matin, L'Acadie Nouvelle, L'Aviron, l'Express du Sud-Est*, même *La Cataracte, Le Madawaska* pis les hebdos du Québec, sans donner plusse de résultat...» Pauvre Jâne... Pauvre bébé! Je te dis que c'est une moyenne rapace de monde, ces méres porteuses-là. Pendant neuf mois, quand c'est pas plusse, ça sauve sus les cigarettes, sus la boisson, sus la drogue, ça se nourrit comme des princesses avec des tas de petits plats granolas, pis en plusse, ça se fait payer. Après, ça vient chiâler que ça s'est sacrifié pis ça veut le bébé en plusse des 15 000 piasses que tu ieux as donnés. C'est rendu une vraie engeance, des porteuses de malheur... Le pire, c'est que c'est des hommes qui ieux ont mis ça dans tête. Pis qui nous l'ont mis dans le ventre. Me semble qu'on avait assez de porter le poids du monde sus nos épaules sans porter la race dans nos entrâilles.

Je sais que c'est pas bon de généraliser comme ça, mais un chat échaudé craint l'eau frette... Pis y faut comprendre : quand ça sort direct de toé, quand t'as nourri ça direct avec les artères de ton cœur, c'est ben malaisé de te deféré de ça après... Bon ben... Parlons-en pus, de c'te bébé-là, y nous appartient pas.

On va en avoir un quand même, un bébé. Pis y va être plusse beau que l'autre. La preuve, ça c'est son lit... Faut pas vous en féré pour moé. Faut comprendre. Jâne, c'est une femme de carrière, une chanteuse d'opéra, pis c'est pas une heure passée à l'église en robe blanche pis une danse de mariée qui allait changer de quoi. A' m'avait avarti, j'avais accepté, al' a fait une autre bonne grosse crise pour me le rappeler...Vous pensez ben que je m'en sus rappelé. Parce que j'y tiens, à Jâne. Ça fait que pour pas la pardre à tout jamais, j'aimais mieux y laisser un petit bout de corde, long assez pour qu'a' peuve se rendre en Europe pour sa grande tournée européenne qui l'attendait. C'est un bon petit bout de corde, hein ?

Un petit bout de corde dur à tresser... Maudit, c'te spring-là (*Du lit*) va-tu ben rentrer...OOOoOOO... Bon, c'est rentré. Faudrait pas que c'te lit-là tombe la première fois que le petit va coucher dedans. La deuxième fois, je dis pas, mais la première fois... Ouais, un petit bout de corde ben dur à tresser. Mais quand t'es psychologue, y a pas de doute, tu trouves tout le temps une bonne théorie qui a jamais été mise en pratique. Ça fait que ce que j'ai fait c'te soir-là pour racc'mmoder ma grande diva déchirée, question de la féré tére, j'y ai dit : «Console-toé, chère épouse, on va en féré un nous autres mêmes, un bébé.» Ma grande déclaration a eu pour effet d'augmenter le flot de larmes qui débordaient en chute libre sus son bouquet de mariée. «Comment veux-tu, avec ses accents de tournée européenne, comment veux-tu que nous ayons un môme? Tu le sais, Tarzan, je ne peux pas interrompre ma carrière en pleine tournée pour accoucher. Un accouchement, une grossesse, tu sais que ça déforme le corps entier d'une femme! Non. Je ne peux pas. Pourtant, j'adore cela, des gosses.» Tout ça était ben accentué de trémolos pis de staccatos. Ça fait que j'y ai répété mon «console-toé, chère épouse» en ajoutant: «On peut avoir un bébé sans que tu seyes enceinte, ma Jâne... Non-non, je veux pas te replonger dans une histoire de mére porteuse... Ben non, pas une adoption; ça non plus c'est pas garanti contre les revenants, non!» Pis là, j'y ai dit, question de la consoler, pis ça pressait, à cause des voisins, j'y ai dit: «Je vas le porter, moé, le bébé...» — «TOI?!?!?!» Le torrent s'est tari du coup. Pus une larme, les yeux y farment, a' me saute au cou, a' m'embrasse pis a' me dit: «Tarzan, t'es un ange.» D'où le titre «Mon mari est un ange». J'ai jamais compris pourquoi que ça l'avait tant surprise; depuis le temps que ça se parle, les hommes enceintes. Ben là, c'est fait. Même au Nouveau-Brunswick. Ah que non, que ça n'arrive pas qu'aux autres...

C'est comme ça que ça m'est arrivé. Après la conception in vitro du bébé, Jâne est partie en Europe fére sa tournée européenne d'opéra, pis moé, j'ai continué à donner mes cours de psychologie à l'université pis je grossesse. Ah, mais ce fut un grand moment! OOOOOoooOOOOO Oh!
Le cœur lui lève, il se tourne de bord.

Mon mari est un ange, 1988, p. 11-16.

L'antichambre, extrait

En tombant du treizième étage, lorsque l'ombrage de mon corps se détachait du mur pour s'affaler dans le vide, je n'avais qu'un seul souci: ne pas perdre un soulier.

Dans ma dégringolade, je vivais à rebours les événements de ma réussite commerciale: à chaque étage, je voyais l'ouverture officielle d'une succursale du Zodiac. L'une après l'autre. Dans le faste et la lumière. À mesure que l'ombrage de mon corps s'allongeait sur le pavé. À midi.

Perdre pied au treizième étage! Quelle folie m'avait prise de monter ces échafaudages en talons hauts? Claude allait-il me ridiculiser en me voyant m'écraser en catastrophe à ses pieds? ... Non, le mépris n'est pas dans la nature de Claude Dupuis. D'Anaïs on pourrait s'y attendre tant elle a besoin de confirmer ses dires, mais de Claude, non, pas mon père. Cette pensée me réconforta alors que le vertige m'étourdissait dans l'accélération de ma chute.

Au sixième étage, le téléphone sonnait à l'intérieur. Je me débattais pour contrebalancer l'attraction, je tendais les bras pour saisir l'appareil...

—Allô.

—Marianne Dupuis? Ici le bureau du docteur Rachelle Duparc. C'est pour confirmer votre rendez-vous...

La sonnerie m'a tirée du cauchemar. Le dormeur se réveille toujours avant de frapper le sol. Qu'arriverait-il si quelqu'un n'avait pas le réflexe de sortir du rêve avant le choc fatal?

Dormir. Se rendormir. Rêver pour effacer le cauchemar.

Ma chute se poursuivait dans la crevasse d'un séisme vieux de mille ans. Je m'enfonçais dans les entrailles de la terre, j'avais beau tendre les bras vers le ciel, Claude n'entendait pas mon cri; il me regardait tendrement me perdre dans le brouillard d'un froid soudain.

L'abîme était donc si profond...

Toute la nuit j'avais tissé. Un métier que Claude avait monté de son fil de chaîne. Je tissais encore. Toute ma vie, j'ai tissé. Je trouvais l'ouvrage assez beau avec ses douze fils d'or qui rehaussaient les couleurs. Douze fils d'or. Il en manquait un. Je l'avais trouvé depuis longtemps, cinq ans pour tout dire, et pourtant je le cherchais encore autour de moi. Et, à mon réveil, en tombant du treizième étage, le cœur tourmenté par le vertige, mon seul souci était de ne pas perdre un soulier.

—Marianne Dupuis, le docteur Duparc vous attend.

En entrant dans le bureau de la gynécologue, j'éprouve une sensation étrange. Intangible et pourtant si réelle. Je m'explique mal l'émotion qui m'agite subitement et sans raison apparente.

J'entre dans l'antre d'une cartomancienne, je la vois me fixer à travers l'énorme loupe; ses traits disproportionnés par la lentille évoquent un visage de vieille sorcière, sous ses longs cheveux farineux. Sa main tremble qui tient la loupe, une main de jeune femme, pourtant, un corps suave, elle transpire à travers son châle ajouré, des perles de sueur roulent dans l'entre-deux seins. Comme si le destin avait une odeur. Le ventre de ma chemise est mouillé.

—J'ai chaud!

—Fatiguée?

—À peine.

—Ça veut dire passablement ou à la limite du supportable?

—J'aurai l'occasion de me reposer, nous partons bientôt pour l'Italie.

L'antichambre, 1997, p. 9-10.

DENISE PAQUETTE

Née le 9 août 1956 à Montréal, Denise Paquette déménage à Moncton pour poursuivre des études universitaires. Elle obtient un baccalauréat ès arts (1978) puis une maîtrise en études françaises de l'Université de Moncton (1984). Elle entreprend ensuite un doctorat en littérature québécoise à l'Université Laval (1988-1989), doctorat qu'elle ne termine pas. Installée dans la région de Moncton depuis son baccalauréat, elle est tour à tour professeur, recherchiste, correctrice, journaliste chroniqueuse pour différents organismes du domaine culturel.

Sa passion pour l'illustration (elle a fait un an au cégep en arts visuels) et l'écriture donnent naissance à *Une promenade en girafe* (1989), un premier album pour enfants qui met en scène la souris Baline. Plusieurs albums suivront, dont deux autres pour souris Baline. Certains de ces albums seront illustrés par d'autres, tout comme elle illustrera des albums d'autres auteurs pour le compte de Bouton d'or Acadie.

Son premier roman, *Gribouillis barbares* (1998) s'adresse aux 9 à 12 ans. L'histoire est sympathique et l'ouvrage bien écrit. Son second, *Annie a deux mamans* (2003), aborde la problématique des familles recomposées et l'homosexualité. Fabie, la jeune narratrice d'une dizaine d'années, vit avec sa mère depuis que ses parents ont divorcé. Arrive dans le voisinage Annie, qui vit avec sa mère, Lorraine, et une autre femme, Joëlle. Lentement, Fabie en arrivera à comprendre que Lorraine et Joëlle forment un couple et que cette petite famille est très heureuse.

Annie à deux mamans, extrait : **Chapitre 3. Un petit cornet, juste un ou la première fois que j'ai rencontré Joëlle**

Au parc, il fait si beau cet après-midi que j'ai le cœur en joie. Nous nous sommes installées sous un grand érable au milieu d'une butte entourée de bancs. Au-dessus de nos têtes, un millier d'oiseaux jaune et noir jacassent. Joëlle, l'amie de la mère d'Annie, ma future gardienne, a apporté dans son sac à dos de quoi remplir un petit creux sans gâcher l'appétit, comme elle dit : prunes, pommes, raisins, bananes. Elle a aussi une grosse bouteille d'eau et un ballon de soccer. Elle nous tend à chacune un verre :

— Avez-vous soif, les filles ?

Joëlle a les cheveux coupés très courts, à la manière des garçons. Elle a aussi une seule oreille percée où elle porte un anneau tout simple, comme les garçons. Ma fois, dans son short serré, son t-shirt à manches courtes et ses espadrilles, Joëlle n'a rien d'une princesse. Elle ressemble plutôt à un boxeur catégorie mi-lourd. Un boxeur à gros seins. Dès que j'en ai la chance, je le fais remarquer à Annie. Elle me regarde, étonnée :

— Joëlle n'a pas de si gros seins que ça ! J'ai déjà vu Joëlle toute nue et elle n'est pas grosse du tout.

Surprise, je lui demande :

— Comment ça se fait que t'as vu Joëlle toute nue ?

— Pas compliqué, Joëlle habite avec nous, me répond Annie, comme si cela allait de soi.

J'admets qu'il peut être pratique que la gardienne couche à

la maison. Quant à la voir à poil, c'est autre chose! J'habite bien avec ma mère, mais je ne l'ai pourtant jamais vue toute nue. Du moins, je ne m'en souviens pas. Et puis, la maison d'Annie est toute petite. Il n'y a que deux chambres à coucher: une pour Annie et une pour sa mère.

— Où couche Joëlle? Sur le sofa, dans le salon?

— C'est ça, elle couche sur le sofa, dans le salon, me répond Annie, les yeux en coin.

— Depuis combien de temps habite-t-elle chez toi?

— Quatre ans peut-être, je ne sais plus, laisse tomber Annie, pressée d'en finir.

— Quatre ans sur le sofa!

Je ne peux pas imaginer que quelqu'un, que ce soit la gardienne ou un ami, puisse accepter de coucher dans un salon aussi longtemps. Joëlle me fait pitié, et je commence à croire qu'on s'en sert comme d'une esclave.

— Elle n'a pas de maison, pas d'appartement? Elle doit être bien pauvre.

Annie me fixe droit dans les yeux:

— Elle habite chez nous, un point, c'est tout.

Annie a deux mamans, 2003, p. 21-23.

Annie à deux mamans, extrait: Chapitre 6. Le docteur Moquette...

Tout à coup, Joëlle entre en coup de vent:

— Salut, tout le monde! Quelque chose ne va pas ici dedans?

— Joëlle! s'écrie Annie.

Joëlle embrasse Annie, met sa main sur ma tête, salue Colette, puis embrasse Lorraine avec effusion, comme si elle revenait d'un long voyage. Les deux femmes se regardent dans les yeux un court moment, l'air de vouloir se dire quelque chose.

— C'est ma copine, Joëlle, explique Lorraine au nettoyeur.

Lorraine et Joëlle se tiennent par la taille et ne se lâchent plus. Jacquot Lamoureux paraît embarrassé. Ça se comprend. Il doit se dire : « Si j'en prends une, je devrai prendre l'autre avec. Ces deux-là ne se sépareront jamais. »

Joëlle s'empare de l'aspirateur :

—Moi, le nettoyage de tapis, ça me connaît. J'ai travaillé deux ans pour une compagnie dans ce domaine.

—Pas vrai ? dit Jacquot Lamoureux, qui semble empêtré dans le raccordement des boyaux.

—Ben oui ! confirme Joëlle. On n'avait pas une machine comme ça, par exemple.

Elle examine l'appareil du docteur Moquette.

—Oh, la belle patente ! T'as vu ça, Lorraine ?

Et les voilà tous les trois qui poussent maintenant la machine tout en discutant Hoover, Bissel, Electrolux, Filter Queen et tra la la. De toute évidence, Joëlle se débrouille mieux que le docteur Moquette en nettoyage de tapis. Et puis, sa bonne humeur et son entrain sont si contagieux qu'ils se mettent bientôt à rire pour tout et pour rien. Un jour, la chicane ; le lendemain, les fous rires. Je n'y comprends plus grand-chose.

Pour jouer, Annie s'accroche par derrière à la taille de Joëlle et la suit partout. Colette, toujours aussi collante, cherche à faire la même chose avec Lamoureux, un parfait étranger ! Moi, je suis beaucoup trop gênée pour m'accrocher à Lorraine. De toute façon, je trouve cela enfantin.

Je propose une dernière fois à Annie d'aller au parc, en me promettant bien, si elle refuse, de ne plus revenir chez elle avant sa fête. Moi, les histoires d'amour d'adultes, j'aime mieux ne pas m'en mêler. Rassurée d'avoir vu Joëlle, Annie accepte finalement de venir jouer dehors. Colette décide de nous suivre.

—Ce qu'il est beau ! se pâme-t-elle. Moi, je voudrais bien que le docteur Moquette vienne nettoyer le tapis chez nous. Mais on n'a pas de tapis.

—Joëlle est bien meilleure que lui en nettoyage. Je te l'avais bien dit qu'elle peut tout faire ! me fait remarquer Annie en marchant plus vite pour distancer Colette.

La Colle ricane comme une crécelle :

—Tu as vu comment Joëlle a embrassé ta mère ! On aurait dit qu'elles sont des amoureuses !

—Idiote ! lui lance Annie en tournant les talons.

Décidément, la Colle n'est vraiment pas douée pour se faire des amis.

Annie a deux mamans, 2003, p. 61-64.

SERGE PATRICE THIBODEAU

Né le 11 août 1959 à Rivière-Verte (Nouveau-Brunswick), il vit l'expérience du programme éducatif international Jeunesse Canada Monde au lieu de suivre sa deuxième année d'université, ce qui l'amène à vivre en Côte d'Ivoire pendant trois mois. À son retour, il entreprend des études en sciences humaines à l'Université de Moncton (1977-1978), puis en littérature québécoise à l'Université Laval (1979-1981). De 1988 à 1993, il suit divers cours à l'Institut Gœthe (langue allemande) et à l'Université du Québec à Montréal (religiologie), puis fait sa scolarité de maîtrise à l'UQAM (1994-1996). De 1986 à 2008, il occupe différents emplois dans le domaine hôtelier, comme recherchiste pour Radio-Canada ou correcteur rédacteur pour différentes maisons d'édition. De 1993 à 2000, il s'implique comme bénévole dans Amnistie internationale, ce qui le mènera dans de nombreux pays, en particulier la Syrie, le Liban, Israël et la Palestine, alors qu'il coordonne les dossiers relevant de ces pays. En 1999, il publie *La disgrâce de l'humanité*, un essai sur la torture. De nombreux autres voyages, parfois liés à sa démarche d'écrivain, inspirent ses écrits, dont *Lieux cachés* (2005), un ensemble de récits de voyage.

Désireux de revenir en Acadie, il déménage à Moncton en janvier 2005, et prend la direction littéraire des Éditions Perce-Neige en mars de la même année ; depuis le début de l'année 2009, il assume également la direction générale de la maison.

La septième chute (1990, prix France-Acadie) s'inspire de ses voyages dans des pays en guerre et des pays communistes tandis que *Le passage des glaces* suivi de *Lamento* (1992) se construit autour de l'expérience amoureuse. C'est avec *Le cycle de Prague* (1992, prix de poésie Émile-Nelligan) que l'écriture de Thibodeau affirme toute son originalité ; la structure formelle devient essentielle à l'écriture, la contraignant et l'orientant.

D'un recueil à l'autre, Thibodeau poursuit une démarche spirituelle, un aspect indissociable de sa réflexion : l'Homme est fondamentalement seul, face à lui-même, et toujours en mouvance. Les questionnements de Thibodeau trouvent leur sens dans les poèmes qui les avouent. Par la recherche formelle, le poème contraint le poète à se distancier de sa propre vie, lui permettant de poser un regard sur le tragique de l'existence.

Depuis son retour en Acadie, sa poésie se transforme, elle se fait plus intime (*Le roseau*, 2000 ; *Seuils*, 2002). Alors que Thibodeau a beaucoup écrit à partir de ses voyages dans de nombreux pays, appuyant son écriture sur les gens, les situations, les paysages qu'il découvrait, dans *Seul on est* (2006, prix du Gouverneur général), le voyage est devenu intérieur mais il demeure toujours fondé sur un lieu, ici celui de Moncton. Dans tous les cas, ce ne sont ni les monuments ni la situation politique ou sociale qui vont susciter le texte, mais la quotidienneté.

Véritable orfèvre de l'écriture, Thibodeau a exploré différentes formes, du verset (*Le quatuor de l'errance*, 1995), jusqu'à s'inventer certaines formes fixes (*Les sept dernières paroles de Judas*, 2008).

En 2007, Thibodeau a reçu le prix d'excellence Pascal-Poirier attribué par le Conseil des arts du Nouveau-Brunswick pour l'ensemble de son œuvre.

❖

Madawaska, 1789

I

un soir de lune près de la source
nous creuserons la terre sous le pin
au fond des mains profondes et des plaines ocreuses
nous tiendrons l'intenable
le cintre où fixer l'irréparable
dans nos mains calleuses   nos coupures   nos ampoules
le trésor de l'histoire et l'or écartelé sur un billot
et nous voudrons entendre le choc
le récit expansif de la pelle
la mise à sac du métal sur le roc
de l'accroc   de l'étincelle   du feu
qui achoppent
tout contre l'oubli

Nous, l'étranger, 1995, p. 73.

Madawaska, 1789

XII

et nous saurons que le temps est venu
de repenser les lois de l'accueil   et de ne plus renier
le lien entre l'œil et la main
malgré la pluie   malgré les pleurs
malgré la plaie sur la hanche de l'aïeule
nous voulons ne plus jamais nous soumettre
aux déchirements de l'espace   ne plus jamais permettre
imprécise dans la fuite des jours
l'implacable   l'illusoire prophétie
de notre éparpillement
car de nos propres mains   oui
nous bâtirons notre demeure

Nous, l'étranger, 1995, p. 84.

Le corps est enfoui.

1.

lorsque le galbe du globe sera devenu par la force des choses
uniment plat
lorsque la terre expiera les crimes de
l'homme
l'homme
les entrailles flasques au creux des mains demandera pourquoi
s'étonnera
expirera
et nulle part et de nulle part aucune voix ne lui répondra car
le cœur
clos
déjà ne battra plus sa coulpe déjà encore une fois de plus ne
niera plus
Dieu.

La septième chute, 1990, p. 131.

Hector de Saint-Denys Garneau

les pieds dans l'eau
jusqu'au bas-ventre
le jour est tombé
c'est le glaçon
de travers
dans la gorge
c'est l'éclair au cœur
dans la nuit du corps
c'est l'éclatement
du dedans
vers les astres noirs.

Le cycle de Prague, 1992, p. 53.

Serait-il capable de parler de liberté, l'être humain ne manquerait pas de donner un sens démesurément faux à sa liberté de choisir. Réduits au silence, le silence lui-même réduit à une ombre qui longe un mur anonyme, nous passons, résistants, dents serrées, jusqu'au prochain départ pour une ville dont on a changé le nom des rues et des ponts.

Le cycle de Prague, 1992, repris dans *Seuils*, p. 26.

Se surprendre à calquer ses gestes sur les rituels; fléchir le genou; faire l'aumône; se signer; s'attendrir à l'écoute d'un orgue de Barbarie. Se persuader que tout a été disposé ainsi autour de soi, pour soi seul. Et dans l'attente de son arrivée, une miniature qu'on a pris soin de placer là: Don Quichotte et son cheval.

Le cycle de Prague, 1992, repris dans *Seuils*, p. 42.

Kavárna Evropa

le jour lentement
me tire du lit
les tramways bondés filent
vers Václavské náměsti
m'entraînent
au cœur de Prague
déjà, les façades
récupèrent mon regard
jusqu'au café de l'Europe
où les faces oblongues
m'encerclent.

Le cycle de Prague, 1992, repris dans *Seuils* avec variantes, p. 33.

Exil II

mon exil j'ai mal et ma douleur
est complète
Ô Prague dis-moi, au-delà des mots
et malgré les images
aurais-je vraiment
renoncé à l'amour?
alors pourquoi
cette solitude qui s'acharne
et qui m'accable
au point où je suis las
de rêver?

Le cycle de Prague, 1992, p. 131.

L'ascension de la montagne.

VI.

À la suite de ces gens démunis, marcher les mains vides,
Ils transportent des offrandes. Les flûtes stridentes, les
    tablas scandent les pas.
La mère épouille un enfant sur le pas de sa porte.

Les chariots au repos étincellent au soleil; les rizières en
    terrasse,
Bientôt bétonnées; la faim tourmente des tisserands de
    cinq ans,
Ils font de petits nœuds pendant de longues heures à
    l'usine de tapis.

Les rêves noués des enfants: l'Occident les piétine,
    insouciant;

Les couleurs contaminent les rivières, les poumons; les
   femmes toussent,
Crachent les fibres de laine, lancent du riz vers des
   idoles de pierre.

S'essouffler à grimper, à gravir, vertigineux, les abrupts,
Écœuré par l'odeur du purin, la moiteur de la crasse et
   le bruit incessant;
Lamentable présence que la mienne, l'insolence inutile
   d'un sot.

L'année commence; en souriant aux cythares, en
   admirant les étoffes,
En vissant mon visage aux bassines de cuivre,
Très loin des pistes des attentes trompeuses.

Les saranghis, les hautbois s'animent et se cassent les voix;
Dans leurs cheveux, des hommes secs ont piqué des
   fleurs jaunes,
Courbés, une hotte d'osier tressé sur le dos, arqués,
   immobiles.

Derrière ces gens démunis, marcher; ils mâchent des
   feuilles de bétel;
M'acharner à vouloir connaître le secret, le sens intact
   de leur joie.
Et trouver, savoir: ils ne possèdent rien, ils sont heureux
   de donner.

Le quatuor de l'errance, 1995, p. 35-36.

Le passage dans la vallée.

IV.

Des armes. Nous nous sommes faufilés dans le col de
   Khyber,

Le fusil sur l'épaule. Au loin, la rivière Kaboul,
Les forts kaki aux tours percées de meurtrières.

Les rochers sont tombés là, s'élèvent de là pour que le ciel,
Perché dessus, se penche, et dans une ultime étreinte,
S'épanche dans le parfum des roses blanches.

La kalachnikov entre les mains, quatre fois j'atteins la cible.
Mon entourage s'étonne, me tape sur l'épaule, m'adopte,
Moi, l'étranger sans escorte officielle en ces terres tribales.

Je vivrais sur ces hauteurs, à défendre le vallon,
La route parsemée d'embuscades, la frontière afghane
    sous la main.
J'aurais un autre âge, un autre nom, le même visage.

Avec les hommes, les brutes, jouant le danger.
La mort serait notre but, celle de l'autre surtout, valsant
    contre le vent,
Inexpugnable, valsant jusqu'au creux béant d'une gorge.

Toutes les forces bandées s'entrechoquent, l'aventure en
    rafales
Fait ricochet contre les pierres bosselées d'abus,
La violence entre les dents comme un fil, grésillante
    comme une torche.

Des armes. D'autres armes. Cette kalachnikov, dans mes
    mains,
Son cran de mire est ajusté à la mesure de l'homme.
L'écho résonne dans mon oreille, l'écho retentit par
    toute la vallée.

Le quatuor de l'errance, 1995, p. 62.

J'aurais aimé ne pas revenir autre, homme
si malhabile qu'il ne dit rien, revenir autrement,
sans ma ration de faiblesses et d'impairs,
sans l'obsession d'une impossible rencontre,

qui ne serait à l'avance que la fin d'une étreinte,
comme si le sol allait me prendre à la gorge,
me lever de terre et me brandir, à bout de bras,
vers le ciel qui ne veut pas de moi,

pour ensuite me laisser tomber, sans façons,
d'une chambre d'hôtel à une autre, contraint
à n'aimer, à n'être aimé qu'à moitié,
face au Danube, à Bratislava, dans les draps

tous les matins repliés, blancheur de la nuit,
du sommeil gorgé d'eau-de-vie, qui ne vient pas ;
nos ardeurs, tourments agiles et bourrasques,
essoufflements de cinq cent et une nuits d'amour,

de la promesse de dire, qu'il ne tient pas ;
aliéné, je tire la langue au miroir
qui reflète l'étranger fou
que je ne suis pas.

Seuils, 2002, p. 97.

Lamento (la mort est-elle...)

La mort est-elle un lieu d'accomplissement,
une vaste plaine déserte où l'être,
enfin seul avec son illustre abandon,
peut errer sans relâche, sans âme qui vive
à l'horizon, reclus en soi, et pour toujours ?

Au terme de la durée, banni de l'instant,
un seul battement de cœur baisse les bras,
abdique face à l'impossible retour du Verbe,
échu sans appel, s'échouant dans un rêve,
terne épave dont l'impuissance étonne tant.

Oublié, l'être s'installe au creux du chagrin,
balbutiant avec peine son désir d'y rester ;
ici, un regard d'encre mène le bal,
sans musique d'accompagnement ni brouillard
pour dissiper la profondeur de la nuit.

La pluie comme éteignoir de la douleur sourde,
une marche funèbre à peine amorcée
qu'elle s'éteint, confondue aux étoiles bavardes
lui dictant son destin ; nulle trace à suivre,
nulle image devant laquelle s'incliner, nu.

Ici, même le pollen est privé de sa raison d'être,
et l'argile est sans appétit, sans forme à offrir ;
l'âme à jamais renonçant à l'attente s'effrite,
à contre-courant, loin de son ardente genèse,
l'âme s'éclipse, dernier soupir exhalé sans pitié.

Seuils, 2002, p. 125.

Le jeu

4

Et celui qui me lit ne sait plus
si c'est de lui qu'il s'agit maintenant,
les clefs de la porte ont changé,
je me suis fait cordonnier,

celui du village à qui il revient de chausser
les pieds incertains de la résistance,
je suis l'autre et je suis le même,

de Mill Road au carré Saint-Louis,
de Grafton Street à la rue de Buci,
d'une langue ancienne aux pierres en cercles,
je passe du même à l'autre,

même si le faussaire a peint notre tableau,
à force de l'écrire, finirons par le croire:
il n'y a pas d'amour malheureux.

Le roseau, 2000, p. 52.

Le jeu

11

Ainsi tremblent ces faux sonnets
dans nos mains, entre nos cuisses,
entre nous deux, entre nous trois,
avant de se taire tel un enfant giflé;

ainsi, c'est ainsi qu'humiliés
les faibles s'agrippent aux frontières
éparses, et qui les vomissent, étrangères

aux paroles des suppliciés; personne
n'écoute aux portes de nous-mêmes,
personne ne consent à voir en nous,
épris, le refus de nous-mêmes, de l'Autre,

sans amour autre que celui qui blesse,
éhonté, sans amour autre qu'infligeant,
ainsi bat le désir à nos tempes grisées.

Le roseau, 2000, p. 59.

Tout lie, on n'empêche pas les corps dispersés de se réunir,
on lègue à la terre son amour du très beau, même si seul on
renaît ;
la nuit, surtout, reconnaît que le regard s'allonge, seul, en soi,
revenant sur ses pas ; un pays d'humus fauve élonge son
littoral,

> fait son lit dans son nid,
> brindilles, coquilles et racines
> —la nuit, on ne voit rien que le tout —
> le temps d'accueillir
> la bonté.

Seul on est, 2006, p. 13.

Seul on est quand le soleil se couche et que le blanc n'éblouit
plus,
seul on s'avance le moment venu de puiser à la source, sur la
piste
d'un aéroport perdu parmi les épinettes et les marais, le sel,
partout,
et dans le corps virevoltent le désir et l'appétit, une saison tire
à sa fin,

> odeur insolente
> du printemps
> —voix terreuse entre ciel et mer —
> s'insinue sous les draps,
> s'en lèche les mains.

Seul on est, 2006, p. 27.

HÉLÈNE HARBEC

Hélène Harbec est née le 28 juin 1946 à Saint-Jean (Québec). Elle obtient un baccalauréat ès arts au Collège Saint-Jean de sa ville natale, qui est affilié à l'Université de Montréal (1967), puis une licence en lettres de l'Université Laval, à Québec (1970). Elle s'installe à Moncton en 1970 et elle enseigne le français à l'Université de Moncton puis à l'Institut de Memramcook. Après quelques années dans l'enseignement, elle entreprend des études en soins infirmiers à l'École Providence de Moncton, et est reçue infirmière en 1977. Au bout d'un an de pratique comme infirmière, elle change de cap, devenant recherchiste contractuelle à Radio-Canada, tant pour la radio que pour la télévision. Elle y travaillera également en scénarisation et en assistance à la réalisation.

Dans l'ensemble de son œuvre, Harbec aborde les mêmes thèmes : l'enfance, la mort, l'amour. Toujours, son écriture se fonde sur sa démarche personnelle.

Avec *Le cahier des absences et de la décision* (1991), elle — qui est devenue mère — revisite son enfance et interroge sa relation avec sa mère. C'est le même esprit qui anime *L'orgueilleuse*

(1998), un roman dans lequel Jeanne — cette autre elle-même — retourne dans sa ville natale pour faire le point sur sa vie. En poésie — *Va* (2002, prix Antonine-Maillet/Acadie Vie), *Le tracteur céleste* (2005) —, Harbec a le sens du détail, choisit la petite anecdote réaliste et parfois teintée d'humour pour en faire une métaphore de la vie. Dans *Les voiliers blancs* (2002), elle applique cette façon de faire au roman, traçant le portrait de ses personnages à partir de courtes scènes qui les révèlent. Dans le bouleversant récit *Chambre 503* (2009), l'écriture se rapproche encore plus d'elle, alors qu'on l'accompagne au chevet de son père mourant.

Les enfants jouent dehors
Les pays se réincarnent
Dans la longue suite des jours

Sous mes doigts
Ce qu'il faut de patience
Pour découdre
La doublure d'une mémoire

Le cahier des absences et de la décision, 1991, p. 86.

Le coût des mots

Je n'aime plus les mots
épicerie
dent
chaussures
ce sont des mots
qui coûtent cher

Va, 2002, p. 27.

Lenteur

La main dans le portefeuille
à chercher le compte juste
je sens les esprits
alignés
debout
échauffés
derrière ma lenteur

Va, 2002, p. 72.

Bottines d'enfant

Un enfant veut toujours jouer
j'apprends à ton fils
à marcher sur la voie ferrée
derrière la maison funéraire
bottine droite
devant bottine gauche
sans tomber
dans les herbes qui chatouillent
avant de rentrer à nouveau
essayer le prie-Dieu
devant ta photo qui sourit
aux gens qui pleurent

Va, 2002, p. 98.

Les voiliers blancs, extrait

Certaines espèces de libellules font de très grands voyages. Elles peuvent se rendre d'un continent à l'autre, en volant au-dessus de la mer. Voisine dit que leurs muscles sont bien développés et qu'elles ont beaucoup d'endurance. Ce sera bientôt l'Halloween. On a acheté des petits cadeaux pour les enfants pauvres. Ce n'est pas toujours possible pour une mère de famille de retourner aux études. Une chance que grand-papa a aidé maman pour qu'elle arrête de tirer le diable par la queue. Moi, je ne suis pas vraiment pauvre, parce que maman a eu son diplôme et qu'elle travaille, mais il faut faire des économies, en cas de mauvais jours. Je devrais être assez grande pour comprendre ça. Voisine dit que maman est bien vaillante de se partager entre le centre d'hébergement et l'hôpital. Je vais à la garderie deux fois par semaine, parce qu'il faut que je m'habitue tranquillement à me faire des camarades. Depuis ce matin, Voisine est la meilleure amie de maman pour le meilleur et pour le pire. Elles ont fait le serment sur l'autel et une croix sur le cœur, en crachant par terre pour toute la vie. Ça me fait chaud au cœur les serments. Je peux m'endormir plus facilement, toute seule dans mon lit, sans que maman ait besoin de me faire des frissons dans le dos.

Les voiliers blancs, 2002, p. 59.

Les voiliers blancs, extrait

Bain de Maurice bébé, monsieur A. au bracelet.

L'infirmier, toujours du côté gauche, Florence du côté droit.

—Je vais prendre votre main, lui dit-elle.

—Moi aussi, je prendrais bien votre main, répondit monsieur A. en tournant la tête vers elle.

Doigts longs, lunules bien dessinées.

Comme l'infirmier terminait toujours sa partie avant elle, il en profita pour aller voltiger dans les corridors.

Florence eut le temps de remonter les couvertures sur le corps lavé et de poser doucement les mains autour du cou de monsieur A.

—Ça doit prendre du courage?

Il fit signe que oui.

Elle vit deux larmes couler.

Monsieur A. ne vit pas les siennes.

Les voiliers blancs, 2002, p. 99.

Froissement

Il n'y a que les vraies choses
qui se froissent dis-tu
l'âme
les souvenirs
et le coton

Et tu repasses
et tu repasses

Le tracteur céleste, 2005, p. 22.

Chambre forte

Septembre et rien d'autre
que cette feuille desséchée
suspendue à un fil d'araignée
voltigeant dans le vent
mes poèmes ne seront
jamais assez longs
pour en faire une chanson
d'amour

Ouvrons nos chambres fortes
ne craignons pas de perdre
rien ne s'emporte
là où je suis
j'aimerais valser avec toi
au-dessus des champs
parachute blanc
accroché à nos robes

Mais où est passé mon corps

Le tracteur céleste, 2005, p. 57.

Moustiquaire

C'est l'été
l'herbe sent bon
tu viens vers moi
en pointillé
à travers
la moustiquaire

Le tracteur céleste, 2005, p. 91.

Boule rêche

Mes cheveux tombent
sans bruit pour la fête
le coiffeur coupe
avec moult paroles
des années de mémoire
et des poussières

S'emmêle
l'étonnement de vieillir
boule rêche silencieuse
au fond de la poubelle

Le tracteur céleste, 2005, p. 97.

Chambre 503, extrait : Chapitre I

Il voit un miroir en direction du fauteuil bleu. Ma sœur Lise lui dit qu'il lui arrive de voir des choses qu'on ne voit pas. Le problème n'est pas là, répond-il. Il est où le problème ? Il ne le sait pas. Pendant le repas, elle lui donne le choix d'écouter de la harpe ou des voix corses. Il opte pour *Voce di Corsica*. Tout en écoutant, il prend plaisir à se rappeler la manécanterie à laquelle il appartenait et les belles soutanes que les jeunes garçons portaient pour chanter. Le chanoine les corrigeait avec un bâton. Il dit qu'il l'aimait quand même. Avec une lenteur qui s'accentue, il mange tout, assez proprement, mais la cuillère atterrit souvent à côté de l'assiette.

— Qu'est-ce que vous avez pour dessert les femmes? demande-t-il.

— Des mandarines, deux biscuits secs et du chocolat, que je lui réponds.

— Et c'est quoi ce gaspillage d'eau? Comment se fait-il que les *champlures* coulent comme ça?

— Tu as dû rêver, papa, ou entendre un bruit qui fait penser à de l'eau qui coule.

— Non, je n'ai rien entendu couler, je voyais seulement deux *champlures* ouvertes à pleine capacité, l'eau chaude et l'eau froide, juste là. Je ne peux pas avoir rêvé non plus puisque je ne dormais même pas.

Mon frère Claude le teste en lui rappelant qu'il était bon dans les chiffres. Il lui demande d'abord de donner le résultat de 8 + 8. Après quelques secondes d'hésitation et un sourire, il répond: 16. Alors, il continue: 16 + 16. Réponse de papa: 32. Et ensuite: 32 + 32. Réponse rapide de papa: 64. Et pour terminer: 64 + 64. Réponse encore rapide de papa: 128. Mon frère trouve que c'est assez surprenant. Chante papa, chante! lui demande Lise. Papa ne se fait pas prier, il a ses pièces de choix: *Notre sentier* et *Le petit bonheur* de Félix Leclerc. Il bat la mesure du pied gauche. Nous écoutons ensuite *L'hymne au printemps* sur la cassette du Chœur johannais où il interprète les couplets en solo. La pièce terminée, nous nous exclamons tous les trois. Il regarde du côté vaporeux de la chambre, puis il dit qu'il veut faire pipi. Je l'amène aux toilettes sur sa chaise gériatrique. Il désire que nous nous arrêtions au lavabo pour se laver les mains, mais il souhaite ardemment revenir au lit, c'est sa pensée la plus profonde. Allongé bien droit sous les couvertures, il dit qu'il peut rester comme ça, les yeux fermés, à nous écouter. Au souper, il devient anxieux. Il sait que nous allons bientôt partir et fermer les clôtures. Quand il est tout seul, il a beau appeler de l'aide en implorant Madame! Madame! personne ne vient.

Nous demeurons sur le seuil de la porte à le regarder. Il se tourne sur le côté, face au mur. Dos courbé. Tête penchée sur la poitrine. Nuque à découvert.

Chambre 503, 2009, p. 19-20.

Chambre 503, extrait : Chapitre V

Ici, on me brasse, on me brasse, on me brasse tout le temps, dit-il à maman en agitant la main. Trop de bruit aussi. Il en a assez qu'on lui pose les mêmes questions, à savoir s'il a mal, s'il a froid, s'il a faim. Il aimerait avoir une grande horloge et plus d'espace, il souhaiterait revenir à la chambre 503. Mais tu es à la chambre 503, confirme-t-elle. Alors où sont les cadres? Je reprends ma fonction de guide, faisant avec lui la tournée des tableaux, photos, cartes et calendrier. Sur la commode, une photo de toi, assis sur un banc, lors de votre cinquantième anniversaire de mariage. Là, le tableau du paysage avec ses deux lacs. À gauche de la fenêtre, la photo de ta mère avec ses petites lunettes et son sourire taquin. Il me suit du regard, faisant un signe de tête à chaque description. La visite terminée, il revient à son désir de déménager. Peut-être que dans une autre chambre ce serait moins humide parce qu'ici on passe son temps à se faire changer de culotte. Maman écoute. Il se tait un moment, soulagé d'avoir pu exprimer ce qui ne pouvait plus se contenir. Nous gardons le silence sur la simplicité de n'avoir rien à ajouter de part et d'autre. Avant de partir, il me charge de voir à ce que ses désirs soient respectés et de veiller à ce qu'on prenne bien soin de maman. Et pour tous les services que je lui rends, si j'ai besoin de cinq, dix ou vingt piastres, il ne faut pas que je me gêne.

Chambre 503, 2009, p. 178.

FREDRIC GARY COMEAU

Fredric Gary Comeau est né le 6 février 1970 à Robertville (Nouveau-Brunswick). Après un bref séjour à l'Université de Moncton, il quitte l'Acadie en 1991 pour une longue suite de voyages qui le mènent en Europe et en Amérique centrale. Il vit tour à tour à Montréal, Québec, Halifax, Moncton, Fredericton, et finit par s'installer à Montréal, payant ses voyages par des petits boulots ou encore des bourses d'écriture. Entre-temps, il a suivi des cours en cinéma et en histoire de l'art.

Son premier recueil, *Stratagèmes de mon impatience*, marque la relance des Éditions Perce-Neige, après un arrêt de trois ans. *Ravages* (1994), finaliste au prix Émile-Nelligan, le confirme comme poète. À partir de 1998, la chanson prend davantage d'importance pour lui. Le premier album, *Another Broken Lullaby* (1999), enregistré en quatre jours à Montréal et autoproduit, passe inaperçu auprès du public mais suscite l'intérêt du milieu musical. Il signe alors avec Audiogram, qui produit *Hungry Ghosts* (2001) qui lui vaut une nomination dans la catégorie «Artiste s'étant le plus illustré dans une langue autre que le français» au Gala de l'ADISQ.

Après avoir publié trois recueils aux Écrits des Forges (Trois-Rivières), il revient à Perce-Neige avec *Naufrages* en 2005. Il commence alors à préparer son prochain album, son premier en français, *Ève rêve*, qu'il propose à Tacca Musique. L'album paraîtra en 2006, et suscitera, encore plus que le précédent, l'engouement de la critique. Depuis lors, poésie et chanson se relancent l'un l'autre dans une même démarche.

La poésie de Comeau se construit par touches successives à partir d'un vers déclencheur, soit maxime, réflexion, affirmation, constat, parfois fondé sur une expérience vécue, parfois ouvert à l'ensemble de l'expérience humaine. Ce premier vers, Comeau le module sur les suivants, fixant son attention sur un mot ou sur une image.

Le vocabulaire est toujours simple, les mots qu'il utilise usuels, et il tente de les habiter à sa façon. La sonorité des vers sert le propos, au point d'amener le lecteur à croire que tout serait affaire de sons avant que d'en être une de sens. L'enchaînement des images, des impressions, les contrastes qu'il trace, dépassent le réalisme descriptif, le réel se muant en intériorité. Il se dégage de l'ensemble de l'œuvre une douce tonalité musicale, presque sensuelle, comme s'il ne s'agissait que d'un même poème composé d'une série d'images, de flashs, de vidéoclips.

Vulnérabilité

Le rêve qui nous habite
tourne imperturbable
dans l'air l'obscurité
dans la scène une bande
sonore le miroir de ma
dérive mon apocalypse
intime j'ai à peine
vibré je suis déjà vieux
au milieu d'une cacophonie

dévorante tes yeux tes lèvres
sombres remuantes
l'écho d'une mutation
l'horloge le sable qui brûle
sous nos pieds d'enfants
l'air chaude qui nous entoure
se dérobe
on se retrouve
dans un blues sud-américain
ma guitare se glisse arpente
ma voix rauque je viens de
nulle part mais ensemble
nous arriverons peut-être
à comprendre ce lieu
la source de nos stratagèmes
nocturnes la nébulosité
de ta langue les sons
inépuisables d'un voyage
l'auto le siège arrière
le moteur qui vibre another
daydream des milliers
d'insectes africains
l'instinct irréel oscille
entre le noir le blanc
je demeure toujours
rouge sous une pluie
douloureuse acidique
lacérante où
je tente de déchiffrer
décrypter
le rêve qui nous habite

Intouchable, 1992, p. 54-55.

✛

déchirures

j'ai passé tout mon temps
à injurier l'époque
ses musiques et ses refrains
je n'ai jamais pu codifier
nos transgressions
réinventer nos déchirures

Ravages, 1994, p. 17.

précision

écrire est un geste trop précis
il nous faudrait témoigner autrement
des réalités qui ravagent le corps
des vertiges de la langue
des illusions qui réinventent le sacrifice
du désir qui sonorise l'errance

Ravages, 1994, p. 49.

syllabes

parfois on plonge dans les syllabes
notre bouche notre langue trébuchent
sur des images ou des idées
qui n'ont pas été conçues
pour voix solo

Trajets, 1996, p. 20.

désert

l'image du désert demeure obsédante
j'écris lentement ce qui me traverse

codifie ce silence miroitant mes illusions
me rappelle le côté nomade du poème
dans l'espace fertile d'une nuit chaude du mois d'août
où les anges reviendront peut-être
pour me livrer une parcelle de mon imaginaire
avant de sombrer dans l'écho de leurs doutes

Trajets, 1996, p. 25.

mouvements

cette nuit je tente d'imaginer
les mouvements de ton corps
ton rire qui trace les parcours
de nos vies qui ne se croisent plus
sauf dans des fragments de poèmes
quand l'imaginaire nous taraude
et que le temps tombe en spirale

Trajets, 1996, p. 47.

aveuglément

je me rappelle ces yeux de bout du monde
toujours en attente d'une autre image
entre la nuit et le langage dévasté
entre la certitude qui habite le mot existence
et le doute qui me donne une dernière chance
je me rappelle ces yeux de bout de monde
et aveuglément j'avance

Routes, 1997, p. 17.

convoitise

je ne convoite que les fuites
loin des étreintes éteintes
la nuit arrive toujours
trop tard

Fuites, 2000, p. 16.

prières

je veux devenir un homme voilé
laisser le regard des autres m'abandonner
ronger mes certitudes dans un désert
renoncer aux ivresses de l'aube
écouter le vent et ses prières

Fuites, 2000, p. 29.

tout

la fiction est devenue mon seul refuge
je traverse ce territoire à toute vitesse
j'oublie de noter les nuances
je regarde le ciel qui attend la pluie
je renonce à tout sauf au vertige

Fuites, 2000, p. 54.

la rivière que j'aime trop
ne mènera jamais mon cœur au cœur des choses
je prendrai toujours la plus rocailleuse route
dans l'espérance aveugle qu'un jour brumeux
s'envolera ce désir de désastre et de dérive

Oleajes. Vagues, 2004, p. 18.

entre une parole et un cri confus
le désir prend son souffle
mes yeux sont ici
mon cœur est ailleurs
ma main effleure ton corps
le monde s'arrête
la nuit s'envole

Oleajes. Vagues, 2004, p. 56.

la langue qui m'épuise se glisse
entre tout ce qui me tourmente
et le temps
le vaste bleu refuse de m'engloutir
mes souvenirs quittent le creux de mon oreille
prennent le large
là-haut toujours rien

Naufrages, 2005, p. 16.

ma gorge veut se purger
de tous les mots inutiles
de tous les noms de villes
où j'ai fait semblant de vivre
où j'ai crié jusqu'au jour
en suivant trop de chiens
où j'ai chuchoté ton nom
en évitant la clarté
où j'ai prié un dieu
impossible à cerner

Naufrages, 2005, p. 57.

le quartier est en effervescence
je m'éveille et j'entends
de jeunes voix qui ressemblent peut-être
aux voix des enfants que je n'aurai pas
des chants kabyles montent vers le ciel
multipliant mes désirs mes angoisses
je ne chercherai plus mon ombre
quand je quitterai ce lieu
je me tournerai vers le soleil

Aubes, 2006, p. 35.

toujours obligé d'enrayer
cette étrange sensation
au milieu des musiques effrayantes
là où je fige avant l'euphorie
à la lisière d'un vertige
attendant que le vent
vienne faire chavirer
les vides qui me violentent

Aubes, 2006, p. 51.

devant l'avalanche
les mots se heurtent
la vue se brouille
la notion du pardon se perd
dans la blancheur nocturne
l'amitié n'existe plus
une envie soudaine de mettre un terme
à ma tolérance pour les surfaces lisses
quelque chose de rugueux veut surgir
un désir devenu intenable
d'enfouir l'autre dans la neige
d'anéantir un sourire
si peu crédible

Aubes, 2006, p. 55.

MARC ARSENEAU

Marc Arseneau est né le 6 avril 1971 à Moncton. Il publie *À l'antenne des oracles* en 1992 alors qu'il est étudiant au baccalauréat en études françaises à l'Université de Moncton, diplôme qu'il obtient en 1994. Il s'implique dans la communauté artistique de Moncton à divers titres : membre du conseil d'administration de la Galerie Sans Nom, animateur à CKUM, la station de radio de l'université de Moncton, et responsable de la revue de création littéraire *Éloizes* de 1991 à sa fermeture en 2002. Il retourne alors aux études afin d'obtenir un brevet d'enseignement. Depuis, il enseigne en Nouvelle-Écosse.

Un des premiers auteurs à être publiés à l'occasion de la relance des Éditions Perce-Neige, Marc Arseneau se fait le chantre d'une poésie qui s'affirme à partir de la langue parlée dans le milieu, le chiac. Ce faisant, il conteste la norme linguistique défendue par l'élite, et confirme le fait acadien propre à Moncton : les Acadiens peuvent et doivent prendre la parole dans leur langue. Durant les années 1990, Arseneau participe à de nombreuses soirées de poésie et il incite les jeunes à utiliser la poésie comme moyen d'action.

Avec *À l'antenne des oracles*, la parole acadienne s'ancre véritablement dans le chiac. La poésie cherche à y dire, y décrire le réel : urbanité et espaces marins, douleur et joie de vivre, angoisse et espérance sont les principaux thèmes du recueil. Les poèmes du deuxième recueil, *L'éveil de Lodela* (1998), sont dans l'ensemble plus concrets, plus descriptifs, s'accrochant au vécu de l'auteur. Ils sont présentés dans une langue plus joyeusement chiac, qui intègre de façon fort réussie mots, vers et même parfois poèmes entiers en anglais.

Photo

mémoire Kodak
flash
éclipse polaire
dans nos yeux
la clarté de l'instant expose
les nuits blanches
que nous habitons
dans nos chambres noires
flash
      hyperbole statique
flash
      un secret
      oublié dans un univers
flash
      la paralysie
      de nos sourires
      indigestes
l'image de nos
      lèvres fermées
      GROS PLAN
      muet
nous sommes tous
des polaroïds absents

À l'antenne des oracles, 1992, p. 14.

✛

Juss' aroun

assis sur le divan
émission militaire
à la télévision
enjoying the light
au tabac salé
cette route
c'est désormais
le sentier
for thoughts through rhythms
that's all there's
ever been
le feu dans l'eau
aux ailes turbo
des hirondelles
font la ritournelle
messengers of spring
can you feel it
coming on strong
l'hiver ou l'été
la call qu'a haussé
sans savoir pourquoi
demander
la nature vire les saisons et nous
avons maintenant changé
oui les temps partent à glisser
mars March équilibrés
j'écris tous les soirs
aux crayons noirs
je verse dans le verre
du Bolivar
rhythmic smoking
everybody toking

shi doo ba bi o bi too ba
au cœur de la pensée
to see you in the night
of electric light
qu'a trustabilité
nowhere
qu'icitte
now what
time is it

L'éveil de Lodela, 1998, p. 60-61.

Bury My Heart à Beaumont

faut-tu qu'on corde tous les souvenirs
comme le bois à Beaumont
ça fait quèques semaines que je pense à ça
tandis que les trucks ramassent le bois
la terre reste violée pis je me sens pareil
en regardant tout seul le soleil
se cacher de peur comme un enfant
loin des haches pis des chainsaws

à Beaumont une dernière fois
je regarde la marée monter la Petitcodiac
la Memramcook pis la Chipoudie
dis-moi pépére aujourd'hui
avant que leur hache me fende le tchœur
faut-tu que je watch cette belle place
devenir une autre Kouchibouguac
estropier mes rêves comme ça
avec une hache pis une chainsaw

fermiers pêcheurs femmes et enfants
écoutons la terre conter son histoire
Fort Galissonnière et ses tirs de canons

dont l'écho remonte encore plus fort qu'avant
pour tuer le tapage des chainsaws
y faut que le refus se lève maintenant
comme un tremblement
de cris dans le vent
comme autrefois
à Beaumont

Avec l'idée de l'écho, 2002, p. 86.

MARIO THÉRIAULT

Né le 23 décembre 1962 à Baie Sainte-Anne (Nouvelle-Écosse), Mario Thériault obtient un baccalauréat en sociologie de l'Université de Moncton (1985), avant de poursuivre des études en jazz à la Simon Fraser University (Burnaby, Colombie-Britannique) et au Centre d'informations musicales de Paris (1985-1990). Il travaille ensuite comme journaliste télé et radio pour TVO/TFO et CBC-Radio-Canada (1990-1996). Après quelques années en relations publiques, il fonde en 2000 ShiftCentral Inc., une entreprise spécialisée en veille stratégique. Il a été longtemps impliqué dans le Festival Frye (festival international de littérature) de Moncton, et est membre du Conseil des gouverneurs de l'Université de Moncton.

Après deux recueils de poésie (*Échographie du Nord*, 1992; *Vendredi saint*, 1994), dont les textes s'ouvrent souvent sur l'évocation d'une action simple et terriblement ordinaire, ce qui lui permet de fixer le réel dans la fragilité de sa simplicité, Mario Thériault publie *Terre sur mer*, un recueil de nouvelles (1997, prix France-Acadie).

Dans chacune des nouvelles du recueil, un élément pertur-bateur contraint le personnage principal à quitter le confort de sa médiocrité. Ici, on est fort loin des «héros». Du courtier en immeubles aux prises avec un chalet «vivant», au chômeur à la recherche d'un vingt-cinq cents pour faire son lavage («L'élection»), en passant par la jeune artiste en quête d'elle-même, les personnages sont d'un ordinaire absolument remarquable. Thériault écrit en demi-teintes, préférant la suggestion, l'évocation, à la description.

Terre sur mer, **extrait: L'élection (nouvelle)**

Tous les indices apparents laissaient voir que la journée ne serait rien d'autre qu'ordinaire. Mais il y avait des élections dans la province, ce qui chatouillait en moi un brin d'excitation. Ceci me renvoyait à mon enfance, aux victoires politiques de mon propre père, soirées entières à forger des signatures, à coller des timbres, et à préparer des chansons pour la soirée du vainqueur. Lorsque le rythme des cabales s'intensifiait, je me ruais sur la porte, au lieu d'y marcher normalement, pour ouvrir lorsque quelqu'un sonnait. Et lorsque je me regardais dans un miroir, je me croyais le meilleur. Comme si j'avais choisi cette situation. La force et la séduction du clan. Comme si je possédais une profonde compréhension des grands enjeux politiques de l'heure. Je tassais mes cheveux à la façon des pop-stars. À la veille du quatrième scrutin que sollicitait mon père, je m'étais donné une permanente.

L'élection d'aujourd'hui, quant à elle, sera classée «histo-rique» par les médias. Comme un monument. Le plus beau candidat avait perdu. Perdu le pouvoir. Perdu son propre siège à l'Assemblée législative. Perdu sa chemise. C'était surprenant. Surtout que l'activité des élus réside largement dans la sphère d'un théâtre inhabituel, celui où la piètre qualité de jeu est souvent prisée. Comment ce bel homme, donc, à la cravate rouge — son gage idéologique — avait-il pu se faire rayer de la carte politique, alors qu'il avait le visage nécessaire pour vendre n'importe quelle lessive ou n'importe quelle soupe? Comment n'avait-il pas réussi à vendre ses propres vertus?

Le nouveau premier ministre lui, ne serait pas trop différent, même s'il refusait de cacher sa myopie en portant de larges, laides lunettes. Ce qui m'intriguait toutefois, c'est que le nouvel élu ne portait pas un nom qui convenait à sa fraîche notoriété. Il y a des petits noms sur cette terre, c'est vrai, mais la somme des lettres de son nom et de son prénom à lui ne totalisait que six. Six lettres. C'est un bien petit nom pour diriger de si grandes affaires. Trois lettres chaque nom, qu'il avait. Trois lettres dans son prénom, et trois lettres dans son nom de famille. Bob Rae.

En soirée, à la buanderie, on ne semblait pas trop affecté par l'actualité du jour. Il y avait cette grappe habituelle de laveurs désolés, pris dans la chaleur suffocante des vieilles sécheuses. Quelques enfants souriaient. Alors que d'autres réfléchissaient, essayant probablement de se défaire de leurs tracas.

Cette buanderie chinoise possédait toutes les parures d'un établissement normal. Ni trop sale, ni trop propre, et peinte d'un jaune vieillissant. Elle était faite sur le long et les prix se situaient dans la moyenne. Il y avait plus cher: laveries blanches, chromées, avec des machines à boules et jeux-vidéos, ou encore laveries incorporées à des cafés, espresso, capuccino, pour ceux qui voulaient donner un sens profond à chacun de leurs moindres gestes routiniers, ceux qui lisent les journaux. Mais j'allais à la laverie chinoise simplement parce qu'elle était la plus proche de chez moi.

Je m'installai. Choisis mes trois laveuses régulières, et sortis mon bouquin, pour lire au son de la lessive. Après un paragraphe, un jeune homme aux larges cuisses s'assit à mes côtés. Avec Doug, son compagnon. Un Doberman. Ma peur de ces bêtes partit de mes pieds, traversa tout mon corps, pour me rougir le visage. Doucement, aussi doucement qu'un terrifié le pouvait, je me levai, fis semblant de vouloir m'étirer les jambes, et me dirigeai aussitôt vers le fond du lavoir. Les genoux claquants. Repris ma lecture. Lus le même paragraphe au moins sept fois. Jusqu'à ce que j'aperçus l'homme, et Doug, sortir. Sans même avoir entamé un lavage. Ils s'étaient arrêtés pour se reposer, les salauds.

De page en page, au fil de l'histoire que je lisais, je terminai mon lavage. De toute la longueur de mes bras, j'embrassai le plus de hardes possible, que je jetai avec irrévérence et monotonie dans les sécheuses. Les sécheuses se mirent en marche, à coup de huit minutes (pourquoi huit?) et se mirent à tourbillonner comme un amas de poussière traverse une ville fantôme. Je poursuivais ma lecture, mais les sécheuses, espiègles, nécessitaient beaucoup plus d'attention que les machines à laver.

Pour terminer le séchage, je me rendis compte que j'aurais besoin d'un 25 cents additionnel, les trois pièces de 10 cents qu'il me restait étant incompatibles avec les machines. Ce 25 cents additionnel, je le demandai à mes voisins. Ceux-ci, du genre pas-du-tout-impressionnés, se regardèrent et soupirèrent simultanément. Celui de gauche leva les yeux vers le plafond pour souligner ma stupidité. Sa partenaire, dans une langue étrangère, me jeta un regard que je compris immédiatement: il n'y a pas pire endroit au monde qu'ici pour demander un 25 cents. Avec quoi penses-tu que l'on fait nos lavages, nous? Avec des grains de riz? Dans ma tête, je l'ai traitée des pires noms imaginables. Noms que j'ai eu du mal à taire sur le coup. Mais j'ai laissé le temps s'écouler. Il me restait encore quelques minutes avant la fin des huit minutes. J'ai lu.

Je me suis remis à la recherche de cette pièce de monnaie salvatrice. Celle qui me permettrait de terminer ma journée. Finir la ronde. Rentrer chez moi. La dernière femme à qui je m'adressai me dit, combien de pièces as-tu besoin? Une seule, lui dis-je aussitôt. J'essayai d'être le plus courtois possible.

Lorsqu'elle me remit le 25 cents, j'ai tout de suite tendu les trois pièces de 10 cents que je possédais, en échange. Et elle me redemanda si je n'en voulais qu'une seule, une pièce, ce que je confirmai aussitôt. Elle me fit signe de ses mains de garder mon argent. Qu'est-ce qu'un 25 cents? dit-elle.

J'étais naturellement de son avis. Quelle est la valeur réelle d'une minable pièce de ferraille avec une reine d'un côté et un orignal de l'autre, qui ne peut même plus acheter un journal? Ce simple geste de sa part me redonna espoir dans l'humanité tout entière. Cette simple dame avait fait le plus beau geste: donner de façon complètement désintéressée. Avec un grain de dérision qui exprimait sa grande lucidité. Cette femme était une pauvre immigrante qui avait tout compris. Je secouai lentement la tête, en acquiescement de la vie.

Discrètement, je lui laissai les trois pièces de 10 cents sur le coin d'une machine. Ma façon de lui dire, qu'entre nous, on se comprend.

Quelques minutes plus tard, à la fin de mon chapitre, je m'apprêtais à insérer dans la sécheuse ma pièce de 25 cents récemment acquise. Ces huit dernières minutes de chaleur me permettraient de mieux sécher les jeans, les serviettes, et autres guenilles plus récalcitrantes à la chaleur. Alors que ces derniers morceaux tourbillonnaient, je commencerais à plier les vêtements déjà secs. Une fraction de seconde avant que j'enfonce la monnaie dans les entrailles de la sécheuse, une voix m'apostropha: prends notre sécheuse. Il reste encore pas mal de temps. Je me retournai pour être certain que cette voix n'était pas la voix d'un ange. Et non, c'était celle de ma nouvelle voisine, qui était là avec ce qui semblait être sa famille: copain, trente-deux ans, tatouage; garçon, douze ans, son frère; Andréa, deux ans, sa fille.

Par réflexe, j'ai voulu dire merci, mais non merci. Je venais de bénéficier de la gentillesse d'une femme qui m'avait remis la pièce cruciale, avec toute son amitié dans le regard. J'étais gêné. Je ne voulais pas abuser. Mais elle insistait. À elle de me dire: Vas-y. Vas-y. Nous avons terminé. Cette sécheuse est là, à ne rien faire. Il est tard. Si tu ne l'utilises pas, ce sera sûrement de la chaleur gaspillée. Comment contredire une pareille évidence? Eh bien, donc, j'accepterais, mais je leur donnerais tout l'argent en ma possession. Le fameux 25 cents. De ma main droite, je creusai un tunnel qui traversa le ténèbre de ma poche, jusqu'au fond. Retirai la pièce de 25 cents et l'offris. Elle me dit baahh. Cette simple onomatopée avait mis à découvert ma stupidité de bonne intention. Après tout, l'enjeu de notre négociation n'était pas le Skydome, ou la tour Eiffel. Elle insista pour que je garde la monnaie. Elle me dit, *it's your lucky day*. Je fus évidemment forcé de renchérir. En balançant la tête vers l'avant, comme un petit canard de feutre, qui se berce constamment à la recherche d'eau fraîche, qu'on voudrait bien lui mettre dans un verre, en face de lui.

Décidément, c'était ma journée chanceuse. Hier soir, des amis m'avaient téléphoné. Ce soir, vers minuit, ils viendraient me rendre visite. Je n'avais pas lu mon horoscope ce jour-là, mais je pouvais facilement me l'imaginer ainsi: «les portes pour vous sont grandes ouvertes. Gardez une attitude positive et minimisez les tensions quotidiennes. Votre grand potentiel sera bientôt reconnu par vos pairs et se traduira en bénéfices pécuniaires. Jouez vos cartes avec ruse, ça pourrait rapporter gros, financièrement (sic)». C'est ce que je soupçonnais. Le monde à mes pieds. Cartes de crédit plein les poches. La Rolls Royce à la sortie de la buanderie. Le temps d'investir mon accoutrement de la soirée, et de me rendre ensuite au Club Hellénique, où madame m'attendrait à une table au deuxième étage, rouges lèvres souriantes, robe noire décolletée et regard bien aguicheur, mamelons bien endurcis.

J'ai aussitôt regardé par la fenêtre et la Rolls n'y était pas. Mais je ne me suis pas découragé pour autant. J'avais bien fantasmé pendant quelques instants et je possédais encore plusieurs autres rêves en poche, rêves de buanderie. La vie était belle.

Je me suis dit qu'une bonne façon de terminer mes jours, agrémenter ma retraite, serait de me retirer en Floride pendant deux mois chaque hiver. Février, mars. Pas pour faire comme ces tas d'autres Canadiens-français qui croient avoir trouvé un coin de paradis révolu, embonpoints et souliers blancs. Non. Néanmoins, j'en profiterais sûrement pour flâner dans le Coconut Grove, Little Haïti ou encore pour habiter cet unique quartier Art Déco de Miami. Et je ferais probablement escale à Key West, pour respirer des airs d'Ernest Hemingway ou de Tennessee Williams, et pour voir ces fameux couchers de soleil.

Mais la vraie raison, qui saute aux yeux et qui crie son nom, serait d'assister aux camps d'entraînement annuels des équipes professionnelles de base-ball autour de West Palm Beach. Ça, c'est du rêve. Voilà une inspiration sensée. De cette intrépide façon, pleine d'empathie et de diplomatie, j'avertirais ma femme, mes enfants, ces moteurs de mon existence, que la passion m'interpelle. Je ne resterais que six semaines. Et dans leur manifeste bonté, ils me diraient en chœur, doucement, papa, chéri, tu vas nous manquer, mais fais ce que dois. Et reviens-nous vite pour arroser de ta gentillesse et de ton flair, nos quotidiens. Et je partirais, la larme à l'œil, mais léger comme une plume. En ouvrant la porte, je sentirais ce rouge baiser que ma femme m'aurait soufflé, effleurer ma peau.

En Floride, dans un confortable appartement, je sortirais mes cahiers de statistiques, et mes cartes de joueurs de base-ball, clandestins fétiches à moi depuis mon adolescence. Chaque jour je serais au stade. Étudier. Analyser. À ma guise. Cocher les petites cases qui rempliraient mes journées de calculs, de stratégies, et de détente. Le soleil. La Floride.

Dans les gradins, je serais assis un peu à l'écart, un peu dans le peloton. J'enverrais des sourires à cette foule de connaissances. Nous serions tous membres de ce club de la connivence, prêts à assumer complètement notre passion commune.

En sortant le nez de mon bouquin, je me suis aperçu que ma vie n'était pas si enivrante. Ma copine et moi étions au chômage, K.O. technique. Dehors, il s'était mis à mouillasser, et il fallait que je rentre chez moi à pieds, avec ce gigantesque baluchon de linge propre sur mon épaule, comme des poubelles. Je voulais être riche. J'en avais marre de ces pelletées de patates que l'on bouffait comme des prisonniers.

Ce qui me découragea ultimement fut de plier ces vieilles serviettes, tâchées d'utilisations excessives, plus transparentes qu'un plein-jour, malgré leur épaisseur originale. Elles étaient toutes de la même couleur, vidées d'éclat, effilochées comme un moustiquaire sans résistance. Je les pliai au plus vite. Lorsque dans la dernière je vis ces vieux boxer-shorts à moi, clignant aux derniers clics d'électricité que la serviette avait à offrir, j'aurais voulu pleurer. Ces culottes qui m'avaient si bien servi n'étaient maintenant qu'un linge difforme pour mes gouttes d'urine et mes taches de pets que j'échapperais, parce que même si j'étais pauvre, j'étais toujours vivant. Je n'ai même pas pris la peine de plier ces guenilles. Je suis parti presqu'en courant.

En sortant de la buanderie, le garçon de douze ans, frère de la femme qui m'avait donné le temps, celle qui avait apposé sur ma journée l'étiquette *Lucky Day*, m'interpella. Il me dit : *Hey, Mister !* T'as oublié quelque chose. À l'instant, je ne pouvais imaginer quoi. L'épisode des serviettes et des boxing m'avait assommé, déprimé. Mais vite je réalisai qu'oublier des objets à la buanderie était de ces choses que l'on faisait aussi naturellement que manger et dormir. Il était de bonne humeur et tendit son poing fermé. Je ne comprenais rien. Tiens, tiens, c'est à toi. Prends-le vite, je suis pressé. Sans question, je tendis la main à mon tour, pour prendre ce que contenait son poing fermé.

Et il me remit les trois pièces de 10 cents que j'avais laissées sur le coin d'une machine, pour ma première donneuse.

Terre sur mer, 1997, p. 31-40.

JEAN BABINEAU

Jean Babineau est né le 10 août 1952 à Moncton. Alors qu'il étudie en lettres françaises à l'Université de Moncton, il est embauché à l'été 1971 dans le cadre d'un Projet d'initiatives locales dirigé par des étudiants en maîtrise. Lui et un autre étudiant et jeune poète, Ronald Léger, font le tour des écoles secondaires du Nouveau-Brunswick, organisant des soirées de poésie et recueillant des textes de création. Certains de ces textes seront publiés en janvier 1972 dans un numéro spécial de la *Revue de l'Université de Moncton* consacré à la poésie acadienne. À partir de ce moment, Babineau sera engagé dans la vie littéraire de son milieu. Il obtient son bac en 1981, suivi d'un bac en enseignement secondaire en 1985. Il enseigne dans différentes écoles du Nouveau-Brunswick puis de l'Ontario. Il revient dans la région de Moncton en 1994, où il enseigne depuis au secondaire, principalement comme suppléant. Il obtient en 2002 sa maîtrise en création littéraire, au cours de laquelle il a écrit le roman *Vortex* (prix Antonine-Maillet/Acadie Vie 2004). Il a depuis entrepris un doctorat en littérature.

Son premier roman, *Bloupe* (1993), provoque un véritable électrochoc dans les milieux littéraires acadiens. Écrit en chiac, en français et en anglais, le roman raconte la crise identitaire de Bloop, un Acadien en voie d'assimilation qui finira par assumer son acadianité et qui l'affichera en reprenant son nom de famille originel, Bloupe. *Gîte* (1997) continue, en l'affinant, la recherche identitaire et le questionnement sur la langue d'écriture, problématique que reprend *Vortex* (2003); c'est par la langue que se manifeste le cheminement d'André, personnage principal du roman. Babineau joue avec le code linguistique, glissant du français à l'anglais au français, toujours en vue de mettre en relief sa pensée, un sentiment, une impression, comme s'il devait constamment passer de l'une à l'autre, où et quand il le faut, afin de mieux traduire l'évocation; le passage d'une langue à l'autre devient un élément de rupture, de surprise. Chiac, donc, un chiac d'une grande qualité littéraire, si tant est que cela soit possible.

Dans ses romans, l'intrigue passe toujours au second plan : la démarche des personnages, la réflexion sur la société acadienne et l'interrogation de l'auteur sur l'écriture importent davantage. De plus, Babineau cherche à briser les codes narratifs en entrecroisant systématiquement le narrateur personnage (le «je»), le narrateur omniscient (le «il» qui juge, qui pénètre la conscience) ou encore le narrateur effacé derrière les personnages (le «il» neutre).

Bloupe, extrait

Revenons à notre histoire de fiction. Bloop dort bien. Il se réveille. C'est normal. Il lit *Joy of Sex*.

Ça fait un bon bout de Temps qu'il s'est levé. Il a réussi à biffer rapidement une partie de la journée. N'oublions pas que c'est la partie de *Bloupe* à être retravaillée et recopiée et qu'il n'atteint pas vraiment son objectif. Ce n'est pas facile pour lui d'être emballé afin d'être expédié à un éditeur. Ça lui est même arrivé de recopier complètement une partie du texte qu'il avait déjà recopiée et tout cela sans s'en apercevoir. Ça a fait des xxxxxxxxxxxx partout et ce n'est pas plaisant à regarder. Et c'est plate pour le lecteur. En plus de ça, il estompe son manuscrit. Mais le soleil tombe sur ses doigts et le ravive quelque peu. Et son oreille droite s'éclaircit un peu aussi.

Il s'en va à la piscine, nage une dizaine de longueurs, s'amuse avec les brasses en les variant, regarde les dessins que la lumière réfléchit à la surface de l'eau et trace sur le fond vert de la piscine. Je me demande pourquoi je n'ai jamais pris la peine de photographier cela. Il s'assoit sur le bord de la piscine et réfléchit à la Renaissance, à la peinture de ce Temps, et des noms comme Caravaggio et Vinci lui viennent à l'idée. J'aime me perdre dans la vacillation lumineuse de l'eau. Comment ne pas faire autrement ? Rêver, c'est voyager comme fait le photon. C'est dessiner avec sa tête.

Et puis là, il sent que ses pieds sont un peu froids, alors il se lève, va prendre un bain sauna suivi d'une douche froide (brrrrrr!), essaie de se souvenir où est son locker, tente de se rappeler la combinaison de son cadenas, dans un éclair de génie, s'en souvient, se râpe la tête contre la porte de son casier ; son œil est attiré vers une page luisante sur la plancher ; il la ramasse et commence à lire :

Cé kan on splice à 45° à travers...

Trouve que le tract a un drôle de point de vue, s'habille à tout défaire, se sèche partiellement les cheveux, se peigne, ferme son locker et s'en va. Je me demande si j'ai plus d'équi-libre, plus d'intake, maintenant que j'ai exercé mon corps. Mes hémorroïdes sont mieux malgré le chlore piquant. Trop de pizza ! Le tréma tranche la voyelle en deux.

Il s'en va chez lui en empruntant le chemin de l'Université. Les phares de la voiture me conduisent. L'éclairage sillonné dans la noirceur partielle de la ville ressemble à de la magie. Il a traversé le marais. Des flocons de neige traversent les deux faisceaux lumineux, ce qui rend la scène encore plus joyeuse. Il entre dans l'appartement, allume la lumière en tirant sur la lanière de cuir, se couche. Il se roule la tête dans l'oreiller de Temps en Temps. Dormir, c'est comme nager. D'ailleurs, lorsqu'on se couche, n'est-ce pas un peu comme entrer dans l'eau durant une journée chaude d'été? C'est qu'on y trouve le confort. Comme faire l'amour. Ah! Le matin est arrivé. J'aurais pu dormir un bon 45 minutes de plusse. Le Temps de Rêver. Grouchy dans le lit parmi les draps. Fantômes aux fenêtres. Ils disparaissent vite. Ducking ghosts is all we need. Une phrase que je comprends à motché pas. Petits trous en _____ pour les _____. La fatigue change la perception de la vie. Ma vie, oui. Qu'est-ce que je dois faire aujourd'hui? How does it tie in? Ce que j'aimerais faire avec ce que je dois faire. C'est comme mêler des Deluxe fishes avec des fuckennes de patates.

La température a définitivement haussé. Temperature on the rise.

Bloupe, 1993, p. 101-103.

Gîte, extrait: «Revenus»

Cap-Pelé au Cœur de L'Acadie. Mais ceci peut être contesté par Memramcook qui se dit être le berceau de l'Acadie ainsi que la municipalité de Clare en Nouvelle-Écosse. *Cap-Pelé, pays des boucanières*. Pussyble.

Et lorsqu'on arrive à Bas-Cap-Pelé et qu'on suit la longue courbe qui longe le cap, on aperçoit la panoplie interminable de drapeaux, de trappes à homard, de dorés, de pêcheurs empaillés, etc. On est surpris. On croit qu'il ne reste plus personne en vie. Jamais on aurait pu concevoir que le clan aurait atteint de telles proportions. Que notre petit milieu se serait transformé en un musée. Bleu, blanc, rouge, jaune. Avec tout ce harias du Congrès mondial acadien, on oublie presque de remarquer les nombreuses poissonneries du coin: Poissonnerie Aboiteaux Fisheries Ltd., Amco Fisheries Ltd., Beausejour Seafoods Inc., Duguay Bros. Produce Ltd., Gaudet & Melanson Ltd., Melanson & Ouellette Fish Processors, Fish

Factory, Adrice Richard Ltd. Fish Products, Vautour Alfred &
Son Produce, Westmorland Fisheries Ltd., etc. Smoky comme
le ménage. Au pays de la boucanière. Here we are in Cap
Bald. Where do we go from here? Est-ce qu'on va avancer en
reculant?

Il y a une photo de lui et d'elle qui se font searcher. Clôture
tout autour du terrain. Toilettes vertes dans la centaine. Gardes
de sécurité unilingues anglais. Where do we go from here?

Oui. La nuit. On a installé des hautes clôtures touletour. Ça
ressemble à un camp de concentration. Voilà le Frolic récupéré.
Les gardes anglais ne nous laissent pas approcher de la clôture.
Définitivement, nous sommes prisonniers. Le cloisonnement.

Dimanche dernier, on a été à Melanson Settlement pour
les Retrouvailles des Melanson. Là, on a chanté l'Hymne
des Melanson : Je me melansonne / Tu te melansonnes / Il /
Elle se melansonne / Nous nous melansonnons / Vous vous
melansonnez / Ils / Elles se melansonnent.

La mélasse coule plus vite l'été. On s'est trouvé un nom,
mais peut-on réellement le conjuguer?

They tried to pull it out
but like a corn
it came back.
Don't be callous
be...

Et puis là, Roseline a parti sur une whack grammaticale
avec sa propre conjugaison de son petit nom. Quelque chose
qui a été un peu comme cecitte : Roseline / Noseline /
Causeline / Pipeline / Fausseline / Hairline / Fosseline /
Cheveuline / Poseline / Hancheline / Têteline / Torseline /
Fripouline / Tétine / Pouneline / Chinline / Pouceline /
Legline / Orteilline / Toeseline / Orpheline / Fineline /
Poutineline.

What's in a name?

Je me roseline / Tu te roselines / Il /Elle se resoline / Nous
nous roselinons / Vous vous roselinez / Ils/Elles se roselinent.

Et après, avoir exécuté sa petite danse en tenant son immortelle entre ses dents, elle arrive à Henri et puis lui dit : «De toute façon, il y a plus de LeBlanc que de Melanson. Comment est-ce que les Melansonneries prennent ça?» Henri a fait semblant de ne rien entendre, mais certains Melanson et/ ou leur conjoint.e ont laissé paraître une expression de dédain qui semblait vouloir dire qu'ils pensaient que Roseline avait pris un coup de trop ou que son comportement était trop extroverti.

Reste à n'en plus finir avec des généalogies plasterées sur des murs de blocs de ciment de gymnases d'école.

On vaque dans le langage comme dans une grosse masse informe. On enveloppe. C'est notre côté chrysalide. Tant vaut mieux. Nous restons avec notre faire semblant d'être arrivés.

Gîte, 1998, p. 35-37.

Vortex, extrait : La descente

Les feuilles que j'envoie promener... J'entre travailler. À pied. Descends la Highfield. Tourne à gauche sur la Main. Passe sous le subway. Les grosses lettres lumineuses : Wallco, apparaissent. Rouges. Agressives? Tu ne peux pas les manquer et elles ne te manquent pas. Un champ de tir. Que fais-tu de ta vie anyways? Les feuilles tournoient. Le mur courbe. Le coin arrondi. L'usure. Les nouveaux murs de briques. 120°? Le contour. Entre. Descends dans l'escalator. Perds presque mon ballant. Tombe presque à la renverse. Muzak... Me rends à mon casier. Enlève mon manteau d'automne. Vais aux rayons à ranger. Regarde les haut parleurs ronds enchâssés dans le plafond. Y a-t-il une caméra là-dedans? L'œil s'efforce. Eye out of socket. Qu'est-ce que tu fous icitte anyways? L'éclairage te drive, te fait voir tout en jaune. Medium shade of yellow. No vestal... Pas de veste. Remonte dans l'escalator. Vais au restaurant Wallco Haven. Grab un café. Yuk! À la tâche. Yuk! Muzak. Yuk! Rayons de junk. Yuk! Gloïk! Kitsch! N'exagère pas. Au-delà du quark, point de salut. Spike your mind or...

O'Reilly, mon surveillant au magasin, un homme de taille moyenne, à la barbe rouge et aux cheveux clairsemés, m'ordonne d'aller à son bureau :

— Hey Boodrow, step into my office.

— Qu'est-ce qu'il y a ?

— Kiskeedee ?...

On soupçonne qu'il n'aime pas les Français et certains racontent qu'il est un membre actif du parti CoR. Il a récemment accédé au poste de coordinateur des sections de ventes. Il m'informe que je peux prendre des vacances, que j'ai accumulé six semaines et que si je ne les prends pas maintenant, je devrai attendre jusqu'à l'automne prochain. Il me montre la réalité de l'affaire, étalée sur une longue page de papier quadrillé fixée à un clipboard, destinée à instaurer l'ordre parmi le chaos. Cette liste de noms mixtes vogue toujours dans l'œil tournoyant de ma mémoire. Un petit continent de noms à émietter sous un soleil blanc. La routine et le repos à se pourlécher dans une bourrasque. La vie comme ça.

En quittant le bureau, O'Reilly me lance sa ligne à hameçon entendue je ne sais combien de fois :

— You know boy, you're my right-hand man an' I aim to make you my assistant supervisor one of these days.

— Yeah sure !

— Don't fret, your day is gonna come.

— Yeah sure !

C'était un jeudi et je devais lui laisser savoir le lendemain. Étant extrêmement fatigué et stressé, au plus profond de moi-même, je savais que je ne durerais jamais jusqu'à l'automne prochain. C'était plutôt entre 9 h 00 et 10 h 30 du matin qui me tuait lorsqu'on faisait l'inventaire du stock, car il y avait moins de clients dans le magasin à cette heure-là. Je voyais la fatigue sortir de mes yeux ainsi que du restant de mon corps et de mon esprit comme s'il n'y avait pas de fond. Généralement, la fatigue était de couleur grise et prenait des formes diverses : maux et spasmes musculaires, pression sur certains os, circulation sanguine trop élevée ou trop faible. Je sentais définitivement que l'élastique allait snapper. Je lui dis que j'y penserais, que j'en parlerais avec ma chumme et que je lui donnerais une réponse demain. Je savais que cela allait causer des problèmes parce que Micheline avait commencé un nouveau travail et n'aurait pas de vacances avant presqu'un an. En sortant du bureau d'O'Reilly, un gros nuage turquoise tourbillonnait autour de ma tête. Néanmoins, je repris mes fonctions. Parler avec O'Reilly était toujours un exploit. Même si la compagnie lui payait des cours pour apprendre le français, et ça depuis trois ans, afin de plaire à cette minorité qui devenait tranquillement de plus en plus exigeante, chose étonnante pour cette grande chaîne de magasins étatsunienne, il suffisait de lui causer quelques phrases dans cette langue pour que notre cher O'Reilly prenne figure de l'évêque dans le tableau de Francis Bacon, *Étude d'après le portrait du Pape Innocent X de Vélasquez*, c'est-à-dire que son être en ébullition fesse le plafond car il ne pouvait plus être retenu.

Un matin, alors qu'une tempête soufflait dehors, O'Reilly avait même été jusqu'à chasser du travail un employé qui s'était entêté à lui parler français, seulement pour le rappeler au travail le jour même lorsque son sang s'était calmé. On dit que l'employé s'en était allé à la maison en regardant les pistes qu'il laissait dans la neige fraîche près des wagons et des rails. On croque des époques.

Et oui, le milieu moncktonien a quelque peu changé. Comme toujours, la bonne entente prime. Nous, on se trime. Et le sel miroite même si le temps nous suit comme une ombre. La petite mégapole s'en va par là. Les paquets dans les bras. Il faut ranger la marchandise. L'heure du dîner. La sensation de la liberté.

En parlant avec Micheline (ma déesse svelte aux longs cheveux noirs et raides, originaire de Lamèque, où j'ai vu mes premiers phoques glisser dans la baie peu profonde tout en dessinant des apostrophes printanières) mes présomptions s'avérèrent justes, mais elle m'encouragea quand même à prendre des vacances dès le lendemain sachant que j'approchais l'état du fameux burn out.

Vortex, 2003, p. 9-11.

JUDITH HAMEL

Judith Hamel est née en 1964 à Saint-Bonaventure (Québec). Elle obtient son baccalauréat en lettres et philosophie de l'Université de Moncton (1986), puis y entreprend une maîtrise qu'elle ne terminera pas. Elle travaille comme recherchiste au Centre d'études acadiennes, avant d'être directrice générale du Festival international du cinéma francophone en Acadie, puis du Centre culturel Aberdeen de Moncton (une ancienne école qui regroupe de nombreuses institutions culturelles et des ateliers d'artistes). Avec Marguerite Maillet, elle fonde Bouton d'or Acadie en 1996, une maison d'édition spécialisée pour la jeunesse, où elle publiera plusieurs albums. Très engagée socialement et politiquement, elle se présente comme candidate du Parti vert aux élections fédérales de 2004. Elle décède des suites d'un cancer le 21 août 2005.

Les poèmes de ses deux recueils, *En chair et en eau* (1993) et *Onze notes changeantes* (2003), sont empreints de douceur, de tendresse et d'un grand espoir en l'humanité ; parfois, ils sont porteurs d'une certaine naïveté, tout en exprimant une angoisse face au monde. Dans le second, elle évoque discrètement son face-à-face avec la mort. Ses œuvres pour la jeunesse (toutes chez Bouton d'or Acadie), en particulier les albums de la série des Modo, témoignent de son amour pour les enfants, les siens et ceux des autres. Ses albums lui valent, en 2003, le prix de la Lieutenante-gouverneure du Nouveau-Brunswick pour l'alphabétisation de la petite enfance.

On ne saura jamais

On ne saura jamais
Ce qu'ils ont fait aux enfants
Quand ils les ont amenés
Dans le parc effeuillé
Et qu'ils leur ont demandé
De dessiner un arbre comme en été
En plein automne
La fillette qui n'avait pas de cheveux a pleuré
Elle a jeté sa tablette à dessin dans la fontaine
Asséchée
Parce que ce n'est plus l'été

Le professeur a dit
Ce n'est pas une raison
pour ne pas dessiner un arbre comme en été

Un arbre n'a rien à voir avec un chien
La fillette a mis les mains sur sa tête
Puis sur sa nuque
Et avec ses ongles elle grattait son cou
Elle a dit que rien n'avait rien à voir avec rien
Que son crâne nu n'avait rien à voir
Avec un arbre effeuillé
Pas plus qu'avec un chien mort
Sauf que pendant l'été
Son chien lui jouait dans les cheveux
Au pied d'un arbre

Non bien sûr
Depuis l'été
Rien n'a rien à voir avec rien

Quand la fillette grattait son cou
C'est sa mémoire qu'elle cherchait
Rien qu'un souvenir
Quand le professeur a eu le dos tourné
La fillette a trouvé un souvenir
Et elle a eu les yeux brouillés
C'est là qu'elle a couru vers la fontaine
En criant un mot
Un mot que personne n'a semblé comprendre
Un garçon croit que c'est quelque chose
Comme un nom de chien

En chair et en eau, 1993, p. 10-11.

Non au cœur

J'écrase la commande du cœur
Celle qui m'entraîne
Dans une ruelle sombre
À la rencontre d'une âme apeurée
Comme la tienne
Plus sombre que la ruelle
Plus apeurée que les chats qui y traînent

Je porte une croix pour me protéger
D'un cœur délinquant
Comme le mien
Je refuse tout contact avec ton âme
Tout élan vers toi

Mon cœur se trompe

Il ne fait que se tromper
Attiré par la beauté des corps
Ton corps

Et ces mains que tu tends

Laisse-moi
Laisse-moi revenir sur mes pas
Laisse-moi retourner chez moi

À la maison
Quelqu'un m'attend

Onze notes changeantes, 2003, p. 79-80.

Et puis après?

Après
La maison familiale est vendue
Celle où je suis née
D'où je suis partie
Il y a vingt ans
Pour atterrir ici

Je n'ai plus d'attache ailleurs
Je suis toute ici
Je me redéfinis
Pas définitivement
Jamais
Tentativement
Dans l'instant qui se fait

Et qui se refait

Heureusement

Sans fin

Onze notes changeantes, 2003, p. 95.

CHRISTIAN BRUN

Christian Brun est né en 1970 à Cormier-Village (Nouveau-Brunswick). Il obtient un baccalauréat en commerce de l'Université d'Ottawa (1992), suivi d'un baccalauréat en *common law* (1997) et d'une maîtrise en administration des affaires (1997) de l'Université de Moncton. De 1998 à 2004, il a travaillé en coopération internationale au Mozambique et en Irlande. En 2005, il est nommé coordonnateur du Plan de transition et de développement du secteur côtier de l'Union des pêcheurs des Maritimes (Shédiac), organisme dont il devient le directeur général en 2006..

La poésie de Christian Brun ne se laisse pas facilement apprivoiser et son troisième recueil, *Parade casaque* (2001), n'est guère plus facile d'accès que les deux premiers, *Tremplin* (1996) et *Hucher parmi les bombardes* (1998). D'un vers à l'autre, il superpose de multiples couches de sens ; le résultat est parfois lumineux, mais aussi paradoxal, étanche. Il cherche à dire ce qui réside au delà des mots. Son écriture est abstraite, comme ses tableaux — Brun est également peintre —, qui sont porteurs de la même critique sociale que les mots cherchent, mais n'arrivent pas toujours à «ordonner», à nommer.

La langue de Brun puise aussi bien dans le chiac, l'anglais que le français normatif et le «vieil» acadien, dont il reprend des tournures et des manières de dire, et retient des éléments de l'accent en écrivant «phonétiquement» certains mots.

Mémoires de pré-renaissance

bourgade aux yeux d'un ancêtre lointain, mauvais souvenirs, résultats d'erreurs coûteuses pour l'un, cadavres encore pleins de sang tiède pour un autre, le désespoir revêtu d'or ne polit ses lingots qu'aux pôles, eux-mêmes peut-être des cadavres bientôt gelés par la pudeur et l'ambition, les presque morts se sont déjà rassasiés, observateurs du doute, craignez si ça vous amuse, pourtant, une toune rappelle, des cuillers claquent, les sabots tripotent, un violon crie, un vallium se lit, un jeune grinche, un bateau coupe le détroit de Northumberland, l'orateur atteste, affirme et lance la réplique avec le gisement d'un javelot, la page 107 braille, la prochaine console, la troisième coupe l'érable pour fider le poêle à bois, la toile médite l'actuel et tricote l'outre-tombe, les yeux soupirent tandis que les lèvres soufflent l'hymne, pas de l'Avé tout le temps : du delta, du réveil pis du monde qu'on connaît... à notre maniére : s'achèvera la naissance d'une postérité à l'aube du dernier ruissellement, d'une dernière voix qui le répète ; tiède, peut-être... je le doute, le sang coule jusqu'à la dernière mémoire qui les retient...

941017 Athènes

Tremplin, 1996, p. 33.

Déconstructions

par méfiance de ce qu'on m'a inculqué

compterai
    les drops de sang d'un bord
    les siaux de soleil de l'autre
articulerai le calcul
méditerai là-dessus
éprouverai une tendinite stoïque
préparerai un sandwich de discussions
étamperai un sac de papier de théories

Parade casaque, 2001, p. 64.

L'évolution des contrastes, extrait : Chapitre jaune

vigilance rattrape l'alphabet de toutes les langues. le parcours mène vers le rythme qui se joue en parallèle. en gros. ce n'est qu'un poème. et ce poème n'a pas encore été traduit. ce poème n'a pas été séquestré. n'a pas comparu. n'a pas été conçu en rémission des lieux. n'a pas rêvé aux idéaux qui s'affolent. n'a pas mangé personne. n'a pas convoqué les journaux. n'a pas chanté les voyelles. n'a pas pris par quatre chemins. ce poème ne s'est pas inventé. n'a pas côtoyé le programme nutritif de l'académie. n'a surtout pas prétendu savoir en articulant les comprimés de la déduction. ce poème restera le même. en rétrospection. ce poème va se lire de lui-même. et se cogner la tête aux crochets de la musique sonique. vigilance rattrape l'alphabet de toutes les langues.

L'évolution des contrastes, 2009, p. 33.

L'évolution des contrastes, extrait : Chapitre vert

les lumières pourpres des caprices rangés intensifient le son des *timbilas*. Furibond s'allonge et chuchote qu'il n'a pas encore croisé le génie qui peut flairer et manier les pressentiments. le génie qui peut flairer les émotions. progression. perspective. Mulungu parle ensuite le nez dans ses lunettes perdues. paradoxe. front décontenancé. mots ivres affolés sous le poids de l'échange des sources. je lui réponds ne m'être jamais entretenu avec le génie qui a su fuir avec aisance les dogmes. ou celui qui a su déborder la vedette des traditions. la chandelle ferme ses yeux. trois coups de coudes cosmos apposés sur la table à café carton. Furibond rescinde le terrain parcouru. Mulungu taille sur bois une épitaphe posthume. une photo superpose les visages sur une mer nerveuse. les lumières pourpres des caprices rangés intensifient le son des *timbilas*.

L'évolution des contrastes, 2009, p. 47.

L'évolution des contrastes, extrait : Chapitre noir

il y a longtemps que j'ai refusé de faire à ma *tête*. le *cœur* a dès lors eu préséance. entre les manigances et querelles de ces deux rivaux acharnés. elle s'est réfugiée sans caprice. Ela. ne danse donc pas la mainmise mambo des jeux de la complexité. et tant mieux pour cela. puisque j'observe craintif. et j'acquiesce quand elle m'approche. sans arrière-pensées. je pose alors mon esquisse au beau milieu de la salle. j'attends de voir passer les réflexions en lumières rebelles. j'attends de voir couler ta tendresse. mon parebrise brisé protège encore mes rêves de jour. les seuls rêves qui en valent la peine. il y a longtemps que j'ai refusé de faire à ma *tête*. le *cœur* a dès lors eu préséance.

L'évolution des contrastes, 2009, p. 87.

ÉRIC CORMIER

É ric Cormier est né le 9 mars 1979 à Robertville (Nouveau-Brunswick) et il a fait ses études secondaires à Bathurst. À dix-sept ans, il se fait remarquer à l'occasion d'une soirée de poésie, ce qui le conduit à être choisi pour représenter le Nouveau-Brunswick aux Jeux de la Francophonie de 1996 à Madagascar. À partir de là, sa démarche s'orientera autour de l'écriture. Il explore le théâtre (deux pièces inédites) et le cinéma (*Un bon gars*, un court métrage de fiction, 2005), tout en occupant divers emplois. Depuis 2003, il est gérant du Centre culturel Aberdeen de Moncton. En 2005, il a été élu à la présidence des Éditions Perce-Neige.

Alors que dans le premier recueil, il se confrontait à la réalité physique, au monde extérieur et qu'il utilisait parfois le chiac, dans les trois autres le regard est tourné vers l'intérieur et le chiac a été mis de côté. D'un recueil à l'autre, l'univers qu'il dépeint s'assombrit. Du cri de l'adolescent (*À vif tel un circoncis*, 1997), à la parole de l'homme blessé (*Coda*, 2003), en passant par une déception amoureuse (*Le flirt de l'anarchiste*, 2000) et sa confrontation avec l'absolu (*L'hymne à l'apocalypse*,

2001), sa poésie chemine d'une simplicité presque naïve à une difficile recherche de la vérité intérieure.

Et la poésie...

Des rêves qui planent
sur un sentiment échoué
sur la plaine vivante
la vie est une aventure
dans laquelle je me suis perdu.

À vif tel un circoncis, 1997, p. 9.

Album photo

Une bouteille de bière balancée
entre une fenêtre et une porte
une pile usagée
un jouet qui ne fonctionne plus
des draps des vêtements qui volent au vent

des gestes articulés
une fleur qui fane
et des rêves
oui des rêves

voyez-vous le portrait?

À vif tel un circoncis, 1997, p. 87.

Tout est plus lent maintenant

des mégots comblent le sol
ma fumée monte à l'aube du monde
sur l'écorce d'un arbre pleureur

deux instants croisés
sur une tasse endormie
une cuisse épouse lentement
les mollets d'une panique

tes passages continus

des soupirs de toi et moi
en se balançant des autres.

Le flirt de l'anarchiste, 2000, p. 14.

Le cœur n'est que champ d'animal sauvage
dans ces ravages métriques où nous te retrouvons
la douleur est cette pluie qui tombe sans fin
dans ces villes endolories par l'heure de nos questions

Le cœur est cette nuit plus sombre que les détours
une religion toujours si macabre
du pluriel de nos songes au fil de la course
car ce cœur est une nuit aux belles étoiles
dans l'épuisement des cris et des rages

Le cœur n'est qu'animal des plus sauvages
traversé lentement par le pas inquiet de l'étranger
ces champs qui succombent aux chants des abris
pareillement aux éclaboussures de la dernière idée
muselière serrée à la mâchoire des opinions
une danse toujours au ciel
tango des cœurs
roses aux plis des dents.

L'hymne à l'apocalypse, 2001, p. 15.

Pianissimo

Juxtaposés
regards des quatre saisons
piano des soulagés au coin du mur de l'aile psychiatrique
thérapie pour les cœurs brisés
trop collés
contre les sources vives de l'inspiration

craquement de planchers
comme les os qui prennent l'eau et l'âge du bain
s'en remettre à toi
ouverte comme le dernier livre
que nous n'avons pas fini de lire

temps par temps
doucement
seul

briser avant d'avertir
question d'alléger le chagrin

Coda, 2003, p. 64.

CHRISTIAN ROY

Christian Roy est né le 12 juin 1979 à Robertville (Nouveau-Brunswick). Après avoir suivi le programme Webmestre au Collège communautaire du Nouveau-Brunswick à Dieppe (1999-2001), il obtient son baccalauréat en traduction de l'Université de Moncton (2006). Il travaille au Bureau de la traduction du gouvernement fédéral, d'abord à Gatineau et depuis 2009 à Moncton. Depuis 1998, il mène une démarche parallèle en musique comme auteur compositeur interprète, guitariste et programmeur, et ce au sein de différents groupes, dont The Traps, qui a lancé un premier album éponyme en 2009, et son nouveau projet solo, Christian Headslice.

S'il écrit ses chansons en anglais, sous l'influence du poète Martin Pître, il commence à écrire de la poésie en français. En 1998, il publie un premier recueil, *Pile ou face à la vitesse de la lumière* : lancé comme un défi, ce recueil, à l'image de l'adolescent qu'il est, veut bousculer les idées reçues. Roy s'y heurte à la société et aux individus. *Infarctus parmi les piétons* (2000) constate la fin de son adolescence, *Chroniques d'un mélodramaturge* (2002) porte sur la solitude et est orienté autour de son rapport avec les femmes, rapport souvent empreint d'une coloration sexuelle, dans une recherche du sens de la vie. C'est ce thème que reprend *Personnes singulières* (2005), recueil qui place le poète qu'il est au centre du discours et qui interroge la valeur du temps.

Chatte du Sud, chien du Nord

C'est tout et c'est sensiblement mieux.
C'est tout et c'est décevant.

Se jouer des tours dans le dos des yeux du cœur de ceux et celles qu'on aime et que nous aimons tous deux, de joie de vivre, d'incompréhension et de j'aimais dire jamais.

Quand tous se seront révoltés contre toi et moi, serons-nous encore enlacés comme des amants siamois, et quand la terre explosera dans le rythme de cette affaire censurée tumultueuse, voudrons-nous toujours nous implanter l'un dans l'autre sans nous soucier de l'incompatibilité chronique dont nous souffrons?
Comme si les jeux de silence et l'infarctus de nos cœurs ne suffisaient pas pour nous suicider, pour nous enlever de la vie un peu, pour souffrir de douces souffrances, pour gémir de tout ce que nous avons à perdre.

Dans la vie comme dans les mauvais sorts, il faut revérifier l'ampleur de notre désir pour pouvoir nous caresser avec toute la perfection et précision que l'instant s'entête à nous demander.

Infarctus parmi les piétons, 2000, p. 39.

Les espaces étrangers

Je me souviens d'un ciel doux
comme un bref murmure.

Je me souviens d'une chanson,
apparue comme une ombre
après une longue journée.

Je me souviens de la lumière-mère,
dormant un rêve-lune d'été.

Je me souviens des matins, s'esquivant
dans les froids soudains d'automne.

Je me souviens des mensonges à bout de souffle
dans les espaces étrangers
qui ne savaient plus quoi dire.

Chroniques d'un mélodramaturge, 2002, p. 19.

Les petits mots

Les petits mots que j'inscris
dans ces cahiers-journaux-confessions
semblent vouloir me posséder
et plus leur pertinence grandit,
plus ma conscience s'effiloche
pour n'absorber que la chair, l'amour, l'alcool,
et tous ces vices que j'avais presque oubliés.

Chroniques d'un mélodramaturge, 2002, p. 93.

Il a froid, ne sait pas comment se réchauffer. Emmitouflé dans son pull, les bras serrés sous les aisselles comme dans une camisole de force, il gèle. Il ne sait pas où trouver le feu, la flamme, l'étincelle.

Néons reflétés sur la neige, stalagmites lancés par la lueur des fenêtres, couleurs farfelues qui ne réchauffent pas. L'air gerce ses lèvres en sortant de sa bouche, comme si le froid venait de lui.

Personnes singulières, 2005, p. 49.

Encadrer le jour.
S'en imprégner les ongles.
Compter les plis dans la peau.
Prédire lesquels seront rides.

Personnes singulières, 2005, p. 53.

Il frissonne.
Les nuits sont déjà plus froides.
L'hiver s'amorce, arrive en trombe,
inondera telle une bombe les rues, les balcons
et les toits des maisons du quartier.
Enseveli, près d'un feu,
il sentira grincer les os de sa demeure.
Il n'aura pas à regarder par les fenêtres,
car il n'attendra personne.
Eau cristallisée,
poussières recouvertes de glace,
anneaux uniques et bêtes.
Il ne veut pas les voir.
Il s'emmitouflera dans ses couvertures.
Il restera au lit pour ne pas y penser.

Personnes singulières, 2005, p. 91.

FRANÇOISE ENGUEHARD

Françoise Enguehard (née Reux) est née le 2 janvier 1957 à Saint-Pierre, l'île la plus peuplée de l'archipel français situé au large de Terre-Neuve. Après ses études secondaires (1973), elle entreprend des études en littérature à Halifax (Nouvelle-Écosse), d'abord à l'Université Dalhousie puis à Mount Saint Vincent et, enfin, à l'Université Memorial de St. John's (Terre-Neuve), où elle obtient un baccalauréat ès arts avec une majeure en espagnol (1975). Elle y complète ensuite une maîtrise en littérature française (1977).

En 1977, elle s'installe à St. John's. Au cours des années qui suivent, elle travaille dans différents domaines (communautaire, aide aux réfugiés, traduction). En 1992, elle est embauchée par la Société Radio-Canda et y travaille comme journaliste pour la radio et la télévision. En 2001, elle fonde sa compagnie de relations publiques, Vivat Communications. Très engagée dans les milieux communautaires, elle est élue en 2006 à la présidence de la Société nationale de l'Acadie. Son mandat se termine en 2012.

L'histoire de Saint-Pierre et Miquelon est au cœur des romans de Françoise Enguehard. *Les litanies de l'Île-aux-Chiens*

(2001, prix Henri-Queffélec du Salon du livre maritime de Concarneau, en France) s'inspire de la vie de ses arrière-grands-parents. Sans chercher à tout prix la vérité, le roman reconstitue d'une façon vivante l'époque — 1887 à 1956 — dans laquelle les personnages évoluent.

Deux romans pour la jeunesse suivent, tous deux inspirés par l'histoire : si l'action du *Trésor d'Elvis Bozec* (2002) se déroule au présent dans la péninsule de Port-au-Port (Terre-Neuve), son sujet nous ramène au passé, et celle du *Pilote du Roy* (2007) se situe au XIXᵉ siècle à Saint-Pierre.

Son second roman pour adultes, *L'archipel du docteur Thomas* (2009, prix des Lecteurs de Radio-Canada) évoque l'adolescence d'Enguehard. Le roman se fonde en partie sur un personnage réel, le docteur Louis Thomas, médecin militaire et photographe qui a travaillé à Saint-Pierre de 1912 à 1926 et qui a laissé derrière un trésor photographique. Le roman entrelace la vie des deux principaux personnages, un architecte et une jeune fille, qui entreprennent, après avoir découvert les photos du Dʳ Thomas, de reconstituer sa vie.

Enguehard connaît bien le passé de ses îles, les problèmes liés à la survie de ses habitants, et la façon dont ils vivaient. L'ensemble est écrit d'une plume si évocatrice que le lecteur est amené à partager l'atmosphère singulière de ces îles.

Le pilote du Roy, extrait : Chapitre 4

Malgré le mauvais temps, tout le monde semble s'être donné rendez-vous à la cale. L'arrivée de la *Laure* est un événement. Certains sont là pour aider au déchargement, le capitaine de port par devoir. Les autres sont des badauds avides de divertissement, chose si rare dans cette colonie oubliée.

Victoire est là avec son père, qui a voulu ne laisser à personne d'autre le soin de voir au débarquement de sa farine et du précieux baril de pommes.

—Alexandre a dû embarquer avec son père, dit-elle, jetant un regard circulaire sur la foule maintenant réunie en un seul groupe compact pour faire un mur au vent et au poudrin qui se faufilent dans le moindre recoin. Son ami n'est pas là.

Yvan Bénard hoche la tête. Avec un temps pareil, le pilote a sûrement dû avoir besoin de tous ses gars pour prendre la mer.

La foule attend. Dans quelques minutes, c'est certain, on verra, entre les rafales, les deux mâts du beau voilier se balancer à la droite du fanal. Et tout le monde de guetter, malgré la tempête, pour pouvoir être le premier à s'exclamer: «Le voilà!»

Rien. Toujours rien. Les visages s'assombrissent, les plus osés y vont de leur opinion:

—Ils doivent attendre pour rentrer dans la passe...

—Ils ont peut-être mouillé dans la rade.

Tout à coup, un homme arrive en courant de la direction du cimetière. Il semble très agité. Il gesticule et crie quelque chose qu'on a peine à entendre dans la tempête.

—Elle est partie! Elle est partie!

Les visages se tournent, consternés.

—Où?

—Qui?

—La *Laure*. J'étais juste là, à côté de la pointe, explique-t-il en haletant. Elle est entrée dans la passe du Suet et pis le vent a pris au noroît et pis elle a pas pu manœuvrer... Le vent l'a comme soulevée et pis elle a disparu dans le sud.

Partie. Impossible. Tout le monde reste sans voix. Le capitaine de port Leroy envoie un de ses hommes à la pointe du cimetière, un autre commence la longue et difficile montée jusqu'à la vigie. Les curieux rentrent bien vite chez eux pour colporter l'incroyable nouvelle: la *Laure* était à quelques encablures du Barachois et elle a disparu!

—Père, s'écrie Victoire. Père, c'est impossible! Alexandre est à bord!

—Avec vent arrière, il y a sans doute pas eu moyen de faire autrement. Mais il faut pas s'inquiéter. Il y a des bons marins à bord, le capitaine, le pilote. Ils se mettront à l'abri à la côte et quand la tempête sera passée, ils reviendront. Allez, rentrons nous réchauffer. Tu le reverras, ton Alexandre.

Luttant contre les éléments, père et fille quittent le quai pour regagner la boulangerie. Le capitaine de port chemine avec eux.

—Je m'en vais prévenir le commandant... Il sera pas de bonne humeur...

C'est le moins qu'on puisse dire! Averti du drame, le commandant Fayolle s'est levé de son fauteuil comme si une guêpe l'avait piqué et il arpente la salle comme un possédé.

—Comment ça, «disparu»? Enfin, Leroy... Vous me dites que la *Laure* était dans la rade et qu'elle a disparu?

—Il fait très mauvais dehors, Monsieur le Commandant. Juste au moment où le navire entrait, le vent a pris au noroît — vent de côté — et ils ont rien pu faire d'autre à bord que d'affaler les voiles et de fuir devant la tempête.

—Et quelles sont les chances qu'ils reviennent?

—Si le capitaine réussit à trouver un abri dans une baie de Terre-Neuve, on les verra revenir dès que la tempête sera passée.

—Sinon?... Sinon, pas la peine de me faire un dessin... Un autre navire perdu corps et biens. Qui, de la colonie, se trouvait à bord à part le gendarme Yreux et le pilote?

Le capitaine de port énumère les noms de l'équipage de la chaloupe. En tout six hommes. Alexandre, le plus jeune, a 13 ans; Yreux, le plus âgé, a 51 ans et trois enfants à la maison.

—Allez chercher le curé. Il faut dire une messe, tout de suite.

Le capitaine de port, soulagé de pouvoir faire quelque chose, sort. Une fois la porte fermée, le commandant se laisse tomber dans son fauteuil. «Mais qu'est-ce que je suis venu faire ici? Encore une catastrophe, encore du malheur, encore des familles indigentes.» Et comme, dans le fond, le commandant Fayolle est une bonne personne, il ne pense pas encore à regretter ses bouteilles de fine, ses vins de Bordeaux et ses caisses de champagne. Ça viendra.

Victoire se rend chez Alexandre. Madame Sire est là, effondrée près de la cheminée, ses autres enfants autour d'elle.

—Mon Dieu, faites qu'ils soient en sécurité.

Elle saisit son chapelet. Deux autres femmes, des voisines venues la soutenir, entonnent avec elle les prières.

Victoire fuit bien vite cette maison où règne tant de douleur. Alexandre est sain et sauf, elle en est persuadée. La *Laure* est un deux-mâts solide ; dès que la tempête sera terminée, ils reviendront et, dans une semaine, ce drame ne sera plus qu'un mauvais souvenir.

Chez les Yreux et les Portanguen, on prie également et on s'accroche au même espoir. Le commandant a annulé son réveillon. Dans la petite église de Saint-Pierre, les lampions brûlent, comme pour guider les marins égarés. Et à la pointe du cimetière, imperturbable, le fanal continue de montrer l'entrée du Barachois. Sait-on jamais !

Et 1822 fait place à 1823 sans qu'un seul habitant de Saint-Pierre y prête la moindre attention.

Le pilote du Roy, 2007, p. 35-41.

L'archipel du docteur Thomas, extrait : **Chapitre 3**

À cinq heures moins cinq, François arriva devant le bâtiment du musée, ne sachant s'il devait entrer ou attendre dehors, hésitant comme un écolier, se sentant ridicule dans son énervement. Il patienta quelques instants, serra la main à plusieurs passants, puis décida d'entrer. Comme il n'y avait personne dans le couloir, il monta les marches à toute allure, histoire de se défouler un peu. Émilie était déjà à la porte du musée, tout aussi agitée que lui, vit-il aussitôt.

Il lui fit deux bises, recula un peu et lui dit d'emblée, du ton le plus faussement décontracté :

—Bon, on y va?

—On y va.

Ils étaient seuls.

—Jacques viendra un peu plus tard. Il avait rendez-vous avec un client, expliqua-t-elle.

François se douta bien que c'était plutôt par délicatesse que le photographe tarderait à arriver.

—Et elles se trouvent où, exactement, les photos?

—Dans la salle d'histoire naturelle.

Lentement, comme pour prolonger le moment, ils firent leur chemin le long des collections. Un peu pour la taquiner, il s'arrêtait parfois devant un objet, prétendait le regarder de plus près tout en observant du coin de l'œil son agitation. Elle se prêta de bonne grâce au stratagème, souriant malgré tout, pour qu'il voie bien qu'elle n'était pas dupe. Compréhension totale même dans le jeu.

Ils entrèrent enfin dans la salle où se trouvaient exposées les photos, fruit de mois de travail, expression, espérait-elle, de ses goûts.

François resta bouche bée. Les photos, superbes, racontaient en silence l'histoire de l'archipel et de ses gens, leur acharnement à l'ouvrage, leurs rares moments de repos et de gaieté, la beauté de la nature, sa cruauté aussi. Il fut envahi par l'étrange sensation qu'il y avait autre chose sous les images. Sur les murs, étaient exprimés — mieux qu'il n'aurait jamais su le faire — ses sentiments à lui. Ces images prises par un autre homme, à une tout autre époque, exprimaient un déchirement qui était aussi le sien, une insatisfaction devant la réussite professionnelle, des questionnements fondamentaux sur le sens de l'existence, le sentiment de n'être jamais pleinement à sa place... «Tout cela dans les photos d'un autre», pensa-t-il.

Ébahi, interloqué, il passa lentement et en silence d'une photo à l'autre. Émilie le suivait à ses côtés.

Tout était dans ces images: le bonheur des choses simples et la peine qu'elles peuvent provoquer, la beauté et la laideur inextricablement mêlées, l'émotion devant l'indicible, la nostalgie d'un passé et les tiraillements de l'instant, la tristesse cachée, la détresse ineffable des gestes de tous les jours. Toutes ces contradictions — les siennes comme celles de l'artiste — lui sautaient aux yeux. Elles avaient été comprises — le mot lui semblait trop imparfait —, pressenties, à la fois par ce mystérieux docteur et par la toute jeune fille à ses côtés qui avait sélectionné les images et qui donc, elle aussi, vivait le même déchirement. Les mots lui faisaient défaut. Tout n'était qu'émotion à fleur de peau.

Il trouva finalement le courage de se retourner vers Émilie, qui attendait le verdict, le cœur à la bouche, incertaine. S'arrachant à la proximité de ces images qui le reflétaient si bien, il s'approcha d'elle et murmura :

—Comment as-tu fait ?

Ne sachant que dire, elle haussa les épaules puis elle fit de son mieux pour lui expliquer :

—J'ai d'abord essayé de représenter tous les aspects de l'œuvre du docteur Thomas. En chemin, j'ai réalisé que mes choix illustraient sa manière de voir les choses, la vie, mais aussi la vôtre... et la mienne. Je n'ai pas cherché à le faire, je me suis laissé porter.

—C'est arrivé comme ça, tu veux dire.

—Oui. Parce que le travail était pour vous. C'est un peu comme quand on développe des photos : Les images sont d'abord invisibles, puis imprimées en négatif avant d'apparaître telles qu'elles sont...

—Ce que je vois là, c'est superbe et touchant. Tu réalises, Émilie, que tous les trois, le docteur, toi et moi, nous voyons la vie autrement ?

Elle hocha la tête.

—Quel tour de force ! ajouta-t-il.

Ces photos témoignaient d'une communion entière, sans zone d'ombre, sans équivoque, entre trois êtres que tout séparait, même la mort. « Enfin ! » eut-il envie de dire. Il lui prit les mains, l'attira vers lui et la serra un long moment sans bouger, sans rien dire. Il sentit monter en lui une extraordinaire envie de pleurer.

Elle sourit timidement d'abord, puis ses yeux se mirent à pétiller, sa bouche s'ouvrit en un sourire irrépressible. Alors que, un instant plus tôt, François refoulait ses larmes et qu'elle mourait d'angoisse, ils se mirent tous les deux à rire et, main dans la main, reprirent la visite du début.

Il voulait tout savoir. Où cette photo avait-elle été prise? Quand? Avait-on pu identifier les personnages? Elle répondit à ses questions, lui expliqua certains des choix difficiles qu'elle avait eu à faire, lui raconta quelques détails de ses discussions avec le photographe, tout cela dans une atmosphère d'intimité et de compréhension totales. Devant la photo du docteur à l'île aux Marins, François regarda Émilie, serra sa main plus fort et murmura : « On en a fait du chemin ».

Un moment plus tard, Jacques entrait à son tour. Il les trouva tout sourire devant la photo du retour de la chasse aux outardes : « C'est bien pour vous faire plaisir qu'elle est là », expliqua-t-elle à François. Derrière leurs éclats de rire flottait encore une intense émotion. « Mission accomplie, ma petite », pensa le photographe en leur serrant vigoureusement la main à tous les deux.

Sur son cabestan, le docteur Thomas, les yeux perdus dans le vide, voulait mourir.

L'archipel du docteur Thomas, p. 90-94.

DANIEL OMER LEBLANC

Daniel Omer LeBlanc est né le 23 février 1968 à Moncton. Il fait ses études en cinéma à l'Université Concordia à Montréal, où il habitera une dizaine d'années. De retour à Moncton, il travaille dans le milieu culturel. Bédéiste, il publie en 2004 les premières planches d'une bande dessinée mettant en scène Acadieman, superhéros acadien. Dès le début, *Acadieman* suscite une controverse qui dure encore aujourd'hui en raison de la langue utilisée, le chiac. L'engouement des jeunes pour *Acadieman* est tel que la télévision communautaire Rogers produit une première série de courts dessins animés, suivie d'une deuxième. En 2008-2009, la série prend de l'ampleur : à l'occasion du Congrès mondial acadien (CMA) qui a lieu au mois d'août 2009 dans la Péninsule acadienne, le site CapAcadie présente les 26 épisodes de *Acadieman vs le CMA 2009*. De là naît un long métrage présenté à l'automne de la même année. Autre première en Acadie, *Acadieman* possède son « comic book » qui raconte ses aventures et qui paraît de façon irrégulière.

Après avoir publié à compte d'auteur un recueil en langue anglaise, *The pimp of revolution* (1993), LeBlanc revient à la poésie après un long silence avec *Les ailes de soi* (2000). Si les poèmes anglais sont écrits en prose et sont narratifs, les textes français sont en vers et souvent constitués d'une série d'images qui se heurtent. Face à l'angoisse existentielle qui l'habite, le narrateur tente d'identifier les prémices du bonheur, lui qui n'en connaît que des manifestations éphémères.

Omégaville (2002) est plus épuré. Les poèmes sont courts, incisifs, tout en développant les thèmes du précédent, mais dans une recherche d'équilibre.

❖

Dans un misérable café
avec tous ces aveugles
si plein de dégoût
on cherche
le doux paradis
qui s'enfuit

Les ailes de soi, 2000, p. 17.

❖

On attend
le refrain
pendant que le
silence fait don
de nos voix
affaiblies

Les ailes de soi, 2000, p. 34.

❖

L'échappée belle

Le temps s'échappe
le poésie l'échappe
elle bouche le trou du désastre
elle se reconstruit une virginité
à l'intérieur d'un pays sale

Omégaville, 2002, p. 41.

Devrait-il relire Kundera?

Le ciel noir
les nuages s'effondrent
la voix
un hymne
de toute douceur
de toute lourdeur
un dépaysement
de plus en plus troublant
il cherche
à se vider
de sa faiblesse

Omégaville, 2002, p. 42.

Dans un coin de mon souvenir

La pluie froide et sombre
les nuages déchirés
toute la nuit le souvenir de l'autre
se manifeste dans les plus petites choses

Omégaville, 2002, p. 61.

Homme-fauteuil

Les petits morceaux du présent
se fondent sur des bêtises
il rêve assis
perdu
brassé
sans quitter le fauteuil

les mots se décomposent
entre mille et une façades
cachés sous la fantaisie
d'un monde défait

les germes funestes
du désespoir ou de l'aboutissement
l'éblouissent
le possèdent
sans quitter le fauteuil

Omégaville, 2002, p. 63.

PAUL BOSSÉ

Paul Bossé est né en 1971 à Moncton. Il obtient son baccalauréat en cinéma de l'Université Concordia de Montréal en 1993. De retour à Moncton, il produit et réalise avec Chris LeBlanc, avec qui il a étudié à Concordia, les imaginatifs vidéos de la série des CHEPA (Capsules d'histoires enterrées pour l'avenir) diffusés à la télévision communautaire, puis coréalise avec LeBlanc la série des *Lunatiques*, une émission pour enfants produite par les Productions Phare Est et diffusée à TFO en 1999. En 2002, il réalise le documentaire *Kacho Komplo* pour l'Office national du film. Nulle surprise dès lors que le regard cinématographique imprègne ses poèmes. Il écrit également des textes pour le collectif de théâtre expérimental Moncton Sable.

Paul Bossé apporte un souffle d'une belle fraîcheur à la poésie acadienne, en particulier dans ses poèmes courts. Certains d'entre eux sont de réels petits bijoux, souvent teintés d'un humour caustique. Les poèmes se construisent autour d'un personnage, d'une situation, d'une réflexion, présentée souvent de façon elliptique. La façon de faire du cinéma n'est jamais loin: le poète recherche le «plan» qui créera l'effet, le contenu qu'il veut mettre de l'avant.

Alors qu'*Un cendrier plein d'ancêtres* (2001) se développait autour d'un thème, la mort, qu'*Averses* (2004) nous invitait à l'accompagner dans Moncton et dans différents pays et à partager ses préoccupations sociales et affectives, *Saint-George/Robinson* (2007) utilise l'anecdote pour nous amener à découvrir la vie qui anime ce coin particulier de la ville.

Et il y a la langue. Depuis son premier recueil, Bossé utilise le chiac et la langue orale, jouant avec la musicalité des sons, avec la dissonance, avec l'arrimage entre prononciation française et anglaise. Il prend plaisir aux métissages, s'amusant à créer des effets de langue ou encore à provoquer des situations cocasses.

Les trois pièces qu'il a écrites pour Moncton Sable se fondent sur la même recherche linguistique. L'action d'*Empreintes* (2002) se situe dans le futur, celle de *Linoléum* (2005) se construit à partir des différentes époques d'une maison, tandis que *Pellicule* (2009) fait appel à des références cinématographiques tout en développant une intrigue policière. La rencontre entre Bossé et Moncton Sable a donné des spectacles dans lesquels l'imaginaire et l'humour de l'un servent fort bien la recherche formelle de l'autre.

Oscar

Mon squelette
sourit toujours
parce qu'il sait
qu'à la fin
c'est lui
qui va
gagner

Un cendrier plein d'ancêtres, 2001, p. 18.

Terre minus

L'après-vie
je m'en moque
c'est l'avant-mort
qui me tracasse

Un cendrier plein d'ancêtres, 2001, p. 22.

Rapaces

Les goélands
sont nos frères
leur seul défaut
c'est qu'ils nous
ressemblent peut-être
un peu trop

Un cendrier plein d'ancêtres, 2001, p. 113.

Cirrus

Les nuages broutent
les paysages qu'ils traversent
troupeau de nomades
qui jouent aux charades
avec l'enfant qui
les contemple

Un cendrier plein d'ancêtres, 2001, p. 117.

Lima bean hot tub tax credit

le jazzman joue
mais personne l'écoute

son solo fait naufrage
dans un vortex de conversations
de farces plates et de nachos

—je viens juste de m'acheter un *hot tub*
—des *lima beans* c'est *awesome* dans du chili
—oublie pas de garder toutes tes reçus, hein?

les musiciens alimentent le feu
quelques tympans sympathisent

— c'est-y un ténor ça ou un alto?

head solo solo solo solo solo head

— merci beaucoup, ça c'était...

le lave-vaisselle s'active et noie la suite

Averses, 2004, p. 48.

café internet bleu
rue Sébastopol

des centaines de fesses posées
dans le plastique orange des chaises en série
les doigts martèlent les touches
désagréable sonorité de conversations virtuelles
élastiquant la superficialité du globe

épaule à épaule les inconnus
perpétuent l'anonymat

Averses, 2004, p. 59.

ALAIN RAIMBAULT

Né le 29 janvier 1966 à Paris, Alain Raimbault termine son secondaire à Poitiers (1984). Il obtient un diplôme d'études universitaires générales en lettres et civilisation espagnoles de l'Université de Poitiers (1988) et, toujours dans le même domaine d'études, une licence (1990). Il passe avec succès le concours de l'Éducation nationale de professeur en lycée professionnel de lettres-histoire et obtient sa titularisation. Il enseigne au Lycée professionnel de Bressuire de 1995 à 1998. Il émigre alors au Canada. Depuis, il enseigne à l'école secondaire la Rose-des-Vents de Greenwood dans la vallée de l'Annapolis en Nouvelle-Écosse.

Si son premier roman pour la jeunesse, *Herménégilde l'Acadien* (2000), est une œuvre naïve, tel n'est pas le cas de *Le ciel en face* (2005, prix Émile-Ollivier) : Manuel, un jeune d'une douzaine d'années, raconte dans son journal intime la façon dont il vit le suicide de sa mère. Selon les livres, Raimbault se fait fantaisiste (*Capitaine Popaul,* 2008) ou philosophe (*La jeune lectrice,* 2008).

Son premier recueil de poésie se composait de haïkus (*Mon île muette*, 2001) et les textes de *Partir comme jamais* (2005) demeurent sobres, finement ciselés, descriptifs, entièrement tournés vers l'émotion qui s'incarne dans des images de la mer près de laquelle il vit.

Dans les deux romans pour adultes qu'il a publiés, il interroge l'écriture et la forme romanesque tout en racontant une histoire. *Roman et Anna* (2006) met en scène deux fortes personnalités aux prises avec un passé qu'ils doivent assumer, tandis que, dans *Confidence à l'aveugle* (2008), il joue avec les niveaux qu'offre la fiction romanesque en utilisant la mise en abyme : le romancier Alain Raimbault, un des personnages écrit à propos d'un autre Alain Raimbault, lui aussi écrivain.

Partir comme jamais, extrait : Chapitre 1. Le départ

intenses et secrets
dans un espace assujetti aux flammes
nous voulions croire
sous des coupoles de verdure
à un futur enchantement
mais le matin
si transparent de gestes prévisibles
nous rappelait à l'ordinaire
aux métaux sombres du présent

Partir comme jamais, 2005, p. 33.

Partir comme jamais, extrait : Chapitre II. L'absence

les mauvais souvenirs
élèvent des murs dans le miroir
les bras engourdis d'avoir trop forcé
ton image tombe de main lasse
alors

la mer gagne sur mes pas
elle efface de toi
ce qui ne m'émeut pas
il souffle un vent nouveau
un goût de feu
désert d'adieu

Partir comme jamais, 2005, p. 44

Le ciel en face, extrait : Lundi

Lorsque je me suis levé, ce matin-là, papa était assis en face d'un homme qui lui posait des questions. J'ai regardé par la fenêtre. J'ai aperçu deux voitures de police et deux ambulances devant la maison. Je ne savais pas ce qui se passait, mais je sentais que quelque chose de grave était arrivé.

Quand le policier a remarqué ma présence, il a arrêté de parler. Papa s'est levé et m'a serré dans ses bras. Il ne me prend plus dans ses bras depuis bien longtemps. Il était très pâle. Avant que j'aie pu lui demander quoi que ce soit, il m'a dit que maman s'était tuée dans la cave.

Maman s'est tuée dans la cave.

Je ne peux pas croire ce que j'écris. Elle est morte depuis deux semaines, et je ne crois toujours pas à ce cauchemar. J'attends qu'elle revienne. Les dessins que nous avons faits ensemble quand j'étais petit sont encore sur le mur dans le couloir. Il y a plein de photos de nous trois partout dans la maison. Papa ne les a pas enlevées. Il n'a touché à rien. Il n'a même pas vidé le frigo. Les plats cuisinés par maman moisissent tranquillement au frais. Moi, je ne peux pas l'ouvrir, ce frigo.

Mais je dois raconter la suite.

Je ne comprenais pas les mots de mon père. «Maman s'est tuée» est une phrase qui n'a aucun sens pour moi. On ne meurt pas souvent dans la famille. Ou alors, très vieux. La seule fois où j'ai assisté à des funérailles, c'était à l'enterrement de mon grand-père. À part lui, nous sommes tous vivants chez nous.

Je voyais bien les phares des ambulances qui clignotaient dehors, et le policier visiblement gêné qui essayait d'obtenir des réponses de papa. J'ai vu partir la première ambulance. Puis la seconde. Pourquoi deux ambulances? Et pour qui?

D'habitude, quand je me lève, je vais aux toilettes, et la salle de bain est toute chaude et humide après la douche de maman. Ce matin-là, elle était glacée, et je me suis demandé pourquoi je pouvais me voir dans le miroir, habituellement couvert de buée.

La cuisine aussi était froide. La lumière n'y était même pas allumée et le café n'avait pas été fait. Pas de tartines non plus dans le grille-pain. Mais le sac de maman était à sa place, près de la porte de la terrasse. Maman sortait toujours par en haut et papa, par le sous-sol. J'ai demandé à papa:

—Elle est où, maman?

Je voyais que le policier était mal à l'aise. Dans les films, les policiers ne sont jamais mal à l'aise. Ils ont toujours l'air sûr d'eux-mêmes, et sérieux. Les policiers de par ici sourient toujours. Je me souviens très bien de la réponse de papa. Je me souviens très bien de ces deux dernières semaines. De tous les détails. De toutes les conversations. C'est comme gravé dans la glace de mon cerveau. Quand un souvenir fond, je pleure mais mes larmes durcissent à la place, et ça fait très mal là-dedans.

Papa a dit:

—Maman s'est tuée dans la cave cette nuit. Les ambulanciers n'ont pas pu la réanimer. Ni moi, ni les médecins, ni personne.

Je suis allé dans la chambre de mes parents. Les deux oreillers étaient encore tout froissés. Maman avait dormi là. J'aurais voulu savoir où elle était parce que sa voiture était garée dehors, juste à côté de celle de papa, devant celles des policiers. Elle n'était pas sortie.

Je suis descendu à la cave. Toutes les lumières étaient allumées. Il y avait les chaussons de maman à côté de la porte du grand débarras où l'on range les skis et les affaires d'hiver. J'ai poussé la porte. Le sol était mouillé. Ça sentait la lessive. Je suis ressorti. J'ai rangé les chaussons de maman à côté des autres chaussures. J'ai encore cherché maman, mais elle n'était pas là.

J'ai commencé à ne plus rien comprendre. Maman n'était plus dans la cave...

J'ai demandé à papa si elle était partie dans une ambulance. Il a répondu que oui. Il m'a dit :

— Elle est morte. L'ambulance l'emmène à l'hôpital.

Je ne comprenais toujours pas. Si elle allait à l'hôpital, c'était pour être soignée, non ?

— Non, a répondu papa. Personne ne va la soigner. Elle est morte. Elle s'est tuée cette nuit.

Non, je ne comprenais pas.

Je suis resté longtemps à la chercher dans la maison. À un moment donné, j'ai vu l'autobus scolaire passer dans la rue. J'avais oublié. On était lundi. J'avais l'impression que le temps s'était arrêté et qu'il ne se remettrait en mouvement qu'à partir de l'instant où j'aurais retrouvé maman.

Le ciel en face, 2005, p. 11-19.

JEAN-PHILIPPE RAÎCHE

 é à Bathurst le 29 septembre 1970, Jean-Philippe Raîche passe son enfance à Petit-Rocher (Nouveau-Brunswick). Il obtient un baccalauréat ès arts en 1994 de l'Université de Moncton, puis entreprend des études en lettres médiévales et latines à l'Université McGill (Montréal) qu'il abandonne pour faire une maîtrise en lettres à l'Université de Jussieu-Paris VII (1997). Il s'installe alors à Paris où il travaille au Centre culturel canadien à titre de responsable du livre.

Après une incursion peu concluante dans le théâtre avec *Le marchand de mémoires*, une pièce pour enfants créée par le théâtre l'Escaouette de Moncton (1992), Raîche publie quelques poèmes dans des revues avant de lancer *Une lettre au bout du monde* (2001). Au centre du recueil, le désir de rejoindre l'autre et la difficulté de l'écrire. Comme un fil conducteur, la mer définit le paysage comme étant la source de la joie de vivre.

Une histoire se dégage de *Ne réveillez pas l'amour avant qu'elle ne le veuille* (2007) : celle du retour sur une relation qui est terminée et dont il faut faire le deuil. Malgré qu'il y soit question de mort, que l'on ressente vivement la séparation, le désespoir et l'amertume ne sont pas les sentiments qui hantent ces poèmes mais une langueur, voire une mélancolie.

Je vous écris du bout du monde
tous ces naufrages qui appellent
ce qu'il reste du jour
que nous ne pourrons plus nommer
depuis que nous avons
touché du doigt le ciel.

Une lettre au bout du monde, 2001, p. 17.

Les poèmes sont faits d'océans
qu'on ne regarde pas

tourner le dos au fleuve
qu'il atteigne l'impossible
qu'il en ramène une ombre
un nombre
un nom
comme un embrun
atteignant les paupières

ils s'animent
se révoltent
se hissent et plongent
ils foulent d'un pied ferme
la rive qui s'invente

et si nous regardions la mer
une première fois
plus fous
plus beaux
plus vrais qu'avant.

Une lettre au bout du monde, 2001, p. 67.

Du plus profond de nos défaites,
avec le bruit des parades usées,
et nos rires,
et notre nom commun
qui pèse,

du fond des heures gaspillées,
du manque
sous nos pas,

je viens
avec au creux des mains
l'eau rare des ruisseaux d'été,
les parfums neufs de la terre
que le regard assèche,

et je n'ai rien promis,
rien veillé,
rien voulu.

Ne réveillez pas l'amour avant qu'elle ne le veuille, 2007, p. 9.

Dans les milliers d'années qui viennent,
la sueur de mes paumes tremblantes
sur ta nuque tendue
aura changé
imperceptiblement
le cap lumineux de l'aube.

Le jour alors
nous portera.

Ne réveillez pas l'amour avant qu'elle ne le veuille, 2007, p. 65.

Ce que les guerres silencieuses,
leur jour de trop qui marque le visage
et leurs promesses épuisées
n'altèrent pas,

ce qui, après les mots que nous avons portés,
les seuils où nous nous arrêtons
chargés de doute,
est traversé du tremblement de ce qui va mourir,

a fait de nous
ces restes d'homme
échappés d'un murmure.

Ne réveillez pas l'amour avant qu'elle ne le veuille, 2007, p. 71.

❖

L'idée du départ sous le ciel gris,
dans l'ombre faible d'une absence,
l'inéluctable permanence de l'exil,
les routes que l'on ouvre
lorsque la mer ne suffit plus,
l'impossible retour,
l'irréparable étreinte
quand tout ce qui subsiste
est un nom.

Ce qu'il reste de nous,
des vers que je croyais avoir écrits,
ton rire, peut-être,
le peu que la douleur préserve
dans un lit défait
où l'on ne s'étend plus.

Ne réveillez pas l'amour avant qu'elle ne le veuille, 2007, p. 76.

ÉDITH BOURGET

Édith Bourget est née le 6 février 1954 à Lévis. Elle obtient son baccalauréat en arts visuels de l'Université Laval (Québec) en 1982, puis un certificat en création littéraire de la même institution (1990). Elle s'installe dans la région d'Edmundston au début des années 1990. Pendant quelques années, elle travaille comme chargée de cours en communication graphique à l'Université de Moncton, campus d'Edmundston, avant de faire le choix de vivre de son art.

Elle se fait d'abord connaître par sa production en art visuel, exposant tant en solo qu'en groupe au Nouveau-Brunswick, au Québec et à l'étranger. Elle lie l'écriture à sa démarche en art visuel et publie *Une terre bascule* en 1999, un recueil de poésie qui réunit les textes des expositions de la période 1992-1997, les accompagnant de quelques reproductions d'œuvres.

Après avoir été critique à *Lurelu*, revue spécialisée dans le livre pour les jeunes, elle développe le goût d'écrire pour la jeunesse. Elle publie *Autour de Gabrielle* (2003, prix France-Acadie), un recueil de poésie dont la narratrice est Gabrielle, une enfant d'une dizaine d'années. Suit *Les saisons d'Henri*

(2006), qui met en scène le frère de Gabrielle. Les deux recueils sont finalistes au prix du Gouverneur général. En 2007, paraît *Le roi de la cour*, un roman jeunesse qui traite d'une façon sobre et touchante de la violence faite aux enfants.

Quatre ouvrages paraissent en 2009. *Un merle au royaume* s'adresse aux premiers lecteurs et met en scène les jumeaux Camille et Léo, dont Gabrielle et Henri sont les aînés. Puis, utilisant une approche semblable à celle utilisée avec Gabrielle et Henri, elle crée deux nouveaux personnages, les cousins Florence et Frédéric, qui « écrivent » l'une les *Poèmes des villes* et l'autre les *Poèmes des champs*.

Lola et le fleuve s'adresse aux adolescents et met en scène une jeune française qui passe un an à Edmundston avec sa famille. Comme le texte est écrit après son retour à Paris, le ton est légèrement distancié : aux anecdotes s'intègrent des réflexions nées du regard qu'elle porte sur ce qu'elle a vécu. Cet aspect ajoute une profondeur au personnage.

Du matin au soir

Papa et maman
ont des roulettes sous les pieds
et des plumes au bout des doigts.

Du matin au soir,
ils font la course contre les minutes
qui filent comme des comètes.

Entre le lever et le souper,
ils foncent au travail,
abattent mille tâches,
mangent en vitesse des crudités,
abattent encore mille tâches,
reviennent à la maison
et cuisinent des spaghettis
et du pouding au riz.

Puis, lorsque nos yeux et le soleil
montrent des signes de sommeil,
papa et maman nous caressent le front
avec les plumes de leurs doigts.
Ils nous racontent des histoires
où il est question de pays magiques,
d'oiseaux fantastiques et d'enfants heureux.

Nous les écoutons avec délices,
car nous savons bien
que nous sommes les héros
de toutes ces aventures.

Autour de Gabrielle, 2003, p. 11.

Recette du bonheur

Coller ma joue sur la peau de pêche
des poignets de maman,
mettre ma main sur son ventre ballon
et sentir notre bébé bouger dedans,
toucher à la barbe de papa
quand elle commence à piquer,
écouter le cœur de Gabrielle.

Humer le clou de girofle et la cannelle,
manger des arachides une à une,
croquer dans une poire juteuse,
construire un château-fort
avec mes pommes de terre pilées
prendre une petite gorgée de café
dans la tasse de grand-maman.

Inventer des noms d'animaux,
choisir un livre à la bibliothèque,
apprendre une fable,

regarder les vagues au bord de la mer,
peindre un coucher de soleil.

Sourire devant un miroir,
peigner mes cheveux avec des pics,
monter les marches deux par deux,
me cacher sous un lit,
attendre qu'on me trouve,
essayer un jeu électronique,
marquer un but au soccer,
me déguiser en monstre,
rêver à ce que je ferai plus tard.

Aller au cinéma avec Marco,
revoir mes amis le premier jour d'école,
dire des mots gentils à tous,
penser à Élise Jolicœur.

Voilà quelques ingrédients
de mon bonheur à moi.
Et toi, quelle est ta recette ?

Les saisons d'Henri, 2006, p. 68-69.

Lola et le fleuve, extrait : « Faire son nid »

J'allais tous les jours au bord du fleuve Saint-Jean. J'avais trouvé un site facile d'accès à quelques pas de chez moi. La rivière Madawaska s'y jetait mais, avant, elle passait par les vannes d'un barrage hydroélectrique. Elle bouillonnait et arrivait au fleuve en furie. C'était un beau spectacle.

J'ai apprivoisé peu à peu le fleuve. Je l'ai observé souvent et longtemps chaque fois. J'ai essayé de comprendre la dynamique de ses courants. En regardant sur une carte, j'avais vu qu'il passait par Fredericton, la capitale de la province, et qu'il débouchait dans l'Atlantique, à Saint John, au sud. Il faisait de nombreux méandres, se tortillant entre des collines, traversant des champs et des forêts. Sur plusieurs kilomètres, il marquait la frontière entre les États-Unis et le Canada. Un fleuve large et impressionnant pour moi.

Huit jours après notre arrivée, je me suis décidée à lui parler. La première fois, je n'ai que chuchoté quelques mots. Le tumulte de la rivière, derrière, enterrait mon soliloque. Un canard noir a crié très fort. C'était la première fois que je le voyais. J'ai souri à la pensée qu'il me disait peut-être de répéter ce que je venais de murmurer. Il était assez loin de la rive. Je n'ai rien répété. Mon discours ne s'adressait pas à lui. J'étais certaine que les vagues avaient tout entendu et qu'elles porteraient mon message sans poser de question. Le lendemain, je suis retournée au même endroit. Le canard m'attendait à deux mètres du bord. À partir de ce jour, il a été présent presque chaque fois, mon ami à plumes.

Quand je repense à cette première semaine à Edmundston, tout me semble irréel. J'ai l'impression qu'un brouillard enrobe mes souvenirs.

Je me rappelle que nous cherchions des baguettes de pain. Nous en avons finalement déniché dans un petit café, non pas dans une boulangerie-pâtisserie, comme à Paris. C'est fou mais, pour nous trois, trouver des baguettes était très important. Pourtant, nous étions tous d'accord pour dire qu'il fallait vivre comme vit la population d'ici. Nous savions que bien des choses seraient différentes mais que toutes ces choses, justement, ouvriraient nos esprits, que nous découvririons une autre manière de voir le monde. Le beau discours, quoi. Évidemment, papa aurait pu en cuire, de ces fameuses baguettes. Mais les acheter dans le commerce était comme le symbole de notre filiation avec ce pays. Oui, vraiment un peu toqué de notre part. Depuis, nous savons qu'il y a des baguettes, et bien d'autres variétés de pain, dans les épiceries.

Un autre souvenir qui me revient, c'est mon premier contact avec les gens dans un lieu public. J'étais allée acheter du lait à ce qu'on appelle ici un dépanneur, petit magasin ayant l'essentiel en alimentation et en produits de nécessité courante. En attendant dans la file pour payer, j'essayais de comprendre les échanges entre les clients et le commis. J'en étais incapable. Du vrai chinois pour moi. Était-ce réellement une région francophone? Hommes et femmes parlaient très vite, avec un accent trop différent de ceux que j'avais déjà entendus. Ils employaient plusieurs mots et expressions que je ne connaissais pas. Oui, c'était sûrement de l'anglais. Il fallait que je m'y mette sérieusement, me suis-je dit. Sans ouvrir la bouche, j'ai payé mon carton de lait pendant que je m'efforçais de graver quelques mots dans mon esprit. Que signifiait « effrayabe »? « Mind pas »? « Rester stuck »? « Botter »? Quand j'aurais des copains, ils pourraient m'éclairer sur cette langue. Moi, je pourrais leur apprendre un peu d'argot parisien. En attendant, je ferais une liste pour ne pas oublier mes interrogations et je chercherais dans le dictionnaire anglais-français.

Au début de la deuxième semaine, les choses ont changé. L'ordinateur était maintenant branché à Internet. En ouvrant mon courrier, j'ai vue que Loïc m'avait écrit tous les jours. Il me racontait Paris, il me parlait de ses promenades, de ses sorties. Je voyais tout défiler dans ma tête. Il me décrivait les fêtes du 14 juillet et les feux d'artifice, ainsi que la nouvelle exposition de photos sur les grilles du jardin du Luxembourg. Cette vie-là me semblait si loin déjà! Pourtant, il n'y avait qu'un peu plus de deux semaines que j'étais partie. Encore un détraquement du temps!

J'ai répondu longuement à Loïc, décrivant en détail ma nouvelle vie, les paysages, le calme, la grandeur du ciel et la majesté du fleuve. En relisant mon message, je me suis rendu compte que, finalement, j'avais plusieurs éléments positifs à lui communiquer. Je lui ai donné rendez-vous sur MSN Messenger, où nous pourrions converser en direct. Ah! La magie d'Internet! Mon ami serait tout près de moi. Je m'imaginerais entendre sa voix en lisant ses messages. Son rire peut-être aussi. Il ne me manquait qu'un micro pour que je puisse vraiment lui parler et l'entendre. Loïc en avait déjà un.

Mes parents avaient acheté une automobile. Une énorme auto grise usagée. Elle était monumentale comparativement à notre Peugeot. Ici, cette grosse auto était un modèle des plus courants. Il y avait beaucoup d'espace pour les jambes des passagers. Le coffre pouvait contenir un éléphanteau.

Maintenant, grâce à Internet et à notre bagnole, nous étions véritablement reliés au reste du monde par la route et par les ondes. Tout était possible.

— Que diriez-vous d'aller à la mer, les filles? On pourrait se rendre jusqu'à Caraquet, peut-être.

— La bonne idée! Tes deux sirènes y seront sûrement comblées. Et puis, nos maillots ont terriblement soif d'eau salée, n'est-ce pas Lola?

— Eh oui, papa. Ils sont tout à fait déshydratés, les pauvres.

— Allez, tope là. Nous partons demain après le petit déjeuner. Quel bonheur! La mer!

Lola et le fleuve, 2009, p. 32-36.

EMMA HACHÉ

Emma Haché est née le 25 novembre 1979 à Lamèque. Elle étudie au Département d'art dramatique de l'Université de Moncton pendant deux ans (1997-1999), avant de s'installer à Montréal, où elle suit des ateliers de l'École de mime corporel (1999-2004) et différentes formations en écriture théâtrale. Son cheminement est entièrement orienté autour de l'écriture dramatique. Cinq de ses pièces ont été montées par des compagnies professionnelles, trois autres sont des commandes de groupes communautaires, et elle a publié en 2007 *Azur*, une pièce pour la jeunesse.

Si la forme est différente d'une pièce à l'autre, plusieurs d'entre elles ont en commun l'histoire, de la colonisation de l'Acadie au XVIIe siècle avec *Fort La Tour* (2004), à la Seconde Guerre mondiale avec *L'intimité* (2003, prix du Gouverneur général, prix Éloizes), créé par Omnibus de Montréal (2004).

L'intimité raconte l'histoire d'une drôle de couple, habité de souffrances qu'il semble incapable d'assumer, avec comme arrière-plan la mémoire de la Seconde Guerre mondiale. Cette œuvre se démarque de ses autres écrits, qui sont beaucoup plus traditionnels tant dans leur contenu que dans leur forme, à l'exception de *Murmures*, créé par le Théâtre populaire d'Acadie en 2005, qui s'inspire du lazaret de Tracadie (dont elle avait déjà traité dans *Lave tes mains,* 2002).

⁜

L'intimité, extrait: 3. Tout est déjà pensé, prévu, organisé

Sur le quai, Alex et le politicien marchent. Le soldat a revêtu son uniforme; le politicien est en complet.

LE POLITICIEN
Souriant largement.
Regardez-le, ce bateau! Impressionnant! Et tout ce beau monde qui est venu accueillir notre demoiselle.
À Alex.
Mais levez la tête, voyons! On vous a déjà tout reproché, maintenant c'est votre heure de gloire. Nous avons réglé chaque détail, vous verrez bien. Votre future épouse descendra de ce transatlantique et vous lui offrirez le tendre baiser d'un mari attentionné. Tout est déjà pensé, prévu, organisé. Une voiture viendra vous chercher après la séance de photos, et... je ne sais pas... ensuite ça dépend de vous.
Coquin
Vous vaquerez à vos occupations de mari, bon Dieu!

ALEX
Elle doit être sur le point d'accoucher!

LE POLITICIEN
Sortant une cigarette d'une boîte en métal qu'il garde en main
C'est effrayant, je sais... C'était absolument nécessaire, l'arme à feu?

ALEX
C'est important. Le navire est allemand, monsieur.

LE POLITICIEN
Allumant la cigarette
Je comprends, mais la guerre est finie... L'habit de soldat, c'est

pour les photos. Et puis, il faut bien qu'elle vous reconnaisse.

ALEX

Je me souviens à peine de son visage !

LE POLITICIEN

Ce sera celle avec le gros ventre.

ALEX

Mon Dieu, qu'est-ce que j'ai fait ? Un enfant, moi ? Je ne saurai pas quoi lui dire, je ne connais pas de belles histoires à raconter.

LE POLITICIEN

Pointant au loin

Elles sont toutes à marier ces jolies petites dames ? Quel gaspillage !

Il tend la boîte de cigarettes à Alex

Vous fumez ?

Un temps

Regardez Alex, sur le pont du bateau ! C'est celle qui se tient là. Celle qui regarde dans notre direction !

ALEX

Effrayé

Elle me voit. Bordel ! Son regard ! Elle me déteste, j'en suis sûr. Elle m'en veut !

LE POLITICIEN

Bien sûr, vous l'avez engrossée ! Ne craignez rien, ça passera : vous êtes l'homme.

ALEX

Parce que je suis l'homme ?

LE POLITICIEN

Distrait

Enfin, elle finira bien par accoucher, ne perdez pas confiance. Elle arrive ! Reprenez-vous, les photographes approchent.

Il sourit démesurément

N'oubliez pas, l'État est avec vous.

ALEX

Comme sur le champ de bataille...

Le bruit d'une foule agitée envahit soudainement le quai. Le politicien sourit toujours et dispense des saluts à la presse. Frauke arrive, elle a un ventre énorme. Elle semble fatiguée, abattue, effrayée. Elle observe Alex. Le politicien accueille Frauke à bras ouverts ; Alex reste en retrait. Les flashs des photographes les aveuglent. Le politicien se tourne vers Alex et l'invite à la prendre dans ses bras. Hésitant, il s'exécute. Une autre vague de flashs s'abat sur le couple. Le politicien lève le bras et les bruits de foule se taisent.

    Le politicien

Chers amis, c'est un grand jour ! Qui aurait cru d'abord qu'il serait possible de réparer les nombreux dégâts causés par la guerre ? Regardez ceux qui choisissent de s'aimer.

Il présente Alex et Frauke à la foule

Combien d'entre nous seraient portés à les juger ? Moi, ainsi que tous les membres du Parti, avons senti l'urgence de nous prononcer sur ce malentendu. Il est important de faire aujourd'hui des gestes dont nos enfants pourront jouir dans le futur. Ainsi, je rappelle fièrement le slogan de notre Parti : « Des actions aujourd'hui ! »

Il se tourne vers Frauke et lui remet un macaron du Parti.

Bienvenue !

Un concert d'applaudissements vient accompagner ses paroles. Il l'arrête d'un geste de la main.

Bienvenue au Canada, Frauke ! Vous avez l'honneur en ce jour de devenir citoyenne canadienne ! Dites quelques mots... comment vous sentez-vous ?

Frauke sent bien qu'on attend quelque chose d'elle, elle se tourne vers Alex, ne sachant que faire.

    Alex

Elle est timide, elle ne parle pas français...

    Le politicien

Eh bien... votre mari vous l'apprendra ! En attendant, je tiens à vous offrir cette boîte de cigarettes, des Cigales ! Elles ont un goût magnifique et vous donnent un tel style!... Comme vous le savez, les cigarettes Cigales commanditent ma campagne, et se sentent concernées par ce qui arrive. La compagnie tenait à vous les offrir...

Montrant les cigarettes, il clame leur slogan
«À déguster entre amoureux.» Une photo!

Alex et le politicien s'allument une cigarette et en offrent une à Frauke, qui s'étouffe dès la première bouffée au moment où la photo est prise. Tout fige soudainement autour d'elle, elle continue de s'étouffer sous un halo de lumière qui s'éteint lentement. Noir.

L'intimité, 2003, p. 11-14.

BRIGITTE HARRISON

 Née à Montréal le 23 juillet 1968, Brigitte Harrison obtient son baccalauréat du Département d'art dramatique de l'Université de Moncton (1991). Tout en pratiquant son métier de comédienne, elle travaille dans le service à la clientèle d'établissements hôteliers en Acadie et en Gaspésie, résidant tour à tour dans ces deux régions.

L'écran du monde (2005, prix Antonine-Maillet/Acadie Vie), brosse un sombre portrait de notre société, que ce soit la vision que l'on nous offre d'elle à travers le prisme des médias (plus spécifiquement la télévision) ou encore celle de la poète. Dans *Le cirque solitaire* (2007), le rapport avec le monde passe par sa relation à l'autre, en particulier celle avec l'être aimé dont l'ombre plane sur une partie des textes. Il se dégage de la lecture une vision de l'humanité qui, pour être pessimiste, n'en est pas pour autant désespérée. Faire face à la réalité — et c'est ce que Harrison propose — est indispensable, nécessaire, si on veut que naisse l'espoir.

❖

Canal 100% World Beat

Pouvoir parler un peu
toutes les langues du monde
afin de réconforter les exilés
en terre étrangère
qui ne reconnaissent plus la chaleur
de mots fraternels
que dans une version déracinée

L'écran du monde, 2005. p. 9-11.

Canal 003. PAI (programme d'affaire internationale)

Conversation sur la conversion

religiosité, eh oui, rituel
toi moi, non
ma mère, mon père oui
d'autres religionnaires aussi
et toi, moi, non
et l'autre non plus
moi, je pratique
la guerre religieuse

est-ce que ça compte
sûrement oui
au centre, on compte
à l'est, on recompte
à l'ouest, on fait le décompte
au sud, on compte à rebours
ailleurs, rien à compter

rien à raconter

L'écran du monde, 2005, p. 83-86.

Esclave

Nous avons courbé la tête
Et entré nos pieds dans la terre
Ils ont rasé nos cerveaux

Coupez nos vivres

Les corps amaigris
Les jambes écartées
Traités comme du bétail

Le troupeau avance et l'esclave
Dans ses chaînes
Prie son bourreau
De lui délier les poings

Afin de mourir libre

Le cercle solitaire, 2007, p. 54.

Peur

Se tordre les boyaux de douleur
Hurler comme un loup
Terrassé par le rejet
Le bonheur fuyant

Peur de courir vers d'autres tourments
Confondre des mièvreries
Consentir aux sentiments réglés
À l'heure du méridien zéro

Vivre dans la sainte parole
Du devoir communautaire

Peur de perdre la faculté
De choisir douleur ou volupté
Pour construire une cathédrale
De dévotions exemplaires

Peur du vice et de la vertu
Qui se retournent à l'envers

Peur de bouger un cœur
Pour caresser la douceur
D'un heureux lendemain
Et
Perdre à tout jamais la mémoire
Le gagne-pain de l'humanité
Dans sa longue quête d'éternité

Le cercle solitaire, 2007, p. 62-63.

GEORGETTE LEBLANC

 Georgette LeBlanc est née le 27 avril 1977 à Chicaben, dans la région de la Baie Sainte-Marie (Nouvelle-Écosse). Elle obtient de l'Université Sainte-Anne (Baie Sainte-Marie) une maîtrise consacrée à l'évolution de la musique, suivie d'un doctorat en études francophones de l'Université de la Louisiane à Lafayette. Elle est professeure à l'Université Sainte-Anne depuis 2007.

Alma (2006, prix Antonine-Maillet/Acadie Vie) est à la fois un recueil de poèmes et un récit : Alma s'y raconte, sans fard, sans romantisme ; elle se confie bien simplement à ce qui pourrait être son journal intime : ce sont tantôt de petites scènes de la vie quotidienne, des retours sur des événements marquants, de courtes réflexions sur le sens de la vie, de l'amour, de la vie à deux. L'ensemble est présenté dans une langue fidèle au parler de sa région, qu'elle a su traduire poétiquement.

⁘

Les noces d'enfants

le bébé Jésus voit ma belle robe blanche du ciel
il voit mes mains jointes
il voit comment ce qu'ej me tiens droite
dans mes petits souliers
il voit mon sourire pis cti-là de ma mère
pis cti-là de ma grand-mère
pis il sait que chus une bonne petite fille
il voit qu'ej veux point lui faire de la peine
pis qu'ej fais de mon mieux pour faire comme lui

mais il peut-ti voir la sueur dans mes paumes
il peut-ti voir mes pieds dessous le banc d'église
qui faisont des patrons dans l'air
il peut-ti voir de-quoi dans mon cœur et ma peau
qui veut s'assire à côté de Pierrot
il peut-ti voir que dans ma tête
c'est point lui qu'ej marie
c'est Pierrot

Alma, 2006, p. 17.

La compernure

j'étais la première de ma classe cte semaine
j'ai appris toutes mes leçons par cœur

ma sœur a de la misère à lire
mais moi ej trouve ça comme une *game*

j'essaie d'i expliquer :
c'est comme des roches dans la rivière
tu fais rinque de suivre la phrase comme tu suis les roches
tout le temps un différent patron mais ça finit par faire de la
suite

faut rinque faire confiance aux mots
comme qu'on fait confiance aux roches

elle est point sûre de mes histoires

j'ai braqué à écrire des histoires
ej sais point trop ça qu'elles voulont dire encore
mais j'aime de voir mes mains grouiller sur la page
comme si mon corps et ma tête et mes mains
étiont tous manière de la même personne

Mame dit qu'ej chus peut-être une miette folle
mais elle le dit en *smilant*
Pape me dit qu'ej manque de compernure
pis que bien vite il faudra que j'apprenne la vie du monde
il me dit ça point tout à fait enragé ni d'une grosse voix
il me le dit manière
comme j'ai entendu les hommes de la *shop* parler
quand ce qu'un homme mourt

tu peux point tout le temps avoir ça que tu veux, Alma

Alma, 2006, p. 42.

Pissenlits

Pierrot veut qu'on se débarrasse des pissenlits
pour planter des roses et des tulipes
il dit que des fleurs ça parle
et que des pissenlits tout ce que ça dit
c'est qu'ej sons esclaves

moi ej comprends point comment ce qu'une fleur
une fleur sauvage qui fait ça qu'elle veut
peut être esclave

ça me ressemble que les pauvres tulipes et les roses
sont plus amarrées que les pissenlits

si j'avais le choix moi
ej serais un pissenlit avant d'être une rose
ej pourrais courir partout

mais c'est la quantité
qu'il dit
c'est qu'il y en a partout pis après un élan
on sait pus comment dire la différence l'une de l'autre
celle-là qui nous appartient

c'est ça qui compte itou
la rareté
pour Pierrot ça veut dire de-quoi
quand ce qu'il parle des fleurs

mais moi ej regarde mon ventre monter et gonfler
comme un petit monde chaque année
ça fait dix ans asteure que ça se passe comme ça
saison après saison
un enfant après l'autre

Pierrot sème sa graine
dans la nuit
comme mené par un vent fou
il me grimpe les mollets et me mord l'échine
dans la nuit il oublie ses idées
de roses et de tulipes
de rareté

Alma, 2006, p. 72-73.

MARCEL-ROMAIN THÉRIAULT

Marcel-Romain Thériault est né le 4 octobre 1958 à Bertrand (Nouveau-Brunswick). Alors qu'il est au secondaire, il joue dans *Cérémonie* (1974), première pièce des Productions de l'Étoile qui deviendront l'année suivante le Théâtre populaire d'Acadie. Il entreprend des études en littérature et linguistique (1976-1979), puis se réoriente en art dramatique, obtenant son baccalauréat de l'Université de Moncton (1983). Il fait ensuite une année en mise en scène à l'École nationale de théâtre de Montréal (1985-1986).

Il joue dans plusieurs productions du Théâtre populaire d'Acadie, y signe quelques mises en scène (dont celle de *Zélika à Cochon Vert*, 1986). Il s'installe à Montréal en 1988, où il travaille dans le domaine théâtral et en scénarisation tout en enseignant de temps à autres comme chargé de cours au Département d'art dramatique de l'Université de Moncton (2000-2003) ou en donnant des cours particuliers. En 2006, il obtient une maîtrise en théâtre de l'École supérieure de théâtre de l'Université du Québec à Montréal.

Il écrit sa première pièce dans le cadre de ses études à l'université (*J'avais dix ans*, 1983), pièce dont la seconde version a été créée par le Théâtre populaire d'Acadie (*Le pont rouge,* 1987). C'est cependant avec *Le filet* (2007) qu'il s'affirme comme auteur dramatique. Créée par le TPA, la pièce s'inspire de la révolte des crabiers à Shippagan en 2003. Construite comme un huis clos, elle met en scène le conflit entre les trois membres d'une famille propriétaire de crabier : Anthime, le propriétaire, Léo, son second fils, et Étienne, son petit-fils et héritier du crabier puisqu'il est le fils de feu le premier garçon d'Anthime. Le texte expose de nombreux enjeux reliés à l'avenir de la Péninsule acadienne en particulier, et des milieux ruraux en général.

En 2008, le TPA crée *Disponibles en librairie,* qui explore la naissance de l'amour chez deux êtres affectivement blessés et au mitan de leur vie.

Marcel Romain Thériault a reçu en 2009 le prix du Lieutenant-gouverneur du Nouveau-Brunswick pour l'excellence en théâtre.

Le filet. Scène 4

Même lieu. Léo dépose les lampions sur la table.
Anthime les dispose et sort un briquet.

     ANTHIME
En allumant un lampion
Venez icitte autour de la table. Comme de coutume, on va commencer par la prière à nos morts. Sans eux autres, on serait rien aujourd'hui.

Un temps. Il fait le signe de la croix, imité par Léo.
Étienne s'abstient.
En se forçant pour bien s'exprimer.
Au nom du Père et du Fils et du Saint-Esprit, amen. Dans toute l'histoire de par chez nous, un pêcheu' a jamais été rien sans sa femme. Rita, ma petite p'lure, je te suis reconnaissant pour toutte c'que t'as fait' pour moi. Rita, t'étais la meilleure des femmes. Laisse pas le temps qui passe effriter la

souvenance que j'ai de toi. Y a assez du cap qui s'effrite. Mais fais-toi-z-en pas, je laisserai pas la mer gagner sur toi. Pour changer ta tombe de place, tu vas être contente, Léo pis Étienne vont m'aider. Pis, d'où-ce que t'es, en haut, prends ben garde au Stella Maria II. Prends garde à Léo, pis à Étienne aussi. Pis à moi. Parce que moi, sans toi,...

Il s'arrête, au bord des sanglots. Un temps.

À toi, Léo. Après, ça sera ton tour, Étienne.

ÉTIENNE

Moi? Mais...

Anthime, d'un geste, fait taire Étienne.

ANTHIME

Dit que'que chose, Léo.

LÉO

Emma... Emma, ça fait longtemps que ... Depuis que t'es partie... Je... J'ai...

ANTHIME

Continue. C'est la seule façon de te sortir c'te poison-là du corps.

LÉO

Si ces salauds-là avaient pas barré le chemin, Emma, tu serais pas morte.

ÉTIENNE

D'un ton las

Bon! Ça recommence.

LÉO

C'est de leu' faute!

ÉTIENNE

C'était pas de leur faute.

LÉO

Ils ont barré le chemin.

ÉTIENNE

À quoi vous vous attendiez, merde? Vous avez allumé des feux partout, ça a attiré tout le monde — ça a bloqué, certain! Y avait comme trois cent cinquante personnes pis rien qu'un chemin.

LÉO

Maudits senteu' de marde! Ils ont empêché l'ambulance de passer.

ÉTIENNE

Come on! Si vous voulez absolument un coupable, regardez-vous donc dans le miroir! Si vous aviez accepté de négocier quand c'était le temps, si vous étiez partis en mer au lieu d'aller foutre le bordel au quai, y en n'aurait pas eu d'émeute — pis l'ambulance aurait pu passer.

ANTHIME
En même temps que Léo
Étienne, surveille tes paroles.

LÉO
En même temps qu'Anthime
Parle pas de c'que tu connais pas!

ÉTIENNE

Pis là, woop, ça recommence — ou plutôt ça continue. On attend quoi, que le monde s'entretue? Mais merde! Les autres pêcheurs demandent pourtant pas grand-chose, les travailleurs d'usine non plus!

LÉO

C'est déjà trop.

ANTHIME

Étienne, trompe-toi pas. Je t'ai fait revenir pour nous aider, nous autres.

ÉTIENNE

C'est ça que je fais. Qu'est-ce qu'ils demandent, les autres pêcheurs, comme 5% des quotas? Donnez-leur, pis on n'en parlera plus.

LÉO

Jamais!

ÉTIENNE
Tant qu'à y être, organisez-vous donc pour que la saison dure
une semaine de plus, ou deux –

ANTHIME
Des dépenses inutiles.

ÉTIENNE
Autre chose : arrivez donc pas aux quais tous les crabiers en
même temps. Les usines rouleraient une couple de semaines
de plus. Les travailleurs pourraient ramasser les timbres de
chômage qu'ils ont besoin.

LÉO
Je gaspillerai pas du gaz pour du monde qui nous chie sur la
tête.

ANTHIME
Étienne, suis-moi ben : le crabe, il est à nous autres. J'ai eu
mon permis en '69. On a travaillé comme des forçats.

ÉTIENNE
C'est le gouvernement qui vous a tout donné, tout cuit dans
le bec : les permis, les bateaux, les agrès pis les quotas !

ANTHIME
Pas les quotas, Étienne. Non, non, non, non. Les quotas, ça,
on a fait ça entre nous autres.

LÉO
*Pendant que Léo parle, Étienne tente de l'interrompre à chaque
phrase.*
Une chance, parce qu'on n'aurait pus de crabe, pareil comme
la gang d'imbéciles qu'a pus de morue depuis dix ans. Pis si
on continue pas à watcher nos affaires, c'est ça qui va arriver.
Les maudits fonctionnaires à marde jouent dans NOS quotas,
ils en donnent à n'importe qui ! À du monde qu'ont jamais
pêché le crabe de leu' vie ! Même aux Indiens, chrisse, ça a
jamais sorti du bois, ça ! Ils nous prennent c'qui nous
appartient ! Faut se défendre.

ÉTIENNE
La solution est politique.

LÉO

Ça fait 30 ans que ça placote dans les conférences pis les colloques, pis que ça mange des crevettes cocktails pis que ça boit du vin.

ÉTIENNE

Il faut que vous discutiez avec tout le monde — commencez donc avec ceux qui manifestent aujourd'hui.

LÉO

Ils ont tué Emma!

ÉTIENNE

Ma tante serait morte anyway. Le docteur l'a dit!

LÉO

C'te docteur-là savait à moitié pas de quoi-ce qu'il parlait. Un Nèg' qu'a trouvé son diplôme dans un paquet de bubble gum!

ÉTIENNE

En s'emportant

Ah, ah, aah, aaah, aaaah!! C'est du racisme primaire, ça!

LÉO

Il savait pas quoi faire! C'est-tu assez primitif pour toi, ça!?

ANTHIME

C't assez! On arrête ça là!

À Étienne:

Léo a dit c'qu'il avait à dire. C'est à ça que ça sert c'tte cérémonie-icitte: à sortir le méchant. C'est jamais beau, du vomi, ça pue. Mais un coup que c'est sorti, c'est sorti. Après, tu feel mieux. Hein Léo? Pis, icitte... icitte, ça reste entre nous autres. À ton tour Étienne.

ÉTIENNE

Quoi?

ANTHIME

Allume le lampion de ton père pis de ta mère.

ÉTIENNE

Merci, mais...

Léo

Ton grand-père t'a demandé ben poliment d'allumer le lampion de tes parents.

Étienne

Regardez : j'ai jamais connu maman ; pis à papa, je lui ai tout dit ce que je voulais lui dire.

Léo

Force-moi pas à te forcer à le faire...

Étienne

Vous connaissant, ça vous forcerait pas tant que ça.

Anthime

Bon, bon, bon ! Fermez-vous le clapet, tous les deux. Je vais penser à eux autres, moi.

Anthime allume le lampion destiné aux parents d'Étienne, puis se recueille. Finalement, il souffle la chandelle.

Étienne

Bon, c'est fini ?

Il prend son sac.

Ça fait une semaine que j'ai pas pris de douche.

Anthime

En ramassant les chandelles

Va. On continuera après.

Léo

Faudrait que t'apprennes à pus te salir...

Étienne sort. Léo va fermer la porte qu'Étienne a laissée ouverte.

Le filet. Une tragédie maritime, 2009, p. 54-61.

BIBLIOGRAPHIE DES AUTEURES ET AUTEURS

Arsenault, Guy, *Acadie Rock*, poésie, Moncton, Éditions d'Acadie, 1973, 75 p. ; nouvelle édition, avec une préface d'Herménégilde Chiasson, une postface de Gérald Leblanc, Moncton/Trois-Rivières, Éditions Perce-Neige/Écrits des Forges, 1994, 99 p.

_____, *Jackpot de la pleine lune*, poésie, Moncton, Éditions Perce-Neige, 1997, 83 p.

_____, *Y'a toutes sortes de personnes*, poésie, Moncton, Michel Henry Éditeur, 1989, 64 p.

Arseneau, Marc, *À l'antenne des oracles*, poésie, Moncton, Éditions Perce-Neige, 1992, 58 p.

_____, *Avec l'idée de l'écho*, poésie, Moncton, Éditions Perce-Neige, 2002, 129 p.

_____, *L'éveil de Lodela*, poésie, Moncton, Éditions Perce-Neige, 1998, 72 p.

Babineau, Jean, *Bloupe*, roman, Moncton, Éditions Perce-Neige, 1993, 200 p.

_____, *Gîte*, roman, Moncton, Éditions Perce-Neige, 1998, 124 p.

_____, *Tangentes*, théâtre, inédit, production théâtre l'Escaouette, 2007.

_____, *Vortex*, roman, Moncton, Éditions Perce-Neige, 2003, 227 p., prix Antonine-Maillet/Acadie Vie.

Bossé, Paul, *Averses*, poésie, Moncton, Éditions Perce-Neige, 2004, 103 p.

_____, *Empreintes*, théâtre, inédit, production Collectif Moncton-Sable, 2002.

_____, *Linoléum*, théâtre, inédit, production Collectif Moncton-Sable, 2005.

_____, *Pellicule*, théâtre, inédit, production Collectif Moncton-Sable, 2009.

_____, *Saint-George/Robinson*, poésie, Moncton, Éditions Perce-Neige, 2007, 56 p.

_____, *Un cendrier plein d'ancêtres*, poésie, Moncton, Éditions Perce-Neige, 2001, 126 p.

Boudreau, Jules, *La bringue*, théâtre, voir Boudreau, Jules, *Théâtre* ; production Les Elouèzes, 1973 ; production Théâtre populaire d'Acadie, 1979.

_____, *Céleste*, théâtre, inédit, lecture publique à la Galerie d'art Couleurs d'Acadie, Caraquet, 1998.

_____, *Chroniques d'une île de la côte*, nouvelles, Moncton, Éditions d'Acadie, 1999, 125 p.

_____, *Cochu et le soleil*, théâtre, Moncton, Éditions d'Acadie, 1979, 84 p ; réédité dans Boudreau, Jules, *Théâtre* ; production Théâtre populaire d'Acadie, 1977.

_____, *Images de notre enfance*, théâtre, voir Boudreau, Jules, *Théâtre* ; production Théâtre populaire d'Acadie, 1985.

_____, *Louise et le soldat*, radiothéâtre, voir Boudreau, Jules, *Théâtre* ; production Radio-Canada, Moncton, 1985.

_____, *Mon théâtre : des techniques et des textes*, (réunissant 3 pièces : *L'agence Belœil Inc.*, *Mon prince charmant*, *La reine Horse*), théâtre, Moncton, Éditions d'Acadie, 1992, 143 p. ; *L'agence Belœil Inc.*, production Théâtre Les Élouèzes, 1973 ; *La reine Horse*, radiothéâtre, production Radio-Canada, Moncton, 1985.

_____, *Le mystère de la maison grise*, roman jeunesse, Montréal, Chenelière/McGraw-Hill, 2001, 119 p.

_____, *Poker électrique*, radiothéâtre, voir Boudreau, Jules, *Théâtre* ; production Radio-Canada, Moncton, 1989.

_____, *La reconstitution*, théâtre, inédit, production Village de Memramcook en collaboration avec le Village historique acadien, 2006.

_____, *Requiem pour Florian*, radiothéâtre, voir Boudreau, Jules, *Théâtre* ; production Radio-Canada, Moncton, 1997.

_____, *Théâtre*, théâtre, Tracadie-Sheila, Éditions La Grande Marée, 2008, 561 p. ; regroupe les pièces suivantes : *Cochu et le soleil*, *Louise et le soldat*, *La bringue*, *Poker électrique*, *Requiem pour Florian*, *Mon prince charmant*, *Des amis pas pareils*, *Images de notre enfance*.

_____, et Jeannine Boudreau Dugas, *Des amis pas pareils*, théâtre, voir Boudreau, Jules, *Théâtre* ; production Théâtre populaire d'Acadie, 1991.

_____, Bernard Dugas et Bertrand Dugas, *Les bessons*, théâtre, production Théâtre populaire d'Acadie, 1983.

_____, et Calixte Duguay, *La lambique*, théâtre, inédit, production Festival acadien de Caraquet, 1983.

_____ (texte), et Calixte Duguay (chansons), *Louis Mailloux*, comédie musicale, production Théâtre populaire d'Acadie, 1975 ; livret accompagnant le disque de la pièce, Saint-Bruno, Éditions du Kapociré, 1980, 16 p. ; nouvelle édition, Moncton, Éditions d'Acadie, 1994, 110 p.

Bourgeois, Georges, *L'e muet*, poésie, Moncton, Éditions d'Acadie, 1998, 70 p.

_____, *Les îles Fidji dans la baie de Cocagne*, poésie, Moncton, Éditions Perce-Neige, 1986, 50 p.

_____, *Les mots sauvages*, poésie, Moncton, Éditions d'Acadie, 1994, 84 p.

Bourgeois, Huguette, *L'enfant-fleur*, poésie, avec un avant-propos de Maurice Raymond, Moncton, Éditions d'Acadie, 1987, 68 p.; prix France-Acadie.

_____, *Espaces libres*, poésie, Moncton, Éditions d'Acadie, 1990, 84 p.

_____, *Les rumeurs de l'amour (1980-1983)*, poésie, Moncton, Éditions Perce-Neige, 1984, 55 p.

Bourget, Édith, *Autour de Gabrielle*, poésie, Saint-Lambert, Soulières éditeur, 2003, 62 p.; prix France-Acadie.

_____, *Lola et le fleuve*, roman, Moncton, Bouton d'or Acadie, coll. «Météore», 2009, 110 p.

_____, *Poèmes des villes et Poèmes des champs*, poésie jeunesse, Saint-Lambert, Soulières Éditeur, 2009, 104 p.

_____, *Le roi de la cour*, roman, Moncton, Bouton d'or Acadie, 2007, 63 p.

_____, *Les saisons d'Henri*, poésie, Saint-Lambert, Soulières éditeur, 2006, 70 p.

_____, *Un merle au royaume, Camille et Léo*, roman jeunesse, Montréal, Éditions du Phoenix, 2009, 52 p.

_____, *Une terre bascule*, poésie, Tracadie-Sheila, Éditions La Grande Marée, 1999, 191 p.

Brun, Christian, *L'évolution des contrastes*, poésie, Moncton, Éditions Perce-Neige, 2009, 118 p.

_____, *Hucher parmi les bombardes*, poésie, Moncton, Éditions Perce-Neige, 1998, 94 p.

_____, *Parade casaque*, poésie, Moncton, Éditions Perce-Neige, 2001, 88 p.

_____, *Tremplin*, poésie, Moncton, Éditions Perce-Neige, 1996, 66 p.

Chiasson, Herménégilde (collage et textes d'enchaînement), *À vrai dire*, théâtre, inédit, production théâtre l'Escaouette, 1995.

_____, *Actions*, poésie, avec des photographies de Raymonde April, Montréal, Éditions Trait d'union, coll. «Filigranes», 2000, 138 p.

_____, *Aliénor*, théâtre, Moncton, Éditions d'Acadie, 1998, 104 p.; production théâtre l'Escaouette, 1997.

_____, *L'amer à boire*, théâtre, inédit, production Théâtre populaire d'Acadie, 1976.

_____, *Anecdotes et énigmes*, livre d'art, catalogue de l'exposition d'Art atlantique Marion McCain, Fredericton, Beaverbrook Art Gallery, 1994, 64 p.

_____, *Atarelle et les Pacmaniens*, théâtre jeunesse, Moncton, Michel Henry Éditeur, 1986, 58 p.; production théâtre l'Escaouette, 1983.

_____, *Au plus fort la poche*, théâtre, inédit, production Département d'art dramatique, Université de Moncton, 1977.

_____, *Baisse donc la radio*, inédit, production Radio-Canada, Moncton, 1982.

_____, *Béatitudes*, poésie, Sudbury, Éditions Prise de parole, 2007, 132 p. ; prix Champlain.

_____, *Becquer bobo*, théâtre, inédit, production Département d'art dramatique, Université de Moncton, 1975.

_____, *Brunante*, récits, Montréal, XYZ Éditeur, 2000, 129 p.

_____, *Cap Enragé*, théâtre jeunesse, inédit, production théâtre l'Escaouette, 1992.

_____, *Le Christ est apparu au Gun Club*, théâtre, avec une préface de David Lonergan, Sudbury, Éditions Prise de Parole, 2005, 105 p. ; production théâtre l'Escaouette, 2003.

_____, *Climats*, poésie, Moncton, Éditions d'Acadie, 1996, 127 p.

_____, *Cogne fou*, théâtre, inédit, production théâtre l'Escaouette, 1981.

_____, *Conversations*, poésie, Moncton, Éditions d'Acadie, 1998, 154 p. ; nouvelle édition, avec une préface de Pierre Nepveu, Sudbury, Éditions Prise de parole, coll. «BCF», 2006, 181 p. ; prix du Gouverneur général.

_____, *Dans la chaleur de l'amitié*, nouvelles jeunesse, Moncton, Éditions Karo, 2008, 61 p.

_____, *Des nouvelles de Copenhague*, théâtre, inédit, production théâtre l'Escaouette, 2009.

_____, *Ed(d)ie*, théâtre, inédit, production les Productions Océan, 1989.

_____, *Émergences*, poésie, réédition de *Mourir à Scoudouc* et de *Rapport sur l'état de mes illusions*, avec une préface de Raoul Boudreau, Ottawa, Éditions L'Interligne, coll. «BCF», 2003, 113 p.

_____, *Évangéline mythe ou réalité*, théâtre, inédit, production théâtre l'Escaouette, 1982.

_____, *L'exil d'Alexa*, théâtre, Moncton, Éditions Perce-Neige, 1993, 80 p. ; production théâtre l'Escaouette, 1993.

_____, *Existences*, poésie, avec des dessins originaux de l'auteur, Moncton/Trois-Rivières, Éditions Perce-Neige/Écrits des Forges, 1991, 65 p.

_____, *La grande séance*, théâtre, inédit, production théâtre l'Escaouette, 2004.

_____, *Histoire en histoire*, théâtre, inédit, production théâtre l'Escaouette, 1980.

_____, *L'homme qui rêvait d'habiter le silence*, radiothéâtre, inédit, production Radio-Canada, Moncton, 1986.

_____, *Laurie ou la vie de galerie*, théâtre, Sudbury/Tracadie-Sheila, Éditions Prise de Parole/Éditions La Grande Marée, 2002, 120 p. ; production théâtre l'Escaouette et Théâtre populaire d'Acadie, 1998.

_____, *Légendes*, récits, avec des photographies de divers artistes, Québec, Éditions J'ai vu, 2000, 46 p.

_____, *Louisbourg de guerre et d'espoir*, radiothéâtre, inédit, production Radio-Canada, Moncton, 1996.

_____, *Le manège des anges*, théâtre jeunesse, inédit, production théâtre l'Escaouette, 1993.

_____, *Mine de Rien*, théâtre jeunesse, inédit, production théâtre l'Escaouette, 1980.

_____, *Miniatures*, poésie, avec des illustrations de l'auteur, Moncton, Éditions Perce-Neige, 1995, 125 p. ; prix de poésie des Terrasses Saint-Sulpice.

_____, *Mourir à Scoudouc*, poésie, Moncton, Éditions d'Acadie, 1974, 62 p. ; 2ᵉ édition, Moncton / Montréal, Éditions d'Acadie / L'Hexagone, 1979, 62 p. ; 3ᵉ édition,voir sous *Émergences*.

_____, *L'oiseau tatoué*, poésie, Montréal, La courte échelle, 2003, 39 p.

_____, *Parcours*, poésie, Moncton, Éditions Perce-Neige, 2005, 80 p.

_____, *Pierre, Hélène et Michael*, théâtre jeunesse, inédit, production théâtre l'Escaouette, 1990, avec la collaboration du Centre national des arts à Ottawa.

_____, *Pour une fois*, théâtre, inédit, production théâtre l'Escaouette et Théâtre populaire d'Acadie, 1999.

_____, *Prophéties*, poésie, avec des dessins originaux de l'auteur, Moncton, Michel Henry Éditeur, 1986, 77 p.

_____, *Rapport sur l'état de mes illusions*, avec des illustrations de l'auteur, poésie, Moncton, Éditions d'Acadie, 1976, 69 p. ; nouvelle édition voir sous *Émergences*.

_____, *Renaissances*, théâtre, inédit, production théâtre l'Escaouette, 1984.

_____, *Répertoire*, poésie, Trois-Rivières/Chaillé-sous-les-Ormeaux, Écrits des Forges/Le dé bleu, 2003, 133 p.

_____, *Solstices*, poésie, Sudbury, Éditions Prise de parole, 2009, 134 p.

_____, *Sorry, I Don't Speak French*, radiothéâtre, inédit, production Radio-Canada, Moncton, 1978.

_____, *Vermeer (toutes les photos du film)*, poésie, conception graphique et photos de l'auteur, Moncton/Trois-Rivières, Éditions Perce-Neige/Écrits des Forges, 1992, 104 p.

_____, *La vie est un rêve*, théâtre, inédit, production théâtre l'Escaouette, 1994.

_____, *La vie n'est pas une vallée de larmes*, pièce en un acte, dans le collectif *Et moi*, inédit, production Département d'art dramatique de l'Université de Moncton, 1999.

_____, *Vous*, poésie, avec des dessins originaux de l'auteur, Moncton, Éditions d'Acadie, 1991, 170 p. ; prix France-Acadie.

_____, *Y'a pas que des maringouins dans les campings*, théâtre, inédit, production théâtre l'Escaouette, 1986.

_____ et Patrick Condon Laurette, *Claude Roussel, sculpteur/Sculptor*, livre d'art, Moncton, Éditions d'Acadie, 1987, 108 p.

_____ et Louis-Dominique Lavigne, *Le cœur de la tempête*, théâtre jeunesse, Sudbury, Éditions Prise de parole, 2010, 104 p. ; production théâtre l'Escaouette et Théâtre de Quartier (Montréal), 2001.

_____ et Roger LeBlanc, *L'étoile de Mine de Rien*, théâtre jeunesse, inédit, production théâtre l'Escaouette, 1982.

_____ et Pierre Raphaël Pelletier, *Pour une culture de l'injure*, essai, Ottawa, Éditions du Nordir, 1999, 101 p.

_____ (en collectif), *L'amour fou*, théâtre jeunesse, inédit, production théâtre l'Escaouette, 1988.

Comeau, Fredric Gary, *Aubes*, poésie, Moncton, Éditions Perce-Neige, 2006, 80 p.

_____, *Fuites*, poésie, Trois-Rivières, Écrits des Forges, 2000, 65 p.

_____, *Intouchable*, poésie, Moncton, Éditions Perce-Neige, 1992, 88 p.

_____, *Naufrages*, poésie, Moncton, Éditions Perce-Neige, 2005, 81 p.

_____, *Oleajes. Vagues*, poésie, Trois-Rivières/Mexico, Écrits des Forges/Mantis editores, 2004, 113 p. ; édition bilingue français-espagnol.

_____, *Ravages*, poésies, Moncton/Trois-Rivières, Éditions Perce-Neige/Écrits des Forges, 1994, 70 p.

_____, *Routes*, poésie, Trois-Rivières, Écrits des Forges, 1997, 57 p.

_____, *Stratagèmes de mon impatience*, poésie, Moncton, Éditions Perce-Neige, 1991, 86 p.

_____, *Trajets*, poésie, Moncton, Éditions Perce-Neige, 1996, 57 p.

_____, *Une saison d'ivresse*, radiothéâtre, inédit, production Radio-Canada, Moncton, 1997.

_____, *Vérités*, poésie, Moncton, Éditions Perce-Neige, 2008, 103 p.

Comeau, Germaine, *L'été aux puits secs*, roman, Moncton, Éditions d'Acadie, 1983, 176 p. ; nouvelle édition revue et corrigée, Moncton, Éditions Perce-Neige, 2007, 162 p. ; prix France-Acadie.

_____, *Gisèle, Marie-Anne et les autres*, théâtre, inédit, production communautaire, Baie Sainte-Marie, 1980.

_____, *Loin de France*, roman jeunesse, Moncton, Éditions d'Acadie, 1997, 216 p.

_____, *Le nom qui m'est resté*, radiothéâtre, inédit, production Radio-Canada, Moncton, 1989.

_____, *Les pêcheurs déportés*, théâtre, Yarmouth, Imprimerie Lescarbot ltée, 1974, 32 p. ; production Théâtre amateur de Moncton, 1976.

_____, *Le retour de Jérôme*, théâtre, inédit, production communautaire, Baie Sainte-Marie, 1976.

_____, *Laville*, roman, Moncton, Éditions Perce-Neige, 2008, 273 p. ; prix littéraire Antonine-Maillet/Acadie Vie.

_____ (dir.), *Courir la mer : Visages de l'Acadie contemporaine*, essai, Lévis (Québec), Éditions de la Francophonie, 2004, 136 p.

_____ et Danielle Marchand, *Brumes*, radiothéâtre, inédit, production Radio-Canada, Moncton, 1996.

Cormier, Éric, *À vif tel un circoncis*, poésie, Moncton, Éditions Perce-Neige, 1997, 131 p.

_____, *Coda*, poésie, Moncton, Éditions Perce-Neige, 2003, 143 p.

_____, *Le flirt de l'anarchiste*, poésie, Moncton, Éditions Perce-Neige, 2000, 72 p.

_____, *L'hymne à l'apocalypse*, poésie, Moncton, Éditions Perce-Neige, 2001, 96 p.

Couturier, Gracia, *Les ans volés*, théâtre jeunesse, Moncton, Michel Henry Éditeur, 1988, 76 p.; production Département d'art dramatique, Université de Moncton, 1986.

_____, *L'antichambre*, roman, Moncton, Éditions d'Acadie, 1997, 136 p.

_____, *La couche aux fesses*, théâtre, inédit, production Théâtre de Saisons, Shippagan, 1981.

_____, *Enfantômes suroulettes*, théâtre jeunesse, Moncton, Michel Henry Éditeur, 1989, 56 p.; production théâtre l'Escaouette, 1989.

_____, *Les enfants, taisez-vous!*, théâtre, inédit, production Théâtre de Saisons, Shippagan, 1983.

_____, *Et le filet n'est pas percé*, théâtre, inédit, production Théâtre de Saisons, Shippagan, 1982.

_____, *Le gros Ti-gars*, théâtre jeunesse, Moncton, Michel Henry Éditeur, 1986, 54 p.; production théâtre l'Escaouette, 1986.

_____, *Je regardais Rebecca*, roman, Moncton, Éditions d'Acadie, 1999, 284 p.

_____, *Mon mari est un ange*, théâtre, Moncton, Michel Henry Éditeur, 1988, 48 p.; production indépendante, 1987; téléthéâtre, Radio-Canada, Moncton, 1988.

_____, *Les ordinatrices*, théâtre, inédit, production Théâtre de Saisons, Shippagan, 1984.

_____, *Le prisonnier*, radiothéâtre, inédit, production Radio-Canada, Moncton, 1996.

_____, *Tu te fais mal pour rien*, pièce en un acte dans le collectif *Et moi*, inédit, production Département d'art dramatique de l'Université de Moncton, 1999.

_____, *Un tintamarre dans ma tête*, roman jeunesse, Montréal, Chenelière/ McGraw-Hill, 2003, 73 p.

_____, *Le vœu en vaut-il la chandelle*, roman jeunesse, Montréal, Chenelière/ McGraw-Hill, 2003, 89 p.

_____ (texte) et Denise Bourgeois (illustrations), *La Chandeleur de Robert*, album jeunesse, Montréal, Chenelière/McGraw-Hill, 2002, 24 p.

_____ (texte) et Suzanne Dionne-Coster (illustrations), *Élise à Louisbourg*, album jeunesse, Montréal, Chenelière/McGraw-Hill, 2002, 24 p.

Daigle, France, *1953 : chronique d'une naissance annoncée*, roman, Moncton, Éditions d'Acadie, 1995, 166 p.

_____, *La beauté de l'affaire, fiction autobiographique à plusieurs voix sur son rapport tortueux au langage*, Moncton/Montréal, Éditions d'Acadie/ Nouvelle barre du jour, 1991, 58 p.

_____, *Bric-à-brac*, théâtre, inédit, production Collectif Moncton-Sable, 2001.

_____, *Craie*, théâtre, inédit, production Collectif Moncton-Sable, 1999.

_____, *Film d'amour et de dépendance, chef-d'œuvre obscur*, roman, Moncton, Éditions d'Acadie, 1984, 120 p.

_____, *Histoire de la maison qui brûle, vaguement suivi d'un dernier regard sur la maison qui brûle*, roman, Moncton, Éditions d'Acadie, 1985, 108 p.

_____, *Moncton sable*, théâtre, production Collectif Moncton-Sable, 1997.

_____, *Le musée du nouvel âge*, pièce en un acte dans le collectif *Et moi*, inédit, production Département d'art dramatique de l'Université de Moncton, 1999.

_____, *Pas pire*, roman, Moncton, Éditions d'Acadie, 1998, 169 p. ; nouvelle édition, Montréal, Éditions du Boréal, coll. Boréal compact, 2002, 210 p. ; prix Éloizes, prix France-Acadie, prix Antonine-Maillet/ Acadie Vie.

_____, *Petites difficultés d'existence*, roman, Montréal, Éditions du Boréal, 2002, 188 p.

_____, *Sans jamais parler du vent, roman de crainte et d'espoir que la mort arrive à temps*, roman, Moncton, Éditions d'Acadie, 1983, 141 p. ; adaptation théâtrale, production Collectif Moncton-Sable, 2004.

_____, *Un fin passage*, roman, Montréal, Éditions du Boréal, 2001, 130 p. ; prix Éloizes.

_____, *Variations en B et K, plans, devis et contrat pour l'infrastructure d'un pont*, roman, Montréal, Nouvelle barre du jour, 1985, 44 p.

_____, *La vraie vie*, roman, Moncton/Montréal, Éditions d'Acadie/ L'Hexagone, 1993, 72 p.

_____ et Hélène Harbec, *L'été avant la mort*, poésie, Montréal, Éditions du remue-ménage, 1986, 77 p.

Després, Ronald, *À force de mystère. Œuvre poétique 1958-1974*, poésie, Moncton, Éditions Perce-Neige, 2009, 211 p. ; comprend les œuvres suivantes : *Silences à nourrir de sang* (1958), *Les cloisons en vertige* (1962), *Le balcon des dieux inachevés* (1968) ainsi que les derniers poèmes (1972, 1974).

_____, *Le balcon des dieux inachevés*, poésie, Québec, Éditions Garneau, 1968, 62 p. ; voir *À force de mystère*, nouvelle édition.

_____, *Les cloisons en vertige*, poésie, Montréal, Beauchemin, 1962, 94 p. ; voir *À force de mystère*, nouvelle édition.

_____, *Paysages en contrebande... à la frontière du songe*, choix de poèmes tiré des trois recueils publiés : *Silences à nourrir de sang* ; *Les cloisons en vertige* ; *Le balcon des dieux inachevés*, suivi de trois inédits et d'une étude de Laurent Lavoie, avec des illustrations d'Herménégilde Chiasson, Moncton, Éditions d'Acadie, 1974, 140 p.

_____, *Le scalpel ininterrompu*, sotie, Montréal, Éditions À la page, 1962, 137 p. ; nouvelle édition, avec une présentation de Maurice Raymond, Moncton, Éditions Perce-Neige, coll. «Mémoire», 2002, 172 p.

_____, *Silences à nourrir de sang*, poésie, Montréal, Éditions d'Orphée, 1958, 105 p. ; voir *À force de mystère*, nouvelle édition.

Després, Rose, *Fièvre de nos mains*, poésie, avec des dessins de Louise Després-Jones, Moncton, Éditions Perce-Neige, 1982, 60 p.

_____, *Gymnastique pour un soir d'anguilles*, poésie, Moncton, Éditions Perce-Neige, 1996, 46 p.

_____, *Requiem en saule pleureur*, poésie, Moncton, Éditions d'Acadie, 1986, 52 p.

_____, *Si longtemps déjà*, poésie, Sudbury, Éditions Prise de parole, 2009, 61 p. ; prix Éloizes.

_____, *La vie prodigieuse*, poésie, Moncton, Éditions Perce-Neige, 2000, 119 p. ; prix Antonine-Maillet/Acadie Vie.

_____ et Henri-Dominique Paratte, (coord.), *Poésie acadienne contemporaine/ Acadian Poetry Now*, anthologie, Moncton, Éditions Perce-Neige, 1985, 235 p.

Dugas, Daniel, *Les bibelots de tungstène*, poésie, Moncton, Michel Henry Éditeur, 1989, 64 p.

_____, *Le bruit des choses*, poésie, Moncton, Éditions Perce-Neige, 1995, 158 p.

_____, *L'hara-kiri de Santa-Gougouna*, poésie, Moncton, Éditions Perce-Neige, 1983, 55 p.

_____, *La limite élastique*, poésie, Moncton, Éditions Perce-Neige, 1998, 94 p.

_____, *Même un détour serait correct*, poésie, Sudbury, Éditions Prise de parole, 2006, 80 p.

Enguehard, Françoise, *L'archipel du docteur Thomas*, Sudbury, Éditions Prise de parole, 2009, 206 p. ; prix des Lecteurs de Radio-Canada.

_____, *Les litanies de l'Île-aux-Chiens*, roman, Moncton, Éditions d'Acadie, 1999, 352 p. ; nouvelle édition, Sudbury, Éditions Prise de parole, 2006 ; prix Henri Quéffelec.

_____, *Le pilote du Roy*, roman jeunesse, Moncton, Bouton d'or Acadie, coll. «Météore», 2007, 87 p.

_____ et René Enguehard, *Les petits plats dans les grands : l'art de la table à Saint-Pierre et Miquelon*, livre de recettes, Saint-Pierre et Miquelon, Éditions JJO, 1991 : nouvelle édition, Lévis (Québec, Éditions de la Francophonie, 2004.

_____ (texte), Denise Paquette (illustrations), *Le trésor d'Elvis Bozec*, roman (jeunesse), Moncton, Bouton d'or Acadie, coll. «Météore», 2002, 107 p.

Forest, Léonard, *Comme en Florence*, poésie, avec des dessins de François-X. Chamberland, Moncton, Éditions d'Acadie, 1979, 108 p. ; nouvelle édition, voir *Le pommier d'août*; prix France-Acadie.

_____, *La jointure du temps*, essais, avec une préface d'Anne-Marie Robichaud, Moncton, Éditions Perce-Neige, 1997, 97 p. ; prix Champlain.

_____, *Le pommier d'août*, poésie, avec une préface de Gabrielle Poulin, nouvelle édition de *Saisons antérieures* et de *Comme en Florence* auxquels s'ajoutent des poèmes inédits, Moncton, Éditions Perce-Neige, 2001, 237 p.

_____, *Saisons antérieures*, poésie, avec des dessins de François-X. Chamberland, Moncton, Éditions d'Acadie, 1973, 105 p. ; nouvelle édition, voir *Le pommier d'août*.

_____ (texte) et Jocelyne Doiron (illustrations), *Les trois pianos*, conte, Moncton, Bouton d'or Acadie, 2003, 35 p.

_____ (texte) et Anne-Marie Sirois (illustrations), *Ni queue ni tête*, conte, Moncton, Bouton d'or Acadie, coll. « Lune montante », 2003, 38 p.

Gallant, Melvin (texte et photos), *Caprice à la campagne*, album jeunesse, Moncton, Éditions d'Acadie, 1982, 16 p.

_____ (texte et photos), *Caprice en hiver*, album jeunesse, Moncton, Éditions d'Acadie, 1984, 16 p.

_____ (texte et photos), *Le chant des grenouilles*, roman, Moncton, Éditions d'Acadie, 1982, 158 p. ; prix France-Acadie.

_____, *Le complexe d'Évangéline*, roman, Lévis (Québec), Éditions de la Francophonie, 2001, 241 p.

_____ (introduction et notes), *Dièreville : voyage à l'Acadie, 1699-1700*, essai, Moncton, Éditions d'Acadie/Société historique acadienne, 1985, 174 p.

_____ (textes et photos), *L'été insulaire*, poésie, Moncton, Éditions d'Acadie, 1982, 64 p.

_____, *Initiation à la dissertation*, Moncton, Librairie acadienne, 1965, 48 p.

_____ (dir.), *Les Maritimes : trois provinces à découvrir*, Moncton, Éditions d'Acadie, 1987, 420 p.

_____, *Mer et littérature*, actes du colloque international sur « La mer dans les littératures d'expression française du XXe siècle », Moncton, les 22-23-24 août 1991, Moncton, Éditions d'Acadie, 1992, 352 p.

_____, *Le Métis de Beaubassin*, roman, Lévis (Québec), Éditions de la Francophonie, 2009, 328 p.

_____, *Patrick l'internaute*, roman jeunesse, Montréal, Chenelière/McGraw-Hill, 2003, 55 p.

_____, *Le pays d'Acadie*, essai, Moncton, Éditions d'Acadie, 1980, 208 p.

_____, *Le thème de la mort chez Roger Martin du Gard*, essai, Paris, Éditions Klincksieck, 1971, 298 p.

_____, *Ti-Jean*, contes acadiens, avec des illustrations de Bernard LeBlanc, Moncton, Éditions d'Acadie, 1973, 166 p.

_____, *Ti-Jean-le-Brave*, conte jeunesse, Moncton, Bouton d'or Acadie, coll. «Météorite», 2005, 187 p. ; nouvelle édition avec des modifications mineures de certains des contes parus dans *Ti-Jean*.

_____, *Ti-Jean-le-Fort*, contes acadiens, Moncton, Éditions d'Acadie, 1991, 248 p.

_____, *Ti-Jean-l'Intrépide*, contes jeunesse, Moncton, Bouton d'or Acadie, coll. «Météorite», 2007, 237 p. ; nouvelle édition avec des modifications de certains des contes parus dans *Ti-Jean*.

_____, *Ti-Jean-le-Rusé*, conte jeunesse, Moncton, Bouton d'or Acadie, coll. «Météorite», 2006, 220 p. ; nouvelle édition avec des modifications mineures de certains des contes parus dans *Ti-Jean* ; prix Hackmatack.

_____, *Tite-Jeanne et la pomme d'or*, conte jeunesse, Moncton, Bouton d'or Acadie, coll. «Météorite», 2000, 78 p.

_____, *Tite-Jeanne et le prince Igor*, conte jeunesse, Moncton, Bouton d'or Acadie, coll. «Météorite», 2004, 71 p.

_____, *Tite-Jeanne et le prince triste*, conte jeunesse, Moncton, Bouton d'or Acadie, coll. «Météorite», 1999, 41 p.

_____et Marielle Cormier Boudreau, *La cuisine traditionnelle en Acadie*, livre de recettes, Moncton, Éditions d'Acadie, 1975, 182 p. ; nouvelle édition, Lévis (Québec), Éditions de la Francophonie, 2002, 182 p.

_____et Marielle Cormier Boudreau, *Guide de la cuisine traditionnelle acadienne*, livre de recettes, Montréal, Stanké, 1980, 224 p.

_____ (textes et photos) et Ginette Gould (photos), *Portraits d'écrivains, dictionnaire des écrivains acadiens*, Moncton, Éditions Perce-Neige/ Éditions d'Acadie, 1982, 184 p.

Gavroche, Jean, *Les jeux d'enfants sont faits*, voir Maillet, Antonine, *Les jeux d'enfants sont faits*.

Goupil, Laval, *Aléola*, théâtre, adaptation de l'anglais Gaetan Charlebois, inédit, production Théâtre populaire d'Acadie, 1995.

_____, *Le djibou ou l'ange déserteur*, théâtre, Moncton, Éditions d'Acadie, 1975, 96 p. ; production Théâtre populaire d'Acadie, 1975 ; nouvelle version, Théâtre populaire d'Acadie, 1997, publiée à Tracadie-Sheila, Éditions La Grande Marée, 1997, 142 p.

_____, *Exit*, radiothéâtre, inédit, production Radio-Canada, Moncton, 1979.

_____, *James le Magnifique*, théâtre, Tracadie-Sheila, Éditions La Grande Marée, 2000.

_____, *La jetée du bout du monde*, radiothéâtre, inédit, production Radio-Canada, Moncton, 2000.

_____, *Jour de grâce*, théâtre, Tracadie-Sheila, Éditions La Grande Marée, 1995, 195 p. ; transposition du roman de Claude Le Bouthillier *L'Acadien reprend son pays*.

_____, *Mission collision*, théâtre, inédit, production Théâtre bilingue d'été, 1977.

_____, *Le roi appelle*, théâtre, inédit, production Les p'tits enfants de la misère (École aux-Quatre-Vents, Dalhousie), 1976.

_____, *Le rouv'e cane*, théâtre, d'après Victor Lanoux, inédit, production Théâtre populaire d'Acadie, 1988.

_____, *Tête d'eau*, théâtre, Moncton, Éditions d'Acadie, 1974, 64 p. ; production Les Feux chalins, 1974.

_____, *Ti-Jean*, théâtre jeunesse, d'après un conte de Majorique Duguay, inédit, production théâtre l'Escaouette, 1978.

Haché, Emma, *Les 36, apprendre le déshonneur d'un être aimé*, théâtre, inédit, production L'Incorruptible théâtre, 2009.

_____, *Azur*, théâtre jeunesse, Carnières-Morlanwelz (Belgique), Lansman Éditeur, 2007, 39 p.

_____, *La chambre des rêves*, théâtre, inédit, production Théâtre de la dame de cœur, 2005.

_____, *Les défricheurs d'eau*, théâtre, inédit, production Théâtre populaire d'Acadie et Théâtre de la dame de cœur, 2004.

_____, *Fort La Tour : l'horizon à s'en crever les yeux*, théâtre, inédit, production Théâtre du Trémolo (Saint-Jean, Nouveau-Brunswick), 2003.

_____, *L'intimité*, théâtre, Carnières-Morlanwelz (Belgique), Lansman Éditeur, 2003, 46 p. ; production Omnibus, 2004 ; prime à la création du Fonds Gratien-Gélinas et Bourse Louise-LaHaye ; prix du Gouverneur général ; prix Éloizes (Artiste de l'année en littérature et Découverte de l'année) ; prix Bernard-Cyr de la Fondation pour l'avancement du théâtre francophone au Canada.

_____, *Lave tes mains*, théâtre, inédit, 2002 ; prix littéraire Antonine-Maillet/ Acadie Vie (jeunesse) ; de cette pièce naîtra *Murmures*.

_____, *Murmures*, théâtre, inédit, production Théâtre populaire d'Acadie, 2005.

_____, *La tempête*, d'après *La tempête* de Shakespeare, théâtre, inédit, production Théâtre de la petite marée, 2009.

_____, *La vieille fille à marier*, théâtre, inédit, production Théâtre de la cuisine à Mémé (Île-du-Prince-Édouard), 2003.

Haché, Louis, *Adieu, p'tit Chipagan*, roman, Moncton, Éditions d'Acadie, 1978, 141 p. ; prix France-Acadie.

_____, *Charmante Miscou*, récits, avec des dessins d'Herménégilde Chiasson, Moncton, Éditions d'Acadie, 1974, 115 p.

_____, *Charmante Miscou Island*, récits, Lévis (Québec), Éditions de la Francophonie, 2006, 102 p.

_____, *Le desservant de Charnissey*, roman, Lévis (Québec), Éditions de la Francophonie, 2001, 426 p.

_____, *De Tracadie à Tilley Road*, récit, Lévis (Québec), Éditions de la Francophonie, 2009, 194 p.

_____, *Le grand môme*, nouvelles, Lévis (Québec), Éditions de la Francophonie, 2006, 102 p.

_____, *Le guetteur*, récits, Moncton, Éditions d'Acadie, 1991, 128 p.

_____, *La maîtresse d'école*, roman, Lévis (Québec), Éditions de la Francophonie, 2003, 248 p.

_____, *Saint-Isidore, paroisse du père Gagnon*, monographie, Moncton, à compte d'auteur, 1994.

_____, *Toubes jersiaises*, nouvelles, Moncton, Éditions d'Acadie, 1980, 181 p.

_____, *La Tracadienne*, roman, Moncton, Éditions d'Acadie, 1996, 321 p.; nouvelle édition, Lévis (Québec), Éditions de la Francophonie, 2003, 322 p.

_____, *Un cortège d'anguilles*, roman, Moncton, Éditions d'Acadie, 1985, 224 p.; prix Champlain.

Hamel, Judith, *En chair et en eau*, poésie, Moncton, Éditions Perce-Neige, 1993, 56 p.

_____, *Onze notes changeantes*, poésie, Moncton, Éditions Perce-Neige, 2003, 98 p.

_____, *Respire par le nez*, roman jeunesse, Moncton, Bouton d'or Acadie, coll. «Météorite», 2004, 94 p.

_____ (texte) et Lynne Ciacco (illustrations), *Temps pour un câlin*, album, Moncton, Bouton d'or Acadie, coll. «Cassette d'or», 2005, 24 p.

_____ (texte) et Angélique Depienne (illustrations), *Un joli mouton tout rond, tout rond*, album, Moncton, Bouton d'or d'Acadie, 2002, 24 p.

_____ (texte) et Lisa Lévesque (illustrations), *Modo et l'étoile polaire*, album, Moncton, Bouton d'or d'Acadie, 1998, 24 p.

_____ (texte) et Lisa Lévesque (illustrations), *Modo et la Lune*, album, Moncton, Bouton d'or Acadie, coll. «Améthyste», 1996, 24 p.; autre édition: *Modo et la Lune/Mode ak lalin nan*, 1997 (texte français et créole).

_____ (texte) et Lisa Lévesque (illustrations), *Modo et la planète Mars*, album, Moncton, Bouton d'or d'Acadie, 2000, 24 p.

_____ (texte) et Lisa Lévesque (illustrations), *Modo et le Soleil*, album, Moncton, Bouton d'or d'Acadie, 2002, 24 p.

_____ (texte) et Lisa Lévesque (illustrations), *Modo et la Terre*, album, Moncton, Bouton d'or d'Acadie, 2003, 24 p.

_____ (texte) et Anne-Marie Sirois (illustrations), *Matin mouvementé pour Fripon*, album, Moncton, Bouton d'or d'Acadie, 2004, 24 p.

Harbec, Hélène, *Le cahier des absences et de la décision*, poésie, Moncton, Éditions d'Acadie, 1991, 94 p.; nouvelle édition avec modifications, Moncton, Éditions Perce-Neige, 2009, 93 p.

_____, *Chambre 503*, récit, Ottawa, Éditions David, 2009, 306 p.

_____, *L'orgueilleuse*, roman, Montréal, Éditions du remue-ménage, 1998, 134 p.

_____, *Le tracteur céleste*, poésie, Moncton, Éditions Perce-Neige, 2005, 100 p.

_____, *Va*, poésie, Moncton, Éditions Perce-Neige, 2002, 140 p.; prix Antonine-Maillet/Acadie Vie.

_____, *Les voiliers blancs*, roman, Moncton, Éditions Perce-Neige, 2002, 222 p.

_____ et France Daigle, *L'été avant la mort*, poésie, Montréal, Éditions du remue-ménage, 1986, 77 p.

Harrison, Brigitte, *Le cirque solitaire*, poésie, Moncton, Éditions Perce-Neige, 2007, 76 p.

_____, *L'écran du monde*, poésie, Moncton, Éditions Perce-Neige, 2005, 97 p. ; prix Antonine-Maillet/Acadie Vie.

Jacquot, Martine L., *Au gré du vent*, roman, Wolfville, Éditions du Grand-Pré, 2005, 423 p.

_____, *Castor et Pollux*, poésie, Wolfville, Moonchilde Press, 1983.

_____, *Cet autre espace*, poésie, Wolfville, Éditions du Grand-Pré, 2005.

_____, *Des oiseaux dans la tête*, nouvelles, Montréal, Humanitas, 1998, 102 p.

_____, *Étapes. Poèmes choisis, 1982-1995*, poésie, Montréal, Humanitas, 2001, 112 p.

_____, *Fleurs de pain*, poésie, Ottawa, Éditions du Vermillon, 1991, 75 p.

_____, *Les glycines*, roman, Ottawa, Éditions du Vermillon, 1996, 200 p.

_____, *Le jardin d'herbes aromatiques*, essai, Montréal, Humanitas, 2005, 212 p.

_____, *Masques*, roman, Montréal, Humanitas, 2003, 118 p.

_____, *Michel Goeldlin. Espaces du réel, cheminements de création*, préface de Henri-Dominique Paratte, essai, Wolfville, Éditions du Grand-Pré, 1995, 215 p.

_____, *Le mystère du Cap*, roman jeunesse, Québec, Le Loup de Gouttière, 2005.

_____, *Les nuits démasquées*, poésie, Wolfville/Edmundston, Éditions du Grand-Pré/Éditions Quatre-Saisons, 1991, 72 p.

_____, *Points de repère sur palimpseste usé*, poésie, Québec, Le Loup de Gouttière, 2002.

_____, *Route 138*, notes de route, poésie, Wolfville/Edmundston, Éditions du Grand-Pré/Éditions Quatre-Saisons, 1989, 65 p.

_____, *Sables mouvants*, avec une préface de Gaétan Brulotte, nouvelles, Wolfville, Éditions du Grand-Pré, 1994, 109 p.

_____, *Le secret de l'île*, roman jeunesse, Montréal, Chenelière/McGraw-Hill, 2003, 85 p.

_____, *Le silence de la neige*, poésie, Montréal, Humanitas, 2007.

_____, *Les terres douces*, roman, Edmundston, Éditions Quatre-Saisons, 1988, 151 p.

Landry, Ulysse, *La danse sauvage*, roman, Moncton, Éditions Perce-Neige, 2000, 192 p.

_____, *L'éclosion*, poésie, Moncton, Éditions Perce-Neige, 2001, 91 p.

_____, *L'espoir de te retrouver*, poésie, Moncton, Éditions Perce-Neige, 1992, 64 p.

_____, *Sacrée montagne de fou*, Moncton, Éditions Perce-Neige, coll. «Prose», 1996, 238 p.

_____, *Si on avait su*, théâtre jeunesse, inédit, production théâtre l'Escaouette, 1988.

_____, *Tabous aux épines de sang*, poésie, Moncton, Éditions d'Acadie, 1977, 58 p.

LeBlanc, Daniel Omer, *Acadieman. 1. Ses origines*, bande dessinée, Moncton, Éditions Court-Circuit, 2007, s.p.

_____, *Acadieman. 2*, bande dessinée, Moncton, Éditions Court-Circuit, 2008, s.p.

_____, *Acadieman. 3*, bande dessinée, Moncton, Éditions Court-Circuit, 2009, s.p.

_____, *Les ailes de soi*, poésie, Moncton, Éditions Perce-Neige, 2000, 100 p.

_____, *Omégaville*, poésie, Moncton, Éditions Perce-Neige, 2002, 97 p.

_____, *The pimp of revolution*, poems, Moncton, Mudworld Press, 1993, s.p.

LeBlanc, Georgette, *Alma*, poésie, Moncton, Éditions Perce-Neige, 2006, 95 p.; prix Antonine-Maillet/Acadie Vie.

Leblanc, Gérald, *Comme un otage du quotidien*, poésie, Moncton, Éditions Perce-Neige, 1981, 38 p. ; nouvelle édition, voir *Géomancie*.

_____, *Complaintes du continent, poèmes 1988-1992*, poésie, Moncton/Trois-Rivières, Éditions Perce-Neige/Écrits des Forges, 1993, 88 p.; prix de poésie des Terrasses Saint-Sulpice.

_____, *Éloge du chiac*, poésie, Moncton, Éditions Perce-Neige, 1995, 120 p.

_____, *L'extrême frontière, poèmes, 1972-1988*, poésie, préface d'Herménégilde Chiasson, Moncton, Éditions d'Acadie, 1988, 164 p.; prix Moncton.

_____, *Géographie de la nuit rouge*, poésie, Moncton, Éditions d'Acadie, 1984, 48 p.; nouvelle édition, voir *Géomancie*.

_____, *Géomancie*, poésie, avec une préface de Raoul Boudreau; nouvelle édition de *Comme un otage du quotidien*, *Géographie de la nuit rouge*, *Lieux transitoires*, Ottawa, Éditions L'Interligne, coll. «BCF», 2003, 127 p.

_____, *Je n'en connais pas la fin*, poésie, Moncton, Éditions Perce-Neige, 1999, 100 p.

_____, *Lieux transitoires*, poésie, Moncton, Michel Henry Éditeur, 1986, 48 p.; nouvelle édition, voir *Géomancie*.

_____, *Les matins habitables*, poésie, avec des illustrations de Tristan Wolski, Moncton, Éditions Perce-Neige, 1991, 68 p.

_____, *Moncton mantra*, roman, Moncton, Éditions Perce-Neige, 1997, 144 p.

_____, *Le plus clair du temps*, Moncton, Éditions Perce-Neige, 2001, 83 p.

_____, *Poèmes new-yorkais*, poésie, Moncton, Éditions Perce-Neige, 2006, 58 p.

_____, *Les sentiers de l'espoir*, théâtre jeunesse, inédit, production théâtre l'Escaouette, 1983.

_____, *Sus la job avec Alyre*, monologue théâtral, Moncton, Galerie sans nom, 1981.

_____, *Technose*, poésie, Moncton, Éditions Perce-Neige, 2004, 88 p.

_____, *Une montre, une roue, une ampoule*, pièce en un acte, dans le collectif *Et moi*, inédit, production Département d'art dramatique de l'Université de Moncton, 1999.

_____ (dir.), « Numéro spécial sur la poésie acadienne », *Estuaire*, n° 78, août 1995, p. 5-65.

_____ et Claude Beausoleil, *La poésie acadienne*, anthologie, Moncton/Trois-Rivières, Éditions Perce-Neige/Écrits des Forges, 1999, 213 p.

_____ et Claude Beausoleil, *La poésie acadienne, 1948-1988*, anthologie, Trois-Rivières/Pantin (France), Écrits des Forges/Le castor astral, 1988, 126 p.

_____ (poèmes), Laurent Comeau (photographies), Louis Comeau (dessins et page couverture), Yvon Leblanc (photographies), Roberthe Mélanson (dessins) et Danyèle Myre (photographies), *Emma I*, Moncton, Éditions d'Acadie, 1976, 24 p.

_____ (poèmes) et Guy Duguay (gravures), *Méditations sur le désir*, livre d'artiste, Moncton, Atelier Imago, 1996, hors commerce.

LeBlanc, Raymond Guy, *Archives de la présence*, poésie, nouvelle édition de *Cri de terre*, et choix de poèmes tirés de *Chants d'amour et d'espoir* et de *La mer en feu*, quelques inédits, avec un avant-propos de Serge Patrice Thibodeau, et un poème et une présentation de Gérald Leblanc, Moncton, Éditions Perce-Neige, 2005, 87 p.

_____, *As-tu vu ma balloune?*, théâtre, inédit, production Département d'art dramatique, Université de Moncton, 1974.

_____, *Chants d'amour et d'espoir*, poésie, avec des illustrations d'Herménégilde Chiasson, Moncton, Michel Henry Éditeur, 1988, 63 p.

_____, *Cri de terre*, poésie, 1969-1971, avec des dessins d'Herménégilde Chiasson, Moncton, Éditions d'Acadie, 1972, 58 p. ; nouvelle édition revue et corrigée, avec une préface de Pierre L'Hérault et une analyse critique de Murielle Belliveau, Moncton, Éditions d'Acadie, 1992, 92 p.

_____, *Fond de culottes*, théâtre jeunesse, inédit, production théâtre l'Escaouette, 1981.

_____, *La mer en feu, poèmes 1964-1992*, poésie, présentation de Gérald Leblanc, Moncton/Amay (Belgique), Éditions Perce-Neige/L'Orange Bleue éditeur, 1993, 204 p.

_____, *Tchissé qui mène icitte?*, théâtre jeunesse, inédit, production La Gang Asteur, 1976.

_____ et Jean-Guy Rens, *Acadie/Expérience, choix de textes acadiens : complaintes, poèmes et chansons*, anthologie, Montréal, Parti pris, 1977, 197 p.

Le Bouthillier, Claude, *L'Acadien reprend son pays,* roman d'anticipation, Moncton, Éditions d'Acadie, 1977, 128 p.

_____, *Babel ressuscitée,* roman, Lévis (Québec), Éditions de la Francophonie, 2001, 172 p.

_____, *Le borgo de l'écumeuse,* roman, Montréal, XYZ Éditeur, 1998, 225 p. ; nouvelle édition, Montréal, XZZ Éditeur, coll. « Romanichels poche », 2008, 225 p. ; prix Éloizes.

_____, *C'est pour quand le paradis...,* roman, Moncton, Éditions d'Acadie, 1984, 246 p.

_____, *Complices du silence ?,* roman, Montréal, XYZ Éditeur, 2004, 211 p.

_____, *Le feu du mauvais temps,* roman, avec une préface de Louis Caron, Montréal, Éditions Québec/Amérique, 1989, 451 p. ; nouvelle édition, revue et modifiée, Montréal, Éditions Québec/Amérique, coll. « QA », 1994, 357 p.; prix Champlain ; prix France-Acadie.

_____, *Isabelle-sur-mer,* roman, Moncton, Éditions d'Acadie, 1979, 156 p.

_____, *Karma et coups de foudre,* Montréal, XYZ Éditeur, 2007, 128 p.

_____, *Les marées du Grand Dérangement,* roman, avec une préface d'Angèle Arsenault, Montréal, Éditions Québec/Amérique, 1994, 367 p. ; nouvelle édition, Montréal, XZZ Éditeur, coll. « Romanichels poche », 2008, 438 p.

_____, *La mer poivre,* poésie, Tracadie-Sheila, Éditions La Grande Marée, 2007, 75 p.

_____, *Tisons péninsulaires,* poésie, Tracadie-Sheila, Éditions La Grande Marée, 2001, 89 p.

Léger, Dyane, *Les anges en transit,* poésie, Moncton/Trois-Rivières, Éditions Perce-Neige/Écrits des Forges, 1992, 86 p.

_____, *Comme un boxeur dans une cathédrale,* poésie, Moncton, Éditions Perce-Neige, 1996, 149 p.

_____, *Le dragon de la dernière heure,* poésie, Moncton, Éditions Perce-Neige, 1999, 128 p.

_____, *Graines de fées,* poésie, Moncton, Éditions Perce-Neige, 1980, 88 p. ; prix France-Acadie.

_____, *Sorcière de vent !,* poésie, Moncton, Éditions d'Acadie, 1983, 77 p.

_____ (poèmes) et Corinne Gallant (photos), *Visages de femmes,* poésie et photos, Moncton, Éditions d'Acadie, 1987, 58 p.

_____, et Paul Savoie, *L'incendiaire,* récit épistolaire, Côte Saint-Luc, Éditions du Marais, 2008, 71 p.

Maillet, Antonine, *Le bourgeois gentleman,* théâtre, comédie inspirée de Molière, Montréal, Leméac, 1978, 190 p. ; production Théâtre du Rideau Vert, 1978 ; production Département d'art dramatique, Université de Moncton, 1981.

_____, *Cent ans dans les bois,* roman, Montréal, Leméac, 1981, 358 p.

_____, *Le chemin Saint-Jacques,* roman, Montréal, Leméac, 1996, 370 p.

_____, *Christophe Cartier de la Noisette dit Nounours*, conte jeunesse, illustrations de Hans Troxler, Montréal/Paris, Leméac/Hachette, 1981, 109 p. ; nouvelle édition, Montréal, Leméac, 1993, 148 p.

_____, *Chronique d'une sorcière de vent*, roman, Montréal, Leméac, 1999, 281 p.

_____, *Citrouille chez la vieille Ozite*, théâtre, inédit, production Pays de La Sagouine, 2005.

_____, *Citrouille veut faire un homme de lui*, théâtre, inédit, production Pays de La Sagouine, 2009.

_____, *La comédie des amoureux*, théâtre, inédit, production Pays de La Sagouine, 2006.

_____, *Les confessions de Jeanne de Valois*, roman, Montréal, Leméac, 1992, 344 p.

_____, *La contrebandière*, théâtre, Montréal, Leméac, 1981, 179 p. ; production Théâtre du Rideau Vert, 1981.

_____, *Les Cordes-de-bois*, roman, Montréal, Leméac, 1977, 351 p.

_____, *Crache à Pic*, roman, Montréal, Leméac, 1984, 370 p.

_____, *Les Crasseux*, théâtre, avec une présentation de Jacques Ferron, Montréal, Holt, Rinehart et Winston ltée, 1968, 69 p. ; nouvelle édition, Montréal, Leméac, 1973, 116 p.

_____, *Don l'Orignal*, roman, Montréal, Leméac, 1972, 149 p. ; nouvelle édition, Montréal, Leméac, 1993, 176 p. ; prix du Gouverneur général.

_____, *Les drolatiques, horrifiques et épouvantables aventures de Panurge, ami de Pantagruel*, théâtre, Montréal, Leméac, 1983, 139 p. ; production Théâtre du Rideau Vert, 1983.

_____, *Emmanuel à Joseph à Dâvit*, récit, Montréal, Leméac, 1975, 143 p. ; adaptation, théâtre, production Théâtre du Rideau Vert, 1978.

_____, *Entr'acte*, théâtre, inédit, production Collège Notre-Dame d'Acadie, Moncton, 1957.

_____, *Évangéline Deusse*, théâtre, avec une présentation d'Henri-Paul Jacques, Montréal, Leméac, 1975, 109 p. ; production Théâtre du Rideau Vert, 1976.

_____, *La foire de la Saint-Barthélemy*, théâtre, d'après Ben Jonson, Montréal, Leméac, 1994, 110 p.

_____, *La Fontaine ou la Comédie des animaux*, avec une présentation de Pierre Filion, théâtre, Montréal, Leméac, 1995, 132 p. ; production Théâtre du Rideau Vert, 1995.

_____, *Gapi*, avec une présentation de Pierre Filion, théâtre, Montréal, Leméac, 1976, 108 p. ; production Théâtre du Rideau Vert, 1976 ; production Théâtre populaire d'Acadie, 1982.

_____, *Gapi et Sullivan*, théâtre, avec une présentation d'Yves Dubé, Montréal, Leméac, 1973, 73 p.

_____, *Garrochés en paradis*, théâtre, Montréal, Leméac, 1986, 109 p. ;
production Théâtre du Rideau Vert, 1986.

_____, *La gribouille*, roman, Paris, Bernard Grasset, 1982, 276 p. ; édition
française de *Cent ans dans les bois*.

_____, *Le huitième jour*, roman, Montréal, Leméac, 1986, 292 p.

_____, *L'Île-aux-Puces*, théâtre, Leméac, 1996, 224 p. ; comprend certains
monologues des personnages du Pays de la Sagouine.

_____ (sous le pseudonyme de Jean Gavroche), *Les jeux d'enfants sont faits*,
théâtre, inédit, production Collège Notre-Dame d'Acadie, Moncton,
1960.

_____, *La joyeuse criée*, théâtre, inédit, production Théâtre du Rideau Vert,
1982 ; production, Compagnie Viola Léger, 1989.

_____, *Madame Perfecta*, roman, Montréal, Leméac, 2001, 164 p. ; nouvelle
édition, Montréal, Leméac, 2002, 156 p.

_____, *Margot la Folle*, théâtre, Montréal, Leméac, 1987, 126 p. ; production
Théâtre du Rideau Vert, 1987.

_____, *Mariaagélas*, roman, Montréal, Leméac, 1973, 236 p. ; production
Théâtre du Rideau Vert, 1974.

_____, *Le mystérieux voyage de Rien*, roman, Montréal/Paris, Leméac/Actes
Sud, 2008, 311 p.

_____, *La nuit des rois de William Shakespeare*, théâtre, texte français
d'Antonine Maillet, Montréal, Leméac, 1993, 137 p.

_____, *L'Odyssée 1604-2004*, inédit, production Pays de la Sagouine, 2004.

_____, *On a mangé la dune*, roman, Montréal, Éditions Beauchemin, 1962,
182 p. ; nouvelle édition, Montréal, Leméac, 1977, 186 p.

_____, *L'oursiade*, roman, Montréal, Léméac, 1990, 232 p.

_____, *Par derrière chez mon père*, contes, avec des illustrations de Rita
Scalabrini, Montréal, Leméac, 1972, 93 p. ; nouvelle édition,
Montréal, Leméac, 1972, collection « Poche Québec », 192 p.

_____, *Pélagie-la-Charrette*, roman, Montréal, Leméac, 1979, 351 p. ; prix
Goncourt.

_____, *Pélagie la Charrette*, théâtre, production Pays de La Sagouine, 2007.

_____, *Pierre Bleu*, roman, Montréal/Paris, Leméac/Actes Sud, 2006, 281 p.

_____, *Poire-Acre*, théâtre, inédit, production Collège Notre-Dame d'Acadie,
Moncton, 1958.

_____, *Pointe-aux-Coques*, roman, Montréal/Paris, Fides, 1958, 127 p. ;
nouvelle édition, Montréal, Leméac, coll. « Les Classiques Leméac »,
1972, 174 p. ; prix Champlain.

_____, *Rabelais et les traditions orales en Acadie*, Québec, Presses de l'Université
Laval, 1971.

_____, *Richard III*, théâtre, traduction de la pièce de William Shakespeare,
Montréal, Leméac, 1989, 167 p.

_____, *La Sagouine. Pièce pour une femme seule*, théâtre, Montréal, Leméac, 1971, 106 p. ; nouvelle édition Montréal, Leméac, 1994, 168 p. ; production Les Feux Chalins, 1971 ; production Théâtre du Rideau Vert, 1972, 1974.

_____, *Le temps me dure*, roman, Montréal/Paris, Leméac/Actes Sud, 2003, 262 p.

_____, *Le tintamarre*, théâtre, inédit, production Théâtre du Rideau Vert, 1999.

_____, *La veuve enragée*, théâtre, avec une introduction de Jacques Ferron, Montréal, Leméac, 1977, 177 p. ; production Théâtre du Rideau Vert, 1977.

_____, *William S.*, théâtre, Montréal, Leméac, 1991, 112 p. ; production Théâtre du Rideau Vert, 1991.

_____, en collaboration avec Rita Scalabrini, *L'Acadie pour quasiment rien*, essai–guide touristique, Montréal, Leméac, 1973.

Melanson, Laurier, *Aglaé*, roman, Montréal, Leméac, 1983, 181 p.

_____, *Le bien-aimé*, radiothéâtre, inédit, production Radio-Canada, Moncton, 1988.

_____, *Boum boum trois*, radiothéâtre, inédit, production Radio-Canada, Moncton, 1990.

_____, *L'interview*, radiothéâtre, inédit, production Radio-Canada, Moncton, 1983.

_____, *La noce qu'on a fait*, radiothéâtre, inédit, production Radio-Canada, Moncton, 1985.

_____, *Otto de la veuve Hortense*, roman, Montréal, Leméac, 1982, 209 p.

_____, *La promesse électorale*, radiothéâtre, inédit, production Radio-Canada, Moncton, 1985.

_____, *Quintette*, radiothéâtre, inédit, production Radio-Canada, Moncton, 1989.

_____, *Si je vous parlais d'Edna*, radiothéâtre, inédit, production Radio-Canada, Moncton, 1987.

_____, *Zélika à Cochon Vert*, roman, Montréal, Leméac, 1981, 159 p.

_____, *Zélika à Cochon Vert*, théâtre, production Théâtre populaire d'Acadie, 1986 ; texte qui se fonde sur *Zélika à Cochon Vert* et *Otto de la veuve Hortense*.

Morin Rossignol, Rino, *Les boas ne touchent pas aux lettres d'amour*, prose poétique, Moncton, Éditions Perce-Neige, 1988, 47 p.

_____, *Catastrophe(s)*, roman, Moncton, Éditions d'Acadie, 1998, 161 p.

_____, *L'éclat du silence*, poésie, Trois-Rivières, Écrits des Forges, 1998, 80 p.

_____, *Intifada du cœur*, poésie, Moncton, Éditions Perce-Neige, 2006, 99 p.

_____, *Le pique-nique*, théâtre, Moncton, Éditions Perce-Neige, 1982, 71 p. ; nouvelle édition, Moncton, Éditions Perce-Neige, coll. « Mémoire », 2001, 60 p. ; production Théâtre Laurie-Henry, 1984.

_____, *Rumeur publique*, avec une préface et des annotations d'Anne-Marie Robichaud, essais, Moncton, Éditions d'Acadie, 1991, 240 p.

_____, *La rupture des gestes*, poésie, Moncton, Éditions d'Acadie, 1994, 164 p.

Paquette, Denise, *Annie a deux mamans*, roman jeunesse, Moncton, Bouton d'or Acadie, coll. « Météore », 2003, 131 p.

_____ (texte et illustrations), *Gribouillis barbares*, roman jeunesse, Moncton, Éditions Bouton d'or Acadie, coll. « Météore », 1998, 87 p.

_____ (texte et illustrations), *Souris Baline et son ami Georges-Henri*, album jeunesse, Moncton, Éditions d'Acadie, 1993, 24 p.

_____, (texte et illustrations), *Souris Baline part en bateau*, album jeunesse, Moncton, Éditions d'Acadie, 1990, 24 p.

_____ (texte et illustrations), *Une promenade en girafe*, album jeunesse, Moncton, Éditions d'Acadie, 1989, 24 p.

_____ (texte) et Denise Bourgeois (illustrations), *De la neige pour Noël*, album, Moncton, Éditions d'Acadie, 1999, 24 p.

_____ (texte) et Denise Bourgeois (illustrations), *Quatre saisons dans les bois*, album, Moncton, Bouton d'or Acadie, coll. « Léa et Laurent », 2007, 24 p.

_____ (texte) et Denise Bourgeois (illustrations), *La terre à aimer*, album, Moncton, Bouton d'or Acadie, coll. « Léa et Laurent », 2000, 24 p.

_____ (texte) et Denise Bourgeois (illustrations), *Une couleur pour la maison*, album, Moncton, Éditions d'Acadie, 1999, 24 p.

_____ (texte) et Denise Bourgeois (illustrations), *Une journée à la mer*, album, Moncton, Bouton d'or Acadie, coll. « Léa et Laurent », 2002, 24 p.

_____ (texte) et Lynne Ciacco (illustrations), *Rosie*, album, Moncton, Éditions d'Acadie, 1999, 24 p.

_____ (texte) et Jocelyne Doiron (illustrations), *Des graines rouges pour grand-maman*, album, Moncton, Éditions d'Acadie, 1999, 24 p.

_____, et Jean-Paul Eid, *Mon grand frère le Zombi*, album, Montréal, Les 400 coups, coll. « Les petits albums », 2005, 32 p.

Pître, Martin, *À s'en mordre les dents*, poésie, illustrations de Louis Comeau, Moncton, Éditions Perce-Neige, 1982, 52 p.

_____, *L'ennemi que je connais*, roman, Moncton, Éditions Perce-Neige, 1995, 123 p.

_____, *La morsure du désir*, poésie, dessins de Roméo Savoie, Moncton, Éditions d'Acadie, 1993, 98 p.

_____ (texte) et Daniel-J. Daigle (illustrations), *À la recherche du chiffre magique : les prisonniers du temps perdu*, album jeunesse, St. John (Nouveau-Brunswick), Keystone Printing & Lithographic Ltd., 1995, 24 p.

_____ (texte) et Roméo Savoie (illustrations), *Pommette et le vent*, album jeunesse, Moncton, Éditions d'Acadie, 1995, 24 p.

Raîche, Jean-Philippe, *Le marchand de mémoires*, théâtre jeunesse, inédit, production théâtre l'Escaouette, 1992.

_____, *Ne réveillez pas l'amour avant qu'elle ne le veuille*, poésie, Moncton, Éditions Perce-Neige, 2007, 82 p.

_____, *Une lettre au bout du monde*, Moncton, Éditions Perce-Neige, 2001, 80 p.

Raimbault, Alain, *L'absence au jour*, poésie, Ottawa, Éditions David, 2002.

_____, *L'arbre à chaussettes*, roman jeunesse, Montréal, Éditions Hurtubise HMH, 2001.

_____, *Capitaine Popaul*, roman jeunesse, Montréal, Hurtubise HMH, coll. « Caméléon », 2008, 83 p.

_____, *Capitaine Popaul. 2. Le retour*, roman jeunesse, Montréal, Hurtubise HMH, coll. « Caméléon », 2009, 87 p.

_____, *Le ciel en face*, roman jeunesse, Moncton, Bouton d'or Acadie, coll. « Météorite », 2005, 119 p. ; prix Émile-Ollivier.

_____, *Confidence à l'aveugle*, roman, Montréal, Éditions Hurtubise HMH, 2008, 219 p.

_____, *Dodo les canards !*, roman jeunesse, Saint-Lambert, Robert Soulières éditeur, 2005, 80 p.

_____, *Fortune de mer*, roman, Montréal, Chenelière/McGraw-Hill, 2004, 73 p.

_____, *Herménégilde l'Acadien*, roman jeunesse, Montréal, Éditions Hurtubise HMH, 2000, 76 p.

_____, *L'île aux loups*, roman jeunesse, Montréal, Éditions Pierre Tisseyre, 2003, 64 p.

_____, *Mon île muette*, poésie, Ottawa, Éditions David, 2001, 60 p.

_____, *New York loin des mers*, poésie, Ottawa, Éditions David, 2002, 102 p.

_____, *Partir comme jamais*, poésie, Ottawa, Éditions David, 2005, 69 p.

_____, *Petits bonheurs*, roman jeunesse, Montréal, Éditions Pierre Tisseyre, 2002, 56 p.

_____, *Roman et Anna*, roman, Montréal, Éditions Hurtubise HMH, 2006, 189 p.

_____, *Le soufflé de mon père*, roman jeunesse, Saint-Lambert, Robert Soulières éditeur, 2002, 60 p.

_____, *Un étrange phénomène*, roman jeunesse, Montréal, Éditions Hurtubise HMH, 2006, 189 p.

_____, *Un jour merveilleux*, roman jeunesse, Montréal, Éditions Pierre Tisseyre, 2004, 72 p.

_____ (texte) et Réjean Roy (illustrations), *La jeune lectrice*, album, Moncton, Éditions Bouton d'or Acadie, coll. « Cassette d'or », 2008, 32 p.

Roy, Christian, *Chroniques d'un mélodramaturge*, poésie, Moncton, Éditions Perce-Neige, 2002, 129 p.

_____, *Infarctus parmi les piétons*, poésie, Moncton, Éditions Perce-Neige, 2000, 95 p.

_____, *Personnes singulières*, poésie, Moncton, Éditions Perce-Neige, 2005, 117 p.

_____, *Pile ou face à la vitesse de la lumière*, poésie, Moncton, Éditions Perce-Neige, 1998, 96 p.

Saint-Pierre, Christiane, *Absente pour la journée*, roman, Moncton, Éditions d'Acadie, 1989, 180 p.

_____, *Hubert ou comment l'homme devient rose*, théâtre, Moncton, Éditions d'Acadie, 1994, 74 p. ; production Productions du Tréteau, 1992, en collaboration avec le Théâtre populaire d'Acadie, 1993.

_____, *Mon cœur a mal aux dents*, théâtre jeunesse, Moncton, Éditions d'Acadie, 1991, 66 p. ; production théâtre l'Escaouette, 1991.

_____, *Sur les pas de la mer*, avec des illustrations de Martine Thériault Allain, nouvelles, Moncton, Éditions d'Acadie, 1986, 104 p. ; prix France-Acadie.

Savoie, Jacques, *Les cachotteries de ma sœur*, roman jeunesse, Montréal, La courte échelle, coll. « Roman jeunesse, n° 66 », 1997, 91 p.

_____, *Céleste*, radiothéâtre, inédit, production Radio-Canada, Moncton, 1985.

_____, *Le cirque bleu*, roman, Montréal, La courte échelle, coll. « Roman 16-96 », 1995, 158 p.

_____, *Corazon*, radiothéâtre, inédit, production Radio-Canada, Moncton, 1988.

_____, *Les fleurs du capitaine*, roman jeunesse, illustrations de Geneviève Côté, Montréal, La courte échelle, coll. « Roman Jeunesse n° 59 », 1996, 91 p.

_____, *Passages nuageux*, radiothéâtre, inédit, production Radio-Canada, Montréal, 1985.

_____, *Le plus beau des voyages*, roman jeunesse, Montréal, La courte échelle, coll. « Roman Jeunesse n° 69 », 1997, 90 p.

_____, *La plus populaire du monde*, roman jeunesse, Montréal, La courte échelle, coll. « Roman Jeunesse n° 73 », 1998, 91 p.

_____, *Les portes tournantes*, roman, Montréal, Boréal Express, 1984, 159 p. ; nouvelle édition Montréal, Boréal compact, 1990, 157 p. ; prix France-Acadie.

_____, *Raconte-moi Massabielle*, roman, Moncton, Éditions d'Acadie, 1979, 153 p. ; nouvelle édition, Montréal, Libre Expression, 2010, 160 p. ; prix de l'Association francophone internationale pour un premier roman (France).

_____, *La raison du jaune*, radiothéâtre, inédit, production Radio-Canada, Moncton, 1987.

_____, *Le récif du prince*, roman, Montréal, Boréal, 1986, 159 p. ; nouvelle édition, Montréal, Boréal compact, 1988, 158 p.

_____, *Les ruelles de Caresso*, roman, Montréal, La courte échelle, coll. « Roman 16-96 », 1997, 192 p.

_____, *Les soupes célestes*, roman, Montréal, Éditions Fides, 2005, 275 p. ; nouvelle édition, Montréal, Libre Expression, coll. « 10/10 », 2009, 272 p.

_____, *Toute la beauté du monde*, avec des illustrations de Geneviève Côté, roman jeunesse, Montréal, La courte échelle, coll. « Roman jeunesse n° 55 », 1995, 96 p.

_____, *Une histoire de cœur*, roman, Montréal, Boréal, 1988, 233 p. ; nouvelle édition, Montréal, Libre Expression, coll. « 10/10 », 2009, 204 p.

_____, *Une ville imaginaire*, avec des illustrations de Geneviève Côté, roman jeunesse, Montréal, La courte échelle, coll. « Roman jeunesse n° 57 », 1996, 90 p.

_____, *Un train de glace*, roman, Montréal, La courte échelle, coll. « Roman 16-96 », 1998.

_____, *La vraie histoire de la série Les Lavigueur*, scénario, Montréal, Éditions Stanké, 2008, 328 p.

_____ (poèmes) et Gilles Savoie (photographies), Herménégilde Chiasson (mise en boîte), *L'étoile magannée*, Moncton, l'Imprimerie acadienne ltée, 1972, 96 p.

_____, (texte) et Daniela Zekina (illustrations), *Un chapeau qui tournait autour de la terre*, album, Montréal, La courte échelle, 1997, 24 p.

Savoie, Roméo, *Dans l'ombre des images*, poésie, Moncton, Éditions d'Acadie, 1996, 61 p.

_____ (poèmes, maquette, calligraphie), *Duo de démesure*, poésie, Moncton, Éditions d'Acadie, 1981, 102 p.

_____, *L'eau brisée* suivi des *17 poèmes de l'errance*, poésie, Moncton, Éditions d'Acadie, 1992, 82 p.

_____ (poèmes et illustrations), *Trajets dispersés*, poésie, Moncton, Éditions d'Acadie, 1989, 87 p.

_____, *Une lointaine Irlande*, poésie, Moncton, Éditions Perce-Neige, 2001, 87 p.

_____ *L'humain recto-verso*, avec des œuvres picturales de Sylvie Davidson, Jocelyne Fortin, Louise Guertin et Lise René, poésie et livre d'artiste, Trois-Rivières, Atelier Papyrus, 1993, 63 p.

Thériault, Marcel-Romain, *Disponibles en librairie*, théâtre, inédit, production Théâtre populaire d'Acadie, 2008.

_____, *Le filet*, théâtre, Sudbury, Éditions Prise de parole, 2009, 127 p. ; production Théâtre populaire d'Acadie, 2007.

_____, *J'avais dix ans*, théâtre, inédit, production Département d'art dramatique, Université de Moncton, 1983 ; nouvelle version, *Le pont rouge*, théâtre, inédit, production Théâtre populaire d'Acadie, 1987.

_____, *Le promeneur psychopompe*, poésie, Tracadie-Sheila, Éditions La Grande Marée, 2003, 127 p.

Thériault, Mario, *Échographie du nord*, poésie, Moncton, Éditions Perce-Neige, 1992, 48 p.

_____, *Terre sur mer*, nouvelles, Moncton, Éditions Perce-Neige, 1997, 137 p. ; prix France-Acadie.

_____, *Vendredi saint*, poésie, Moncton, Éditions Perce-Neige, 1994, 59 p.

Thibodeau, Serge Patrice, *L'Appel des mots : lecture de Saint-Denys Garneau*, essai, Montréal, Éditions de l'Hexagone, 1993, 239 p.

_____, *Le cycle de Prague*, poésie, Moncton, Éditions d'Acadie, 1992, 156 p. ; prix Émile-Nelligan.

_____, *Dans la cité* suivi de *Pacifica*, poésie, Montréal, L'Hexagone, 1997, 182 p.

_____, *La disgrâce de l'humanité*, avec une préface de Pierre Sané, secrétaire général d'Amnistie internationale, essai sur la torture, Montréal, VLB Éditeur, 1999, 194 p.

_____, *Du haut de mon arbre*, poésie, Montréal, La courte échelle, 2002, 39 p.

_____, *Lieux cachés*, récits, Moncton, Éditions Perce-Neige, 2005, 129 p.

_____, *Nocturnes*, poésie, Trois-Rivières, Écrits des Forges, 1997.

_____, *Nous, l'étranger*, poésie, Trois-Rivières/Echternach (Luxembourg), Écrits des Forges/Éditions Phi, 1995, 85 p. ; grand prix du Festival international de poésie de Trois-Rivières.

_____, *Le passage des glaces*, suivi de *Lamento*, poésie, Moncton/Trois-Rivières, Éditions Perce-Neige/Écrits des Forges, 1992, 99 p.

_____, *Le quatuor de l'errance*, suivi de *La traversée du désert*, poésie, Montréal, L'Hexagone, 1995, 252, 10 p. ; prix du Gouverneur général ; grand prix du Festival international de poésie de Trois-Rivières.

_____, *Que repose*, poésie, Moncton, Éditions Perce-Neige, 2004, 111 p. ; prix Éloizes, prix Antonine-Maillet/Acadie Vie.

_____, *Le roseau*, poésie, Moncton, Éditions Perce-Neige, 2000, 83 p.

_____, *Les sept dernières paroles de Judas*, poésie, Montréal, L'Hexagone, 2008, 78 p.

_____, *La septième chute, poésie, 1982-1989*, Moncton, Éditions d'Acadie, 1990, 181 p. ; prix France-Acadie.

_____, *Seuils*, poésie, Moncton, Éditions Perce-Neige, 2002, 137 p.

_____, *Seul on est*, poésie, Moncton, Éditions Perce-Neige, 2006, 53 p. ; prix du Gouverneur général.

AUTEURS
par ordre alphabétique

www.ingramcontent.com/pod-product-compliance
Lightning Source LLC
Chambersburg PA
CBHW050121030726
47505CB00007B/1974